PUR

Das Leben ist eine Reise, kein Ziel –
Zehn Erkenntnisse einer stürmischen Auszeit

Kerstin Foell und Robert Stolle

verlag hermann schmidt

Liebe Leserin, lieber Leser, wenn Sie ein Abenteuerbuch übers Blauwasserleben suchen, muss ich Sie enttäuschen. Dies ist nicht einfach ein mitreißender Reisebericht übers Segeln, auch wenn Abenteuer und Segeln mitreißend darin vorkommen. Ich weiß das deshalb so genau, weil ich das bei der ersten Begegnung mit dem ersten Stand des Manuskriptes dachte.

Es begann mit einer Mail mit der Betreffzeile: »Any idea? Help!« Ein Freund bat um einen Tipp, in welchen Verlag die Buchidee seiner Freunde passen könnte, die sich 2011 entschieden hatten, aus dem Hamsterrad des Konsums und des »Höher, Schneller, Weiter« auszusteigen, und fünf Jahre um die Welt segelten. Sie stellten sich ernsthaft den Fragen nach dem Sinn, dem Glück, dem tatsächlichen Lebensinhalt, so die Mail.

Das angehängte Exposé war professionell. Und es verströmte zwei widersprüchliche Duftnoten. Da waren einerseits die toughen Werber, sehr Neunzigerjahre, sehr »work hard, play hard«. Und da war andererseits etwas, das mich in den Bann zog. Ich schlief eine Nacht darüber. Am Morgen sandte ich dem Freund des Freundes eine Freundschaftsanfrage auf Facebook, bat um seine Telefonnummer und wenige Stunden später telefonierten wir ausführlich. Das Reflektierte und der Tiefgang, die ich gespürt hatte, waren da. Ich sprach mit Menschen, von denen ich ahnte, dass sie viel zu sagen haben.

Wir verabredeten ein Treffen, um uns kennenzulernen. Ergebnisoffen, wie man dann so sagt. Das Ergebnis war ein Verlagsvertrag. Und eine Absage an den klassischen Abenteuerbericht und das Segelbuch.

Ich weiß nicht, wie oft Kerstin und Robert im letzten Jahr dieses Treffen verflucht haben, wenn ich Passagen gestrichen und gekürzt habe mit der Anmerkung, nicht zu viel Abenteuerbuch! Ich weiß nicht, wie viel Zeit die beiden mit Recherchen verbrachten, um das Versprechen zu halten, dass im zweiten Teil des Buches zehn persönliche Erkenntnisse der langen Reise – mit Studienergebnissen und dem aktuellen Stand der Forschung abgeglichen – allgemeinverständlich und doch fundiert als Denkanstöße angeboten werden. Manchmal denke ich, mit mir möchte ich nur sehr bedingt zusammenarbeiten. Dann wieder weiß ich, alles, was ich Autor+innen abverlange, erbitte ich für Sie. Damit Sie gerade so viel von dem Abenteuer mitbekommen, dass Sie sich vorstellen können, wie es Kerstin und Robert verändert hat. Damit Sie dann umso besser aus den Erkenntnissen das für sich übernehmen können, was gerade in Ihr Leben passt.

Ich habe den ersten Teil des Buches wieder und wieder verschlungen. Und aus dem zweiten wieder und wieder Impulse für mein Leben mitgenommen.

Das habe ich Kerstin und Robert vor lauter Arbeit am Buch nicht gesagt. Der Fokus lag darauf, wie das Buch immer noch besser werden könnte. Ich bin mir auch nicht sicher, ob ich den beiden gesagt habe, wie sehr ich ihren Mut bewundere. Nicht nur den, ein Leben, von dem andere träumen, hinter sich zu lassen. Sondern auch den, das, was sie erlebt und gelernt haben, in einem Buch zu teilen. Mit jeder und jedem, der oder die reinliest. Ich bewundere aber nicht nur ihren Mut, sondern auch ihre Disziplin. Sie sind eben nicht ausgestiegen und lassen sich seither durch den Tag treiben. Sie gestalteten ihre Reise und nun ihren Neuanfang mit den Tools und Denkwerkzeugen erfolgreicher Kreativer. Deshalb konnten sie die Erfahrungen machen und die Erkenntnisse destillieren, die sie hier teilen. Ich kann mir Kerstin und Robert heute in ihrem früheren Leben kaum vorstellen, ich kannte sie ja nicht auf der Überholspur. Aber ich glaube, dass sie uns Kreativen deshalb so viel mitgeben können, weil sie unser Leben kennen. Es war auch ihres.

Verleger+innen haben immer Buchideen im Hinterkopf, aus denen aus irgendeinem Grund bis dato nichts wurde. Eine solche Idee war ein Buch, das ich immer »Design your life« nennen wollte. Es sollte dazu anregen, der Gestaltung des eigenen Lebens ebenso viel Aufmerksamkeit zu widmen wie der unserer Kreativjobs. Jetzt, wo ich Kerstin und Robert aufs Herzlichste danken möchte, denke ich: Sie haben das Buch geschrieben, das ich im Hinterkopf hatte. Besser. Und mit einem viel besseren Titel. Danke!

Ich wünsche Kerstin und Robert viel Erfolg beim Neuanfang und dem weiteren Beherzigen dessen, was sie erkannt haben. Und ich wünsche Ihnen auf 288 Seiten die genau richtige Mischung aus Abenteuer, Denkanstößen und Erkenntnissen. Wenn Sie dieses Buch mit Freude und Gewinn lesen, habe ich wegen des strengen Lektorates ein etwas weniger schlechtes Gewissen gegenüber Kerstin Foell und Robert Stolle, in deren Geschichte ich Sie jetzt eintauchen lasse ...

Karin Schmidt-Friderichs
Mainz, im Herbst 2019

Inhalt

Prolog
Robert   10 | Kerstin   12

Die Erlebnisse
If you can dream it, you can do it.   18
Von Worten zu Taten   28
Grenzen ausloten im Mittelmeer   38
Herausforderung Atlantik   68
Hochstimmung im Paradies   80
Rodeoritt durch die USA   94
Im schwarzen Loch   112
Härtetest in Höllenhitze   120
Durchatmen   128
Schlimmer geht immer   136
Nägel mit Köpfen   144

Zehn Erkenntnisse
Übergreifende Erkenntnisse   158
1. Mut zu Veränderung   164
2. Furcht und Ängste überwinden   170
3. Mehr Selbstvertrauen   178
4. Loslassen   188
5. Dankbarkeit leben   198
6. Zusammen geht mehr   208
7. Sich für die Unwetter des Lebens wappnen   224
8. Weniger ist mehr   240
9. Viele Routen führen zum Glück   250
10. Neue Ziele finden   262

Epilog
Kerstin   276 | Robert   278

Die zehn Erkenntnisse im Überblick   280
Literatur   282
Anmerkungen   283
Wir danken …   287

Prolog Robert

»Guten Morgen, Herr Stolle! Voraussichtlich werden Sie demnächst sterben. Einen schönen Tag noch.« So sagt mir der Arzt, dass ich noch eine weitere Operation vor mir habe und in ein paar Wochen die Laborergebnisse erhalten werde. Erst dann könne man mir sagen, ob ich überleben werde oder eben nicht. Ob ich den Bogen zu sehr überspannt habe, was leider sehr gut sein kann. Oder ob ich noch mal mit einem dunkelblauen Auge davonkomme. Nachdem ich mich vom ersten Schock erholt habe, betrachte ich die Welt mit anderen Augen. Ich weiß plötzlich, dass ich mein bisheriges Leben so auf keinen Fall weiterleben will.

Doch was passiert, wenn du beschließt, dein Leben radikal zu ändern? Wenn du die eine Tür schließt und durch die nächste in ein anderes Leben hineinkatapultiert wirst? In ein Leben ohne Netz und doppelten Boden? Raus aus der Komfortzone! Es gibt nur eine Richtung. Und die wird bestimmt durch deine Leidenschaft, deine Sehnsucht, deinen Mut und deine Intuition. Wir haben nur dieses eine Leben. Und müssen selbst entscheiden, was wir daraus machen wollen.

Bei dieser Entscheidung helfen keine Ratschläge von Familie oder Freunden. Sie sind in ihren eigenen Konventionen und Wertvorstellungen verhaftet. Kaum einer bricht da aus. Im Gegenteil. Für die meisten ist es eine Bedrohung, zu sehen, dass jemand rauswill. Kaum einer traut sich, das zu tun. Also tu du es gefälligst auch nicht! Oder willst du uns etwa einen Spiegel vorhalten?

Von Kindheit an wird dieses System kultiviert. Der Rubel muss rollen. Damit verbringst du einen Großteil deines selbstbestimmten Lebens. Nur so funktioniert die heutige Gesellschaft. Das ist eine universelle, weltweite Regel. Wer da nicht mitmacht, geht unter.

Aufgrund meiner jüngsten Erfahrungen ist ein neues Bewusstsein geboren. Für mich kann es so nicht weitergehen. Ich will raus aus dem System. Mit Konventionen brechen. Mein Leben völlig neu ausrichten.

Auf meinen Genesungsspaziergängen sehe ich die Welt mit neuen Augen. Mir fallen Dinge auf, die ich so bewusst das letzte Mal in meiner

Kindheit beobachtet habe. Täglich verfolge ich, wie die Blüten an den Bäumen mehr und mehr zum Leben erwachen. Die Sonne strahlt heller und wärmer, die Luft riecht besser und reiner, selbst in Berlin. Das Leben ist reicher und lebenswerter als vor der düsteren Diagnose. Bewusstsein für die Begrenztheit der Zeit intensiviert das Erleben.

Natürlich frage ich mich, ob ich etwas hätte anders machen sollen. Ob ich etwas bereue. Ob ich vorsichtiger oder behutsamer mit meinen Ressourcen hätte umgehen sollen. Ich bin noch keine 50 und stehe eventuell vor dem Ende meines Lebens. Habe ich mich selbst zu sehr unter Druck gesetzt? Permanent Vollgas gegeben? Mit Anfang 20 das Studium als Jahrgangsbester abgeschlossen. Mit Mitte 20 Abteilungsleiter einer Bank. Mit Ende 20 Filialleiter einer der größten Werbeagenturen Deutschlands. Mit Mitte 30 eine eigene Agentur in Berlin gegründet. Nach zwei Jahren unter die Top 10 der kreativsten Agenturen Deutschlands aufgestiegen. Mit Ende 30 mehr als 100 Mitarbeiter. Eine zig Millionen schwere Kostenmaschine durch diverse Höhen und genauso viele Tiefen gesteuert. 80-Stunden-Wochen waren die Regel. Über mindestens zwei Jahrzehnte hinweg. Der Akku blinkte häufig im dunkelroten Bereich. Die Zufriedenheit mit meinem an mir vorbeirasenden Leben nahm mehr und mehr ab. Ist das nun der Tribut, den ich zahlen muss?

Warum habe ich nicht schon längst hingeschmissen? Ich weiß seit einigen Jahren, dass ich mein berufliches Leben so nicht mehr fortsetzen will. Wahrscheinlich, weil ich ansonsten ein großartiges Leben hatte. Ich habe alles so gemacht, wie ich es für richtig hielt. Habe intensiv gelebt und geliebt. Tolle Frau. Erfolgreiche Firma. Schöne Wohnung. Einiges von der Welt gesehen. Meine Werte vertreten. Und einigen lieben Menschen etwas mit auf den Weg gegeben.

Nur stellt sich jetzt die Frage: Ist das das Ende oder gibt es noch einen Neuanfang? Eine zweite Chance? In Freiheit. Auf Reisen. Im Abenteuermodus. Wahrhaftig und ungezügelt. Jetzt ist es Zeit, intensiver zu leben! Wenn man – wer auch immer – mich nur lässt.

Wochen vergehen. Ich bin benommen. Oft wie in Watte gepackt. Ein Auf und Ab der Gefühle. Ich beobachte mich wie in einem Film. Eine emotionale Achterbahn. Wird mich jemand vermissen? Wie wird Kerstin damit klarkommen? Was will ich unbedingt noch machen? Warum musste es erst so weit kommen, um mir die Augen zu öffnen, die richtige Entscheidung zu treffen? Eine Zeit voller Reflexionen, voller Ängste, aber auch voller Ideen für die Zukunft. Falls es die noch gibt.

Dann liegt das Ergebnis der Biopsie auf dem Tisch. Daumen hoch oder runter? Gibt es ein Leben nach dem Leben? Ja! Ich werde leben! Aufatmen! Für einen kurzen Augenblick steht die Zeit still. Tränen des Glücks steigen mir in die Augen. Mein ganzer Körper zittert. Ein gigantischer Stein fällt mir vom Herzen. Das raffgierige Monster hat mich nicht besiegt. Meine Lebensenergie hat mich vor dem Totalverlust bewahrt. Ich bekomme noch eine Chance. Und die wird genutzt! Ohne Wenn und Aber. Und doch ganz anders als erwartet.

Prolog Kerstin

Wenn wir von unserer Reise und den Erlebnissen der letzten fünf Jahre berichten, schütteln viele den Kopf. Oder schaudern. Wohlig, weil sie an Land und sicher zwischen vier Wänden sind. In einem komfortablen Leben mit fließend Wasser und Strom nach Belieben und perfekter Infrastruktur für jedes Wenn und Aber. »Das könnte ich nie!«, »Ihr beide ganz alleine da draußen auf dem Ozean? Bei Nacht und bei Sturm? Und überhaupt – was habt ihr eigentlich nachts gemacht? Irgendwo geankert?«, »Mitten auf dem Atlantik als Blackship ohne Strom und Autopilot durch die Stürme? So viele Tage und Nächte am Stück? Wahnsinn!«

Im Nachhinein erscheint mir manches selbst unwirklich. Unglaublich. Irreal. Wie in einem Roman. Bei manchem denke ich: Wow, das haben wir wirklich getan? Erlebt? Durchgestanden? Ausgehalten? Einfach weitergemacht? Verzwickte Probleme gelöst? Uns nicht kleinkriegen lassen, auch nicht von noch so vielen Rückschlägen?

Die Erinnerung beginnt zu verblassen. Wir müssen das alles festhalten, bevor es verloren geht. Oder unsere Erinnerungen verfälscht werden.

Wir haben das Leben gespürt wie noch nie und wundervolle Dinge erlebt. Natürlich gab es auch weniger schöne, auf die wir gerne verzichtet hätten. Andererseits, hätten wir die nicht erlebt, wären viele der schönen Dinge erst gar nicht zustande gekommen. Alles musste wohl genau so sein. Damit es eben genau so sein konnte. Und um wertvolle Lektionen fürs Leben zu lernen.

Der Traum von einer großen Reise auf eigenem Boot loderte in uns, seitdem wir vor einigen Jahren gemeinsam die Leidenschaft fürs Segeln entdeckt hatten. Roberts Krankheit war der Anlass dafür, ihn in die Tat umzusetzen.

Zusätzlich gab es für mich noch eine subtilere Motivation, was mir jedoch erst im Laufe der Zeit bewusst wurde. Mein Leben war perfekt. Ein intelligenter, attraktiver, aufmerksamer Ehemann auf Augenhöhe, der gleichzeitig mein bester Freund war und ist. Viel Reisen, viel Reden, viel Lachen, ganz viel Liebe. Eine der aufregendsten und kreativsten Städte der Welt als Lebensort. Die Selbstständigkeit als Strategieberaterin für Marken mit klingenden Namen. Ein inspirierendes Umfeld mit tollen Freunden und einer quirligen, liebevollen Großfamilie.

Und doch hatte ich das Gefühl, dass etwas fehlt. Ich war permanent auf der Suche. Nach beruflicher Erfüllung, nach Sinn. Schon als Teenager fiel es mir schwer, mich angesichts der Fülle der spannenden Berufs- und Studienangebote zu entscheiden. Also studierte ich Wirtschaftswissenschaften. Um mir weiterhin alle Möglichkeiten offenzuhalten. Ich begann, mich für Marketing zu interessieren, und ergatterte einen der raren, heiß begehrten Plätze im Traineeprogramm in einer der weltgrößten Werbeagenturen. Doch schon am ersten Arbeitstag grübelte ich, ob ich die richtige Wahl getroffen hatte. Statt wie Ärzte oder Lehrer etwas Sinnvolles zu tun, würde ich meine Zeit dem Kommerz widmen.

Natürlich hätte ich in all den Jahren die Weichen neu stellen können. Aber letztlich hat es Spaß gemacht. Irgendwie fand sich neben der Arbeit auch immer etwas Neues, das mich für einige Zeit fesselte und auf Trab hielt. Schon zu Studienzeiten hatte ich mir vorgenommen, irgendwann meinen Doktor zu machen. So begann ich nach einigen Jahren im Job, meine Doktorarbeit zu schreiben, und hatte endlich ein klares Ziel vor

Augen. Bis ich den Titel in der Tasche hatte. Wieder war da dieses Vakuum. Und ich erneut auf der Suche. Mir flog eine Business-Idee nach der anderen zu, die ich voll Enthusiasmus auf dem Papier zu unterschiedlichen Reifegraden brachte. Nur, um sie dann wieder in der Schublade verschwinden zu lassen. Nichts konnte mich nachhaltig fesseln. Wieder wollte ich mich nicht festlegen. Sondern erst meine wirkliche Berufung finden. Und machte bis dahin weiter das, was ich gut konnte. Zum Glück war der Job abwechslungsreich und herausfordernd. Die Menschen um mich herum waren keine grauen Herren, sondern bunt und voller Ideen. So blieb ich 15 Jahre dabei.

Als Robert dann den Wake-up-Call bekam, rückte plötzlich das Leben unter Segeln in greifbare Nähe. Wir griffen zu und stürzten uns mit Haut und Haaren hinein. Auf einmal hatte ich meine Mission gefunden. Meine Berufung war es, als Abenteuerin und Entdeckerin durch die Welt zu segeln. Ich war unendlich erleichtert. Die quälenden Fragen nach beruflicher Erfüllung und Sinn waren vom Tisch.

Die Jahre auf dem Wasser waren dann allerdings ganz anders, als wir sie uns vorgestellt hatten. Wir hatten die Auszeit nicht nur als Neuausrichtung, sondern als Pause, als Zeit zur Reflexion, als Innehalten im Hamsterrad-Wahnsinn geplant. Wir wollten Länder entdecken, Sprachen lernen, Bücher lesen. Und genau das alles wurde es nicht. Sondern eine emotionale Achterbahn mit unzähligen Aufs und Abs und Riesen-Loopings. Ein Ritt durch viele Stürme, solche auf dem Wasser und solche im Leben.

Vielleicht lag es zu einem Teil an der Wahl des Bootes. Zu einem anderen womöglich an unseren romantischen Vorstellungen von der Seefahrt und dem Entdecken neuer Länder. Und last, but not least, vielleicht auch an unseren Persönlichkeiten.

Damit klar wird, warum manche Ereignisse, die bei anderen vielleicht nur einen kleinen Ärger verursacht hätten, bei uns und vor allem bei mir zu persönlichen Katastrophen führten: Ich bin ein hoffnungsloser Kontrollfreak. Ich möchte alles planen, alles vorgeben, alles kontrollieren, alles immer im Griff haben.

Ich hatte nie etwas mit Handwerken am Hut und auch kein Interesse, das jemals zu ändern.

Nur selten habe ich etwas wirklich erkämpfen müssen. Vieles ist mir einfach in den Schoß gefallen. Bis wir anfingen, unseren Traum in die Tat umzusetzen. Ich fand mich unerwartet in der unerbittlichen Schule des Lebens wieder.

In den fünf Jahren der Reise änderte sich alles. Für mich, für uns. Wir haben unseren Meister gefunden: im wahren Leben, seinen Herausforderungen und in den vielen Abenteuern, durch die wir uns gemeinsam geschlagen haben. Die wir als Team mit viel Adrenalin durchlebt haben. Die uns noch mehr zusammengeschweißt und uns auf teils drastische Weise verdeutlicht haben, wie sehr wir uns aufeinander verlassen können. Wir haben uns beide verändert und eine Menge fürs Leben gelernt.

Diese Erlebnisse und Erfahrungen möchten wir mit dir teilen. Wir möchten dich inspirieren. Und ermutigen, deine Träume zu leben. Das Leben ist zu kurz, um es nicht in all seinen Facetten auszukosten!

Die Erlebnisse

If you can dream it, you can do it.

Dieses Zitat stammt von einem Mann, der sein Imperium auf eine Maus gegründet hat: Walt Disney. Er wusste, dass der menschliche Geist das Handeln beflügeln kann. Dass es keine Grenzen gibt, es sei denn, man setzt sie sich selbst. Dass wir alle zu deutlich mehr in der Lage sind, als wir uns zutrauen. Dieses Zitat hat uns auf unseren Reisen begleitet und immer wieder bestärkt.

Das Segelvirus packt uns acht Jahre zuvor auf einem Chartertörn mit Freunden auf Mallorca. Für Kerstin völlig unerwartet, denn sie hat das Segeln nie interessiert. Auf den Mallorca-Segeltörn hat sie überhaupt keine Lust, will lieber auf der Finca bleiben, in der wir die Woche davor verbringen. Die Aussicht auf Camping auf dem Wasser in einem Joghurtbecher, wie sie die weißen GFK-Boote missmutig nennt, lässt sie mehrfach mit dem Gedanken spielen, die Segelwoche abzusagen. Letztlich siegen Neugier und meine Ermunterungen. Als Hanseat liebe ich seit jeher das Wasser. Schon einige Male bin ich mit Freunden gesegelt. Die Faszination hat aber nie ausgereicht, mich intensiver mit dem Segeln zu beschäftigen und selbst einen Schein zu machen. Vielleicht wird es uns ja jetzt gemeinsam packen? So ziehen wir von der 40-Hektar-Finca auf das 40-Fuß-Segelschiff.

Am frühen Nachmittag laufen wir aus der Marina Can Pastilla aus, um uns eine geschützte Bucht für die Nacht zu suchen. In der Abenddämmerung zieht ein kräftiges Gewitter auf. Blitze zucken durch den dramatisch rot-schwarzen Himmel. Der Wind legt von jetzt auf gleich deutlich zu, fast bis auf Sturmstärke. Nicht das beste Wetter, um auf See zu sein. Schon gar nicht am allerersten Tag unseres Törns.

Doch aus unerklärlichen Gründen sind wir beide total angefixt. Die raue See, der aufbrausende Wind, die grellen Blitze, die überbordende, entfesselte Energie der Natur und all das auf einem kleinen Schiff fernab des sicheren Hafens haben etwas bei uns ausgelöst. Etwas, das großen Einfluss auf unser Leben haben wird. Als Kerstin zum ersten Mal selbst am Steuerrad der Yacht steht, ist es um sie geschehen. Sie ist Feuer und Flamme. Mir geht es – weniger überraschend – ebenso. Den Rest der Woche fragen wir unserem Freund und Skipper Löcher in den Bauch. Er geht geduldig darauf ein und erklärt uns alles von »Lümmelbeschlag« bis »Schandeckel«.

Zurück in Berlin melden wir uns sofort in einer Segelschule an. Statt 40-Fuß-Yacht im Mittelmeer nun erst mal eine quietschgelbe Fünf-Meter-Jolle auf dem Wannsee. Trotz viel zu viel Arbeit schaffen wir es, diverse mehrwöchige Abendkurse zu besuchen und zahlreiche Scheine zu ergattern. Uns fasziniert diese neue maritime Welt, in die wir tiefer und tiefer eintauchen. Wir lesen Bücher zum Thema – so viele, dass wir uns irgendwann zum Aufhören zwingen, um uns noch auf die Arbeit konzentrieren zu können. So sehr fesselt uns dieses neue Kapitel unseres Lebens, die Ozeane, die grenzenlose Freiheit und das große Abenteuer.

Auf den Kanaren, wo immer Schwerwettersegeln ansteht, heuern wir auf Ausbildungsschiffen an. Der stetige, starke Wind in der Düse zwischen den hohen Inseln in Kombination mit steilen Wellen härten uns ab, halten unseren Übermut im Zaum und lehren uns einen gehörigen Respekt vor dem Meer.

Nach wenigen Monaten fangen wir an, selbst Boote zu chartern. Und nach gerade mal anderthalb Jahren Segelerfahrung kaufen wir uns unser erstes eigenes Schiff. Wir nennen es Funky – eine Party im Sprechfunk, da nun jeder Funkruf mit »This is Funky, this is Funky« beginnt.

Wir verbringen lehrreiche Wochen und Wochenenden auf Funky, bis wir sie nach einigen Jahren wieder verkaufen. Die Ostsee wird uns zu eng und das Klima ist uns auf Dauer zu nasskalt.

Nachdem wir haufenweise Segelabenteuer in Buchform verschlungen und uns auf eine Yacht mit Kurs Weltmeere geträumt haben, packe ich nach meiner glücklichen Genesung die Gelegenheit beim Schopf. Ich spreche mit meinem Agentur-Partner über meinen Ausstieg. Nach einem Jahr gibt es einen Nachfolger. Ich bin raus.

Wir suchen ein Boot. Unser Suchradius umfasst ganz Europa, wir reisen hin und her. Recherchieren, lesen Testberichte, sprechen mit Experten. Wir legen ein Budget fest. Suchen Sachverständige, die die ausgewählten Schiffe unter die Lupe nehmen.

Am »Tag der Deutschen Einheit«-Wochenende 2011 fliegen wir mit viel Hoffnung zu einer weiteren Besichtigung. In einem kleinen Hafenort im Süden Spaniens liegt ein prachtvolles Aluminiumschiff, das ich schon vor meinem Ausstieg entdeckt und seither verfolgt habe. Es geht mir nicht aus dem Kopf. Eine echte Hochseeyacht. Nichts von der Stange. Kein Plastik. Ein »Schiff-Schiff«. Gebaut für die große Fahrt. Schöne Linien. Ein echter Decksalon mit markanten, durchgehenden Fenstern. Natürlich liegt dieses Schiff deutlich über unserem Budget. Das verdrängen wir aber ganz schnell, sie ist einfach zu verlockend.

Diesmal haben wir keinen Sachverständigen im Schlepptau, weil wir »erst mal nur gucken« wollen. Das perfekte Boot für eine Weltumsegelung. Es ist ein »One-off«, ein Einzelbau, entworfen vom niederländischen Yachtkonstrukteur Van de Stadt, gebaut von einer renommierten Bootswerft in Holland. Der Eigner stattete es mit allem aus, was der Markt in den frühen Neunzigerjahren hergab. Als Ingenieur hatte er dabei einen übertriebenen Hang zur Technik.

Nun liegt dieses Prachtstück seit zehn Jahren nahezu bewegungslos in der spanischen Marina, unterhalb des Apartments des Eigners. Dieser musste seinen Traum vom Blauwassersegeln begraben, weil seine Frau schwer erkrankte und mittlerweile im Rollstuhl sitzt. Nur eine der tragischen Geschichten rund um den großen Traum, die uns immer wieder begegnen.

An Bord sind wir zunächst erschlagen von der vielen Technik, die da unter den hölzernen Bodenbrettern schlummert. Aber wir verlieben uns sofort. Jegliche Vernunft ist ausgeschaltet. Kurze klare Gedanken wie »Wir haben doch gar keine Ahnung von Hydraulik« oder »Viel zu viel Technik an Bord – die Formel lautet doch ›Keep it simple and stupid‹« werden liebestrunken verdrängt. Hinzu kommt, dass wir davon überzeugt sind, gemeinsam sowieso alles schaffen zu können. »›Geht nicht‹ gibt's nicht«. Ein gutes, aber trügerisches Gefühl.

Selbst die Testfahrt, bei der die Hydraulik und somit die komplette Segelbedienung ausfällt, kann uns nicht aufhalten. Obwohl uns der Verkäufer erzählt, dass ein Kaufinteressent wegen der vielen Technik an Bord abgesprungen sei, gewinnen unsere pochenden Herzen die Oberhand. Die Bodenbretter bleiben erstmal zu, wir wollen es ja nicht komplizierter machen, als es ohnehin schon ist. Wer viel fragt, kriegt viele Antworten. Das ist unser Schiff. Basta! Wir verhandeln einen Preisnachlass und kaufen wie besehen. Die 20 Tonnen schwere 49-Fuß-Hochsee-Lady gehört uns.

Wir recherchieren den Namen des Schiffes. Es wurde nach einer männermordenden Königin benannt. Ein neuer Name muss her. Natürlich haben wir davon gehört, dass Boote nicht umbenannt werden sollten, denn angeblich bringt das Unglück. Aber das Gleiche gilt auch für das Mitreisen von Frauen auf Schiffen. Da wir diese Reise auf jeden Fall gemeinsam machen werden, verabschieden wir uns früh vom unzeitgemäßen Aberglauben auf See.

Von nun an wird jedes Wort, das wir hören, auf Schiffsnamen-Tauglichkeit überprüft. Bei einer Yogastunde entdecken wir eine hübsche dunkelhaarige Frau, die wie die in Lack gekleidete Hauptdarstellerin aus Matrix aussieht. Begeistert schauen wir uns an, der Name ist gefunden: »Trinity!«, rufen wir wie aus einem Mund. Ein dynamischer und bedeutungsvoller Name. Für uns transportiert die »Dreiheit« ab

21

sofort unsere Lebensphilosophie »Body, Mind & Soul«, die Elemente, mit denen wir es zu tun haben werden, »Wasser, Wind und Sterne«, und unsere neue kleine Familie, »Kerstin, Trinity und ich«. Der Eintrag ins Schiffsregister besiegelt den Namen und macht aus unserer Lady ein offizielles Deutsches Hoheitsgebiet. Achtung Welt, wir kommen!

Jetzt kann es losgehen mit der konkreten Planung. Parallel müssen wir unser altes Leben auflösen. Zwischendurch reisen wir immer wieder nach Spanien, um alles unter die Lupe zu nehmen, erste Umbauten durchzuführen, Ausrüstung zu besorgen.

Nun öffnen wir auch die Bodenbretter, unter denen ein Großteil der monströsen Technik wie ein schlafender Drache schlummert. Wir sehen unfassbar viele Kabelstränge, die vielfach einfach ins Leere laufen. Wir inspizieren mehrere Hydrauliksysteme und stolze 17 Elektromotoren in unterschiedlichen Zuständen. Wir bestaunen den gewaltigen Fünf-Liter-Dieselmotor mit einigen Zusatz-Aggregaten. Darüber hinaus einen 220-Volt-Generator, einen Kompressor, eine Dieselheizung, eine Klima-anlage, diverse Messinstrumente, Anzeigen, Hebel, Schalter, Joysticks, Ventile und, und, und. Offensichtlich gibt es viel zu lernen.

Wir entdecken unzählige Dinge, die ersetzt oder auf Vordermann gebracht werden müssen. An einem Schiff, das lange gelegen hat, ist jede Menge zu tun. Pumpen setzen sich fest, Metall oxidiert, vieles rottet. Salzwasser und südliche Sonne setzen dem Material zu. Spätestens vor der Atlantiküberquerung wird Trinity eine Generalüberholung brauchen. Unsere To-do-Liste wird lang und länger. Genau wie unsere Gesichter. Um uns nicht von Beginn an zu demotivieren, nennen wir die arbeitsin-tensive Liste nun Fun-Liste. Und hoffen auf eine selbsterfüllende Prophezeiung.

Uns schwant, dass das Schiff mit vielen Baustellen aufwarten wird – solchen, die uns bereits begegnet sind, und solchen, die wir noch nicht einmal erahnen. Wenn wir blitzend neue, moderne Yachten in den Hafen einfahren sehen, schauen wir wehmütig hinterher.

Warum nur haben wir den offensichtlich steinigen Weg mit einem älteren Boot gewählt – und nicht den mit einem neuen, auf dem vieles sogar auf Garantie repariert werden würde? »›Geht nicht‹ gibt's nicht« bekommt plötzlich eine sehr arbeitsintensive Konnotation.

Inzwischen haben wir klare Vorstellungen von der vor uns liegenden Reise. Zunächst möchten wir die Lady im Mittelmeer ausgiebig testen: Spanien, Italien, Griechenland. Ein paar Sommermonate durch das geschichtsträchtige Europa. Dabei unsere Trinity richtig kennenlernen. Bevor es im Herbst über Gibraltar zu den Kanarischen Inseln gehen soll. Dann der krönende Höhepunkt unserer bisherigen Planung: der Ritt über den Atlantik. Das große Abenteuer. Mit nichts zu vergleichen. Der ewige Traum der Seefahrt. Wir wollen rüber in die Karibik. Länder und Inseln besegeln und Land und Leute kennenlernen. Erst dort dann die nächsten Ziele entscheiden. Wenn möglich, möchten wir hoch bis New York City, vielleicht sogar nach Maine. Außerdem stehen die amerikanische Ostküste, die Bahamas und der Pazifik mit Neuseeland auf unserer Wunschliste. Die Welt bietet so viele wunderschöne Plätze. Wir wollen sie zelebrieren – nicht nur abhaken – und dabei tief in das Leben und die Kulturen eintauchen.

Allerdings möchten wir von Etappe zu Etappe entscheiden, ob und wie es weitergeht. Solange es Spaß macht, wir gesund sind und das Geld reicht, wollen wir durch die Welt segeln. Falls wir wider Erwarten nicht mehr können oder wollen, würden wir aufhören und etwas Neues machen. Die Freiheit, sich jederzeit neu entscheiden zu können, ist ein wichtiger Part unseres neuen Lebens.

Für die meisten Segler ist das Blauwassersegeln ein Traum für die Rente. Oder für die Zeit, wenn alles Finanzielle geregelt ist. »Warum bringt ihr nicht erst eure Schäfchen ins Trockene, bevor ihr eure Karrieren hinschmeißt und aussteigt?«, werden wir oft gefragt. Unsere Altersvorsorge ist keineswegs geregelt. Die Antwort darauf haben wir in den letzten Monaten bekommen: Weil wir nur das eine Leben haben. Und das leben wir jetzt!

Wir machen die ernüchternde Erfahrung, dass einige aus unserem Umfeld angesichts unserer Ausstiegspläne die Nase rümpfen, den Kopf schütteln. Nicht verstehen können oder wollen, dass wir diesen Schritt jetzt »auf dem Zenit unserer Karrieren« vollziehen. Klar können wir das irgendwie nachvollziehen. Schließlich steckten auch wir bis vor Kurzem in der Absicherungsmühle unserer Leistungsgesellschaft. Und hätte es die gesundheitliche Zäsur nicht gegeben, würden wir vielleicht immer

noch mit der Herde mitlaufen. Trotzdem können wir die manchmal fast aggressive Ablehnung kaum verstehen. Warum teilt nicht jeder unsere Begeisterung? Oder versteht zumindest, dass wir unseren Traum leben wollen und werden.

Die Zweifler sind häufig diejenigen, die es uns am allerliebsten gleichtun würden. Die in ihrem Leben gern Dinge ändern würden. Die sich in einer Sackgasse befinden, aber große Angst vor Veränderung haben. Die davon träumen, aus gewohnten Strukturen, ihrem Umfeld oder der vermeintlichen Sicherheit auszubrechen, sich aber nicht vorstellen können, es wirklich zu tun. Mit unserem neuen Leben halten wir ihnen offenbar den Spiegel vor. Und das macht Angst.

Wir beginnen, unser bisheriges Leben aufzulösen. Natürlich dauert alles viel länger als geplant. Es wartet ein viel größerer Organisationsberg als gedacht. Die Wohnung muss ausgemistet und geräumt werden. Das Auto verkauft. Die Krankenversicherung organisiert, Bankgeschäfte geregelt, ein System für die Post gefunden werden. Glücklicherweise erklärt sich Kerstins Mutter bereit, während unserer Abwesenheit die organisatorischen Aufgaben zu übernehmen. Wir mieten einen Selfstorage-Raum, in dem wir unsere persönlichen Gegenstände für die nächsten Jahre deponieren. Nach harter Arbeit sind 10 Kubikmeter Vergangenheit aus den Augen und aus dem Sinn. Ein befreiendes Gefühl.

Parallel recherchieren wir, was wir für die große Tour brauchen, bestellen Ausrüstung für Trinity, erledigen Behördenkram und organisieren einen Elektriker, der in Spanien Installationsarbeiten vornehmen soll. Wir absolvieren einen Kurs »Medizin auf See«, bei dem wir Schweinefüße nähen, Wiederbelebungsmaßnahmen trainieren und uns die richtigen Punkte für einen Luftröhrenschnitt einprägen. In Abstimmung mit unserem Hausarzt stellen wir eine umfangreiche Bordapotheke zusammen und bringen unsere Impfungen auf den neuesten Stand.

Wir überlegen, was wir wirklich mit auf große Fahrt nehmen wollen, und schicken diese Habseligkeiten in großen Umzugskartons auf die Reise nach Spanien. Bis zur letzten Minute rennen wir durch Wohnung, Keller und Lager, sortieren, entrümpeln und verschenken. Bis in die Morgenstunden der letzten Nacht räumen und packen wir, um für den Abflug in unser neues Leben gerüstet zu sein.

Die Tür fällt hinter uns ins Schloss. Wie ein Buch schließt sich unser altes Leben. Zweifel steigen auf. Momente der Unsicherheit. Wir verlassen unseren lieb gewonnenen Rückzugsort. Unser sicheres Zuhause. Im wahrsten Sinne unsere Komfortzone.

So schön es war, so entschlossen sind wir jetzt, diesen Abschnitt zu verlassen. Wir stürzen uns in die Ungewissheit. In ein neues, unbekanntes Leben voller möglicher Risiken und wagemutiger Abenteuer. Carpe diem!

Von Worten zu Taten

Es ist ein kalter, dunkler Sonntagmorgen im März. Die Stadt schläft. Kaum einer ist auf den Beinen. Der Zeiger der Uhr schleppt sich träge auf die 6. Kerstin und ich stehen am verwaisten Flughafen Berlin-Tegel. Bereit für den Check-in. Wir sind fix und fertig von der letzten Nacht und den aufreibenden finalen Wochen in Berlin. Gleichzeitig sind wir erleichtert, wir haben es geschafft. Ballast abgeworfen. Das Auto, die Wohnung, die Möbel, das persönliche Hab und Gut, die vielen finanziellen Verpflichtungen, die wir uns über die Jahre ans Bein gebunden haben. Das alles liegt nun hinter uns. Ein unbändiges Gefühl der Freiheit flammt auf. Ich bin dankbar. Passiert das wirklich gerade alles?

Wenig später sitzen wir im Flieger. Todmüde, aber voll prickelnder Vorfreude. Wir halten uns fest. Als wollten wir uns nicht verlieren. Nicht von der Seite weichen. Halt geben. Wir starten in unser neues Leben.

In Südspanien ziehen wir nicht direkt auf das Boot, sondern schlagen unsere Übergangsbleibe in einem einfachen Hostel auf. Trinity kommt in die Werft. Das Wohnen auf den an Land aufgebockten Schiffen ist nicht erlaubt. Der Antifouling-Anstrich, der das Unterwasserschiff gegen Algen- und Muschelbewuchs schützt, muss erneuert werden. Eigentlich ist das ein Routinevorgang, der in der Regel einmal jährlich durchgeführt wird. Das alte Antifouling reibt sich ab oder wird leicht heruntergeschliffen und dann werden wieder zwei bis drei neue Schichten aufgetragen. Weil unser Boot jedoch über mehrere Jahre kaum bewegt wurde, sind die neuen Anstriche jeweils auf die alten aufgetragen worden. Heißt im Klartext: Erst einmal müssen nun stolze 17 Jahre Antifouling entfernt werden. 17 Mal mehrere Schichten zähe, dicke Farbe.

Das Unterwasserschiff von Trinity sieht aus wie eine Kraterlandschaft. Zentimetertiefe, handtellergroße Löcher und Risse. Wenn unsere Lady nicht träge durchs Wasser schleichen soll, muss das runter. Schließlich haben wir Tausende Seemeilen vor uns. Und Bummeln ist nicht so unser Ding.

Angesichts der Mammutaufgabe lassen wir uns einen Kostenvoranschlag von der kleinen, augenscheinlich unterbeschäftigten Werft machen. Der aufgerufene Preis ist utopisch.

Wir beschließen, die Sache selbst in die Hand zu nehmen. Ab jetzt kommt kein Geld mehr rein. Das bedeutet, dass wir unser Budget genau im Blick behalten müssen, wenn wir unsere Reise wie geplant verwirklichen wollen. Der Bootskauf hat schon einen großen Teil davon verschlungen. »Do it yourself!« wird unsere Devise.

Bei der anstehenden Aufgabe ist das leichter gesagt als getan. Mit herkömmlichen Schleifmaschinen ist das Entfernen der alten Antifouling-Schichten unmöglich, weil sich die Schleifscheiben sofort zusetzen. Es muss per Hand gekratzt werden. Wir engagieren zwei Helfer, um den kräftezehrenden Job zügig zu erledigen.

Kurz nach Beginn der Arbeiten springen die Helfer ab – zu anstrengend. Wir stehen alleine vor unserem an Land aufgebockten Mammut. Trinity wirkt monströs, die Fläche des Unterwasserschiffs endlos. Zähneknirschend setzen wir die Atemmasken wieder auf. Das Antifouling ist hochgiftig, schließlich soll es Lebewesen vom Andocken am Boot abhalten. Es geht los. Und wie. Die Kratzwerkzeuge sehen aus wie Eiskratzer mit einer kurzen, fünf Zentimeter breiten, scharfen Klinge. Mit diesem

Gerät muss nun das gesamte Unterwasserschiff vom Bug bis zum Heck, von der Wasserlinie bis zur Unterseite des Kiels vom Antifouling befreit werden. Steine klopfen im Steinbruch kann kaum härter sein. Wohnt wirklich jedem Anfang ein Zauber inne? Dass wir gerade den Auftakt zu einer mehrjährigen Renovierungs-Odyssee erleben, ahnen wir zu diesem Zeitpunkt glücklicherweise noch nicht.

Kerstin trifft der DIY-Einsatz mit voller Breitseite. Nie im Leben hat sie gehandwerkt. Schon gar nicht so hart. Nonstop. Bei sengender Hitze. Auch ich habe schwer zu kämpfen mit meinen über viele Jahre kultivierten Büro-Händen. Das letzte intensive Basteln, Schrauben, Schleifen und Hämmern ist mindestens 20 Jahre her. Und nein, es ist nicht wie Fahrradfahren, das man angeblich nicht verlernt. Geschicklichkeit, Motorik, Kraft und Augenmaß muss ich mir erst mal wieder mühsam erarbeiten. Bei einem abendlichen Telefonat mit meinem ältesten Freund Michael bekomme ich einen wichtigen Rat: »Du musst dir erst mal wieder Selbstbewusstsein für das handwerkliche Arbeiten aufbauen. Nach getaner Arbeit wirst du stolz auf das Ergebnis sein. Dann geht dir das nächste Projekt schon leichter von der Hand.« Es wird sich als wahr herausstellen. In diesem Moment jedoch – wo nicht mal das kleinste Licht am Ende des Tunnels zu sehen ist – können wir das nur schwer glauben.

Nichtsdestotrotz haben wir uns fest vorgenommen, uns durchzubeißen. Es gibt keine Alternative. Hinschmeißen kommt für uns nicht infrage. Und unser Budget lässt es gar nicht zu, für alles Handwerker zu beauftragen. Selbst ist der Mann. Und zähneknirschend auch die Frau.

An Tag eins des gigantischen Kratzprojektes schaffen wir eine ganze Menge. Abends im Hotel schrubben wir uns in der Badewanne gegenseitig blauen, toxischen Schleifstaub vom Körper und fallen wenig später völlig erschöpft in Tiefschlaf. Am nächsten Morgen kommen wir nur schwer aus dem Bett. Können uns kaum bewegen. Alles schmerzt, der Körper ist steif, die Hände verkrampft.

An Tag zwei betreten wir deshalb morgens das Werftbüro und stellen die Frage, die uns von diesem Job erlösen könnte: Was würde es kosten, wenn die Werft jetzt einspringen und die Sache zu Ende bringen würde, nachdem ja schon ein größerer Teil des Freilegens erledigt ist? Der feist grinsende Werftchef hat uns am Vortag genüsslich beim Schuften beobachtet und weiß, wie verzweifelt wir sind. Dann reibt er sich die Hände und sagt:»Das, was im Kostenvoranschlag steht.« Wir versuchen, zu diskutieren. Nichts zu machen, er bleibt hart.

Mit entschlossenen Mienen machen wir uns weiter an die Großbaustelle. Diesen Triumpf gönnen wir dem Grinse-Macho jedenfalls nicht.

Ein paar Tage geht es so weiter. Jeden Morgen können wir uns weniger bewegen. Die Hände sind gekrümmt und voller Blasen. Motivationstechnisch befinden wir uns in einem tiefen Tal. »Warum haben wir uns das nur angetan?«, nagt es in den Gedanken. Kerstin stellt fest, dass sie noch nie körperlich so hart gearbeitet hat. Irgendwann ist die Drecksarbeit tatsächlich geschafft. Dass wir beiden blassen Großstädter den Job zu Ende bringen, hat uns hier keiner zugetraut. Am wenigsten der Werftchef. Unser beider Biss und Durchhaltevermögen zahlen sich aus. Das wird uns in Zukunft noch häufig aus der Patsche helfen.

Schließlich geht es an den Anstrich. Auf den blitzblanken Schiffsrumpf wird nun das neue Antifouling aufgetragen. Jede Lage Farbe steigert unsere Laune. Die dritte und letzte Lage mischen wir aus verschiedenen Blautönen. Ein einzigartiges Mitternachtsblau entsteht. Wir entfernen den alten Schiffsnamen und bringen den Schriftzug Trinity in großen Lettern am Heck und am Baum unter dem Großsegel an. Nun ist sie voll und ganz unsere Lady. In Hochstimmung taufen wir Trinity und segeln zurück in unsere beschauliche Marina.

Weil wir die Navigations- und Kommunikationselektronik auf den neuesten Stand bringen wollen, hatten wir schon aus Deutschland einen Elektriker vor Ort beauftragt. Julio veranschlagt zwei Wochen, wir vereinbaren einen Festpreis. Losgehen soll es, wenn das Schiff aus der Werft kommt, also jetzt. In den nächsten Wochen wird das Schiff weiterhin unbewohnbar sein, weil sämtliche Decken und Böden geöffnet, viel gebohrt und staubträchtig gearbeitet werden wird. Wir buchen ein günstiges Zimmer in einer der vielen, zu dieser Jahreszeit leer stehenden Bettenburgen.

Zwei Wochen vergehen. Trinity ist nach wie vor eine Großbaustelle. Überall hängen Kabel aus der Decke, sind Wände aufgerissen und Fußböden demontiert. Wir verlängern das Zimmer. Weitere Wochen verstreichen. Wir verlängern erneut. Dann noch mal. Der sympathische Julio wird einfach nicht fertig. Er arbeitet auch nicht permanent auf unserem Boot, sondern scheint mehrere Aufträge parallel zu jonglieren. Wir sehen ihn kommen und gehen, während wir uns um andere Baustellen auf Trinity kümmern. Schließlich berufen wir ein Krisenmeeting ein. Julios Frau fungiert als Dolmetscherin. Für ein paar Tage beschleunigt sich sein Arbeitstempo. Aber noch ist kein Ende in Sicht. Und wieder verlängern wir das Zimmer. Aus zwei Wochen werden zwei Monate. Inzwischen haben wir einen Blog gestartet, in dem wir über unsere Reise berichten wollen. In Blogpost Nummer eins schreiben wir noch enthusiastisch, dass wir Ende April ablegen werden. Tatsächlich stechen wir erst im Juni in See.

Auch wenn Trinity noch nicht startklar ist: Der Tag des Einzugs ins neue schwimmende Zuhause kommt. Wir wohnen endlich an Bord und freuen uns, nachts sanft in den Schlaf geschaukelt zu werden.

Eines Morgens breche ich beim Arbeiten an Deck plötzlich zusammen. Mit letzter Kraft schleppe ich mich in die Koje. In den nächsten Stunden verschlechtert sich mein Zustand rapide. Kerstin misst Fieber. Am Nachmittag steigt es auf über 40 Grad. Nach einem Anruf bei unserer Notfallmedizinerin in Deutschland ist klar, dass möglichst schnell ein Arzt aufs Schiff kommen muss. Ich schwitze mehrfach die Laken durch, bin inzwischen vollkommen apathisch. Kerstin rennt zum nächstgelegenen Hotel. Dort verspricht ihr der Concierge, einen Arzt zu rufen und zum Boot zu schicken.

Nach scheinbar endlosem Warten klopft es an der Bordwand. Der Arzt ist da. Er begutachtet mich, misst den Blutdruck, fragt, ob mir etwas wehtut. Ich nuschele etwas von Kopfweh und schmerzenden Gelenken. Der Arzt zuckt zusammen und verkündet erschreckt die Express-Diagnose: »Meningitis!« Das ist wie Pest und Cholera zusammen, meist tödlich und dazu auch noch hoch ansteckend. Ein Krankenwagen muss her, sofort. Fluchtartig verlässt der Arzt das Schiff.

Wir warten eine weitere Stunde, dann hören wir eine Sirene. Blaulicht fällt ins Kabineninnere. Wie Kerstin mir später erzählt, bin ich mittlerweile kalkweiß. Besorgt steigt sie an Deck. Inzwischen ist es stock-

dunkel. Ein gelber Krankenwagen steht auf der Pier, das blinkende Blaulicht tanzt über Trinity, die Pier und die angrenzenden Boote. Irgendwo stehen neugierige Passanten. Kerstin starrt mit offenem Mund auf die gespenstische Szenerie. Die Türen des Krankenwagens öffnen sich. Heraus springen einige Männer in voll versiegelten Schutzanzügen. Sie stülpen sich hastig Atemmasken über die kaum erkennbaren Gesichter. Sie tragen Kapuzen, Plastikhandschuhe und Plastiktüten um die Schuhe. Die Invasion der Aliens. Die keimgeschützten Sanitäter rennen aufs Schiff und runter in die Kabine. Sie heben mich auf eine Trage, die sie geschickt aus dem Schiff herauszirkulieren. Im Laufschritt geht es zum Krankenwagen. Jede Sekunde zählt.

Kerstin schafft es, die wichtigsten Dinge zusammenzuraffen und auf den Beifahrersitz zu springen. Dann geht die Fahrt mit Sound und Lichtorgel rasend schnell durch die engen Gassen und einen steilen Berg hinauf. Mit durch die Atemmaske gedämpfter Stimme fordert der Fahrer Kerstin auf, prophylaktisch eine Tablette zu schlucken. Alle anderen Beteiligten auch.

Nachdem wir das Krankenhaus erreicht haben, verschwinden die Sanitäter mit mir im Laufschritt im Bauch des klotzigen Baus. Ihre Schritte hallen gedämpft durch das Flurlabyrinth. Ich komme in Quarantäne, um eine Epidemie zu verhindern. Kerstin erledigt nervös den Papierkram und wird dann zu mir auf die Station begleitet, nachdem sie die Einnahme der überlebenswichtigen Tablette bestätigt hat. Ich muss jede Menge Tests über mich ergehen lassen. Dann werde ich an einen Tropf gehängt und verbringe eine einsame, unruhige Nacht auf der hermetisch abgeriegelten Quarantänestation.

Am nächsten Vormittag dann Entwarnung. Die Spannung weicht wie aus einem prallgefüllten Ballon. Meningitis ist es nicht. Der ganze Spuk war übertrieben.

Weiter ist die Ursache unklar. Ich werde in ein normales Krankenzimmer verlegt, dann folgen weitere Tests. In Spanien gibt es zum Glück den schönen Brauch von Familienbetten im Krankenzimmer. So kann Kerstin nachts an meiner Seite bleiben. Tagsüber fährt sie mit ihrem Klapprad hinunter zum Hafen. Nach dem Schiff sehen, ein paar Jobs erledigen und frische Wäsche holen. Beladen radelt sie am Nachmittag keuchend wieder den Berg hinauf, bei gefühlten 40 Grad in der prallen

Sonne. Ab und zu wird sie auf ihrem Miniatur-Klapprad von feixenden Rennradfahrern überholt.

Nach ein paar Tagen werde ich als geheilt entlassen. Der genaue Grund für meinen plötzlichen Zusammenbruch und das hohe Fieber bleibt im Dunkeln. Wahrscheinlich ist eine Lebensmittelvergiftung. Hervorgerufen durch eine herzhafte Frühstücksstulle aus einem kleinen schlecht klimatisierten Laden am Hafen. Was doch ein Thunfisch-Ei-Mayonnaise-Sandwich auslösen kann.

Unsere Umzugskartons treffen ein und stehen drohend auf der Pier. Das Schiff ist jetzt schon vollgestopft bis oben hin, mit Ersatzteilen und alten Sachen, die wir vielleicht mal gebrauchen könnten. Kerstin ist verzweifelt. Sie ist unser Kellermeister. Mit 1,68 Meter passt sie in jeden noch so kleinen Winkel. Und davon gibt es unter Deck einige. Ich bin darüber mit meinen fast zwei Metern Größe absolut nicht unglücklich. Storage ist ein sehr undankbares Thema. Nie haben wir – beziehungsweise Kerstin – so viel gesucht.

Es bleibt uns nichts anderes übrig, als kräftig auszumisten. Zuerst müssen wir beurteilen, welches Ersatzteil oder Werkzeug an Bord noch brauchbar ist oder benötigt werden könnte. Dafür müssen wir jedoch zuerst erraten, wofür es überhaupt gut ist. Der Sinn und Zweck manch entsorgter Gegenstände wird uns erst Monate später klar.

Schritt für Schritt steigen wir immer tiefer ins Do-it-yourself-Leben ein. Fangen an zu sägen, zu flexen, zu schleifen, zu lackieren. Um- und Einbauten stehen an, Lackarbeiten, Schönheitsreparaturen.

Immer wieder stehen wir uns dabei selbst im Weg. Häufig quälen uns Zweifel: Wie fest darf ich diese Schraube anziehen? Was passiert, wenn das Gewinde im Motorblock reißt? Hält der Motor dann noch oder bekommen wir ein größeres Problem? Wenn ich diese Farbschicht falsch auftrage, fällt sie in ein paar Wochen wieder ab? Hinter jeder Aufgabe lauert Unsicherheit, die uns bremst und behindert.

Die Lektion heißt »Selbstvertrauen aufbauen«. Im normalen Leben haben wir beide damit kein Problem. Beim Handwerken lässt es uns im Stich. Erst mit vielen kleinen und größeren Erfolgserlebnissen fängt es schließlich an zu wachsen. Inzwischen kennt auch Kerstin die einzelnen Werkzeuge und kann eine Knarre von einem Engländer unterscheiden.

Sogar bei meiner Bitte »Reich mir mal den Dingens da rüber« greift sie inzwischen instinktiv zum passenden Teil.

Parallel offenbart Kerstin eine Eigenschaft, deren Ausmaß mir noch nicht bewusst war. Sie stellt Fragen über Fragen. Das treibt nicht nur den Voreigner unseres Schiffes zur Weißglut, der uns für eine Übergangszeit als wandelndes Bedienungshandbuch für unser Einzelstück mit Rat und Tat zur Seite steht. Die Frageritis wird meine Geduld in Zukunft noch auf die eine oder andere harte Probe stellen. Kerstin möchte immer alles ganz genau wissen und verstehen.

Wir shoppen nun nicht mehr in hippen Boutiquen und Lifestyle-Shops, sondern in Baumärkten, im Landmaschinenhandel oder bei Schiffsausrüstern. Die werden wir rund um die Welt kennenlernen. Irgendwann wachsen sie uns sogar ans Herz. Allerdings ist der fällige Betrag immer viel höher, als wir beim Warten in der Kassenschlange überschlagen. Kerstin kontrolliert misstrauisch jede Quittung. Auch wenn Scanner-Kassen eigentlich nicht irren, hofft sie immer auf einen Fehler. Obwohl wir immer schon bewusst mit Geld umgegangen sind, erhalten wir eine perfekte Lektion in Downsizing und einem noch sparsameren Umgang mit unserem Budget. Irgendwie fängt es sogar an, Spaß zu machen.

Grenzen ausloten
im Mittelmeer

Nach drei Monaten harter Arbeit am Schiff wird der Ruf der Ferne immer lauter. Wir wollen los! Auch Trinity zerrt ungeduldig an ihren Leinen. Sie ist segelklar – zumindest bis zu unserem ersten Ziel, Palma de Mallorca. An Bord schmeißen wir eine Abschiedsparty mit Pizza, Rum und reichlich Wein. Alle unsere neuen Freunde sind dabei. Sogar ein paar Freunde aus Deutschland reisen an, um bei unserem Start in den lang gehegten Traum dabei zu sein. Endlich geht es los. Ein unglaubliches Gefühl. Und doch kommt Wehmut auf, als wir Abschied nehmen müssen.

Im kühlen Morgengrauen eines gut gelaunten Junitages starten wir unseren Törn durchs Mittelmeer. Auf unserem Weg nach Palma folgen wir der spanischen Küste erst gen Norden und dann gen Osten. Nachts pausieren wir in Häfen entlang des Weges. Mit von der Partie ist unser Freund Gerd, erfahrener Segler, Handwerker und ausgebildeter Motorfachmann.

Obwohl es eine ruhige Überfahrt ist, sind Kerstin und ich angespannt. Unser erster Törn mit Trinity. Unserem neuen Zuhause. Alles ist neu. Das Schiff, sämtliche Segel, Fallen und Schoten, die gesamte Elektronik, der Autopilot sowie die komplette Sicherheitsausrüstung. Erfahrungswerte gibt es nicht. Wir müssen uns an alles herantasten. Trinity segelt großartig. Das Wetter ist perfekt. Die Stimmung an Bord euphorisch. Die kleinen Marinas an der andalusischen Küste sind die ersten Schauplätze der vielen Geschichten, die wir auf unserer Reise erleben. Wir treffen auf eine bunte Mischung von Aussteigern und Weltenbummlern. Wir mittendrin. Es ist aufregend. Davon haben wir so lange geträumt.

Natürlich ist nicht alles schön. In einem Hafen wird unser nagel-
neuer Rettungsring gestohlen. Ein neuer kommt auf die lange Einkaufs-
liste für Palma. Bis dahin geht bitte niemand über Bord.

Bei der Ausfahrt aus dem nächsten Hafen hört plötzlich unser Die-
selmotor auf zu brummen. Der stattliche Fünf-Liter-Motor ist eigentlich
für Traktoren vorgesehen und wurde für den Einsatz auf einem Schiff
umgerüstet, für raue See und viel Schräglage. Der Voreigner hatte sich
dafür entschieden, weil es überall auf der Welt Landwirtschaft gibt und
somit überall auf der Welt Menschen, die Ahnung von solchen Motoren
haben. Das gibt schon mal ein gutes Gefühl. Ein weniger gutes Gefühl ist
es, dass wir nun ohne Motor auf den großen Wellenbrecher vor der
Hafeneinfahrt zutreiben. Eine große Ansammlung zerstörerischer Fels-
blöcke. Wir versuchen fieberhaft, den Motor wieder zum Laufen zu kriegen. Der Anlasser dreht und dreht. Nach mehreren Versuchen springt
der Motor an und fährt uns sicher aufs Meer hinaus. Wir atmen erleichtert auf. Ein weiterer Punkt für die »Fun-Liste«, die wieder länger und
länger wird.

Mittlerweile können wir es kaum noch erwarten, auf Mallorca anzukommen. Nach Auckland/Neuseeland ist Palma der zweitgrößte Yachthafen
der Welt und damit das Yachtzentrum im Mittelmeer. Palma bietet alles,
was das Seglerherz begehrt: Infrastruktur, Schiffsausrüster, Spezialisten
für jeden Bereich. Für Fahrtensegler das gelobte Land.

In Palma angekommen, beginnen wir erneut mit der Arbeit. Inzwischen ist klar, dass es jetzt noch mal richtig losgehen wird. Nachdem wir
schon drei Monate permanentes Schuften hinter uns haben. Langsam

kommt die bedrückende Vermutung auf, dass es nicht aufhören wird. Wir sprechen es beide nicht aus, um uns nicht gegenseitig zu demotivieren. Der Gedanke hängt unausgesprochen permanent in der Luft.

Unsere Fun-Liste ist schon wieder mehrere Seiten lang. Wir wissen nicht, wo wir anfangen sollen. Es gibt ein paar dringend notwendige Reparaturen und solche, die eher zu den Schönheitsreparaturen zählen. Aber auch die rutschen irgendwann in die Kategorie »notwendig«. Und ehe wir uns versehen, werden sie dringend notwendig und wachsen zu deutlich größeren und damit dann auch meist deutlich kostspieligeren Projekten heran. Wir sollten also besser nichts auf die lange Bank schieben.

Ein Projekt jagt das nächste. Wir streichen das Holz im Cockpit und erneuern die Dichtungen sämtlicher Luken. Im Cockpit montieren wir zwei zusätzliche Winschen. Zunächst müssen wir dafür in der benachbarten Werft Aluminiumsockel anfertigen lassen, streichen und dann montieren. Für die Montage der beiden Winschen muss sich Kerstin in die hintersten Winkel unserer Kleiderschränke zwängen, um die Kontermuttern festzuhalten. Da unten ist es heiß, eng, dunkel und extrem staubig. Während der Montage höre ich Kerstin wie einen Rohrspatz fluchen.

Wir gönnen uns einen neuen Anker, der unser schweres Schiff im Zaum halten und uns ruhig schlafen lassen soll. Das Bimini wird erneuert, ebenso die Sprayhood über dem Niedergang. Eine neue Starterbatterie für den Generator und zwei neue für den Motor müssen her. Außerdem brauchen wir neue Festmacher. Wir überholen den Außenbordmotor und bringen ihn wieder zum Laufen. Wir lassen das Rigg checken und auf Vordermann bringen. Und vieles andere mehr. Check, Check, Doublecheck. Das kennen wir noch gut aus unserem früheren Leben.

Wir ziehen einen deutschen Motorenexperten hinzu. Holger ist erfahrener Seemann, der selbst über viele Jahre die Welt besegelt hat. Er unterzieht den Motor einer Generalprüfung, erneuert Schläuche, repariert den Anlasser, der uns schon so viel Ärger gemacht hat, und erledigt einige weitere Service-Arbeiten. Er teilt sein beeindruckendes Yacht-Know-how mit uns und wartet mit jeder Menge nützlicher Tipps auf. Mehr oder weniger behutsam macht er uns außerdem auf schon offensichtliche oder noch vor sich hin schlummernde Baustellen aufmerksam.

Obwohl wir schon viele Farbarbeiten erledigt haben, zeigen sich an vielen Stellen auf Deck schon wieder Blasen im Lack. Vor allem da, wo sich das Teakdeck und die lackierten Bootsaufbauten treffen. Wir lernen, dass Aluminium sich nicht mit Lack verträgt. Damit werden wir immer wieder Probleme bekommen. Das war uns nicht klar. Wieder was gelernt. Aluminium ist anspruchsvoll. Erst müssen die blasigen Stellen abgeschliffen, gereinigt und vorbehandelt werden. Dann werden sie vorgestrichen und schließlich mehrfach lackiert. Natürlich muss dazu das Wetter mitspielen, sonst dauert es ewig.

Langsam dämmert uns, worauf wir uns da eingelassen haben. Das Schiff ist fast 20 Jahre alt. Eine schöne, stolze, liebebedürftige, aber auch eigensinnige und anspruchsvolle Diva. Sie wird noch viel mehr Geld verschlingen, als wir kalkuliert und jetzt schon investiert haben. Ein Fass ohne Boden. Wir liegen schon jetzt weit über unserem kalkulierten Budget. Hartnäckig sagen wir uns immer wieder: Wir leben nur einmal. Das letzte Hemd hat keine Taschen. Wie heißt es so treffend: »Die beiden schönsten Tage im Leben eines Bootseigners sind der Tag des Kaufs und der Tag des Verkaufs.«

Wir leiden – immerhin vor der wunderschönen Hafenkulisse von Palma de Mallorca. Der Aufenthalt zieht sich viel länger hin als erwartet. Zu den Ausgaben für Yachtzubehör und Reparaturen summieren sich unerwartet hohe Liegegebühren. Wir liegen in einem der schönsten Yachthäfen der Welt und haben keine Zeit, die pittoreske, lebendige Stadt zu genießen. Wir schuften. Es scheint kein Ende zu nehmen.

Weil Ende des Jahres der Atlantik wartet und wir uns selbst einen straffen Zeitplan gegeben haben, legen wir einen Abfahrtstermin fest. Mut zur Lücke. Bevor wir den Schlag über den großen Teich wagen und die europäische Zivilisation verlassen, wollen wir Trinity im Mittelmeer auf Herz und Nieren testen. Außerdem wollen wir im Laufe dieser Testrunde zunehmend längere Schläge und mehr Nachtfahrten unternehmen. In unserem ganzen Seglerleben waren wir bislang nur eine einzige Nacht auf See. Bei der Atlantiküberquerung werden daraus locker ein paar Wochen.

Einen Monat nach Ankunft in Palma ist Trinity seeklar für die nächste Etappe. Weiter wagen wir vorerst nicht zu denken. Wir verlassen

Mallorca – unsere Lieblingsinsel im Mittelmeer, die uns noch stärker ans Herz gewachsen ist.

Es geht Richtung Osten, zunächst nach Sardinien, auf die kleine vorgelagerte Insel San Pietro. Unser erster Blauwassertörn. 280 Seemeilen, 55 Stunden auf dem Wasser – noch nie waren wir so lange nonstop unterwegs. Dabei lernen wir Trinity ein Stück besser kennen: Schwächere Winde unter zehn Knoten mag sie nicht. Ab 15 Knoten Wind wird sie munter und agil. Trotz ihres Gewichts durchschneidet sie die Wellenberge wie ein heißes Messer die Butter. Ein stolzes, massives Schiff. Ihr ganzes Leben scheint sie auf das Blauwasserfahren gewartet zu haben – genau dafür wurde sie gebaut. Der Konstrukteur hat einen tollen Job gemacht. Wir sind happy. Offensichtlich haben wir die richtige Entscheidung getroffen. Die viele Arbeit scheint sich doch gelohnt zu haben.

Nach der Ankunft auf San Pietro entdecken wir eine üble Überraschung. Ganz vorne am Bug leckt Öl auf das Teakdeck. Die hydraulische Rollreffanlage des Vorsegels scheint undicht zu sein. Wir prüfen die Anschlüsse der Hydraulikschläuche und stellen fest, dass das Leck die Anlage selbst betreffen muss. Wir fragen im Hafenbüro nach einem Fachmann. Leider gibt es in dem beschaulichen Ort niemanden, der sich mit solchen Spezialanlagen auskennt. Einem Hydraulikmechaniker, der auf der Fähre arbeitet, bieten wir einen schnellen, gut bezahlten Job an. Er lehnt mit Blick auf die Herkunft unserer Anlage ab. Selbst hier in Italien scheint die italienische Technik rund ums Rigg nicht den besten Ruf zu genießen. Scusa!

Wir sind frustriert. Schon zu Beginn unserer Mittelmeerrunde werden wir mit einem derart komplexen Problem konfrontiert. Das kann ja heiter werden. Vor Ort ist keine Lösung in Sicht. Wir können also vorerst nichts machen. Wir beschließen, die Sache zu beobachten und hin und wieder Öl nachzufüllen. Ein wichtiger Grund, um vor dem Atlantiktörn wieder nach Palma zurückzukehren.

Von Sardinien segeln wir rüber nach Sizilien. Direkt ins Herz der wunderschönen Insel, die Hauptstadt Palermo. Der große Naturhafen zieht sich bis weit in die Stadt hinein. Wir ergattern über Funk einen Platz in einer Marina und folgen der Schifffahrtsstraße in die hinterste Ecke des

Hafens. Kerstin steht am Steuer. Wir legen mit dem Heck zur Pier an. Ich steige mit den Festmachern an Land. Um das Schiff gerade zu halten, betätigt Kerstin das Bugstrahlruder. Da sich genau in diesem Augenblick eine Mooringleine vor dem runden Loch befindet, in dem sich der Bugstrahlpropeller dreht, wird diese sofort hineingesogen und blockiert den Propeller. Es dämmert. Wir vertagen das Problem auf den nächsten Morgen, vertäuen die andere Mooringleine und fallen todmüde ins Bett.

Als ich am nächsten Morgen aufwache, liege ich allein im Bett. Kerstin ist wohl schon zur Anmeldung ins Marina Office. Ich stehe auf, koche mir einen Kaffee und setzte mich ins Cockpit, um das morgendliche Treiben im Hafen zu beobachten und den Flair Palermos aufzusaugen. Dann höre ich es am Heck unseres Schiffes plätschern. Kerstin steigt aus dem schmuddeligen Hafenbecken. Sie berichtet mir von ihrer liebevollen Heldentat: Als sie morgens aufwacht und mich noch tief und fest schlafen sieht, will sie im Alleingang den Bugstrahl-Rettungsplan umsetzen und mich dann mit der Lösung des Problems überraschen. Mit Tauchermaske und Messer bewaffnet steigt sie auf die Badeplattform am Heck des Schiffes. Erst jetzt im Morgenlicht wird ihr das ganze unappetitliche Ausmaß ihres mutigen Vorhabens bewusst. Das Wasser in der hintersten Hafenecke stinkt nicht nur, es ähnelt auch einem giftigen, changierenden Pudding. Im Brackwasser sammeln sich Altöl, Diesel, Plastikflaschen, Bierdosen, zerknüllte Papiertücher, Autoreifen, gebrauchte Damenbinden und Kondome. Kerstin ziehen sich Gesicht und Magen zusammen.

Es hilft alles nichts, mit einer Leine im Bugstrahlruder können wir nicht weiterfahren. Schicksalsergeben lässt sie sich von der Badeleiter ins glibberige Hafenbecken gleiten. Auf dem Weg zum Bug des Schiffes teilt sich der Pudding vor ihr und läuft hinter ihr wieder zusammen. Vorn am Bug kommt der härteste Teil. Auf Höhe des Bugstrahlruders muss Kerstin nun komplett unter das Schiff tauchen. Unter den Glibber, Schmutz und Müll. Das macht man nicht freiwillig. Ich realisiere in diesem Moment ihrer Erzählung, dass ihre Liebe zu mir wirklich groß sein muss. Denn Tauchaufgaben sind bisher mein Terrain. Schließlich habe ich keine Tiefenangst und liebe als ausgebildeter Taucher die Unterwasserwelt. Obwohl Kerstin im trüben Hafenbecken kaum etwas sieht, gelingt es ihr, das Loch zum Propeller zu ertasten und die Leine zu fassen. Die Luft anhaltend beginnt sie nun mühevoll, die fette Mooringleine vom

Propeller abzuwickeln. Einige Male taucht sie auf, um Luft zu schnappen und wieder unter das Schiff zu tauchen. Die Mühe lohnt sich. Nach einigen Tauchgängen ist unser Bugstrahlruder wieder frei.

Kerstin möchte jetzt nichts lieber als duschen. Die geräumige Innendusche an Bord haben wir bislang noch nicht benutzt. Wir lagen immer in Marinas. Außerdem wollen wir unsere Schmutzwassertanks nur im Notfall nutzen, denn auch das »Grauwasser« muss irgendwann irgendwo entsorgt werden. Nun darf Kerstin also unsere Dusche einweihen. Das tut sie ausgiebig. Bis die Duschwanne fast zum Überlaufen voll ist. Höchste Zeit zum Abpumpen per Knopfdruck. Anders als an Land läuft das Duschwasser auf Booten nicht einfach von allein ab. Kerstin drückt auf den Knopf. Nichts tut sich. Das Wasser in der randvollen Duschwanne wippt lediglich im Rhythmus des Hafenwassers sanft auf der Stelle.

Kerstin ruft. Natürlich muss ich erst mal grinsen, als ich sie eingeseift dort stehen sehe. Als sie mir das Problem schildert, vergeht mir jedoch das Lachen. Unfassbar – egal, was wir anfassen, es tut sich immer erst mal eine Baustelle auf. Ein Traum für passionierte Heimwerker. Für uns einfach nur eine Aneinanderreihung von Frust. Aber auch diesmal hilft kein Murren. Während ich die Bodenbretter öffne, um nach dem Fehler zu suchen, huscht Kerstin ins Cockpit, um sich mithilfe der Außendusche vom Seifenschaum zu befreien.

Ich steige in die Katakomben unseres Schiffs. Die Schläuche führen von der Duschwanne zu einer verborgenen Pumpe, die kaum erreichbar ist. Kerstin schaufelt inzwischen mit einer Suppenkelle das Wasser aus der Duschwanne, damit ich die Schläuche an der Pumpe lösen kann, ohne dass unser Schiff mit Seifenwasser geflutet wird. Mit langen Armen und einigen Verrenkungen löse ich Stromkabel, Schlauchschellen und Halterungen und baue die blockierte Pumpe aus. Anschließend zerlege ich sie. Als ich einen der Gehäusedeckel des verrotteten Gerätes öffne, sehe ich Haare von einem toten Tier, wahrscheinlich einer Ratte. Ich öffne die Pumpe weiter und befördere ein Riesenbüschel borstiger, übelriechender Haare ans Sonnenlicht. Glücklicherweise kein totes Tier. Ich frage mich, was schlimmer wäre. Da wir die Pumpe bisher noch nicht genutzt haben, sind die Haare jedenfalls nicht von uns. Mit spitzen Fingern pule ich sie heraus und baue die Pumpe nach einem kurzen Funktionstest wieder zusammen. Anschließend klettere ich zurück unter die Bodenbretter und installiere die Pumpe wieder an ihrem Platz. Beim anschließenden Test erklingt ein sattes Pumpgeräusch. Das Wasser, das wir zum Test noch mal haben einlaufen lassen, wird kraftvoll in den Abfluss gesogen. Wir sind erleichtert und ein bisschen stolz.

Zur Belohnung gönnen wir uns einen Abstecher in die Stadt. Palermo erinnert uns an das wilde Berlin der Neunzigerjahre. Wir fühlen uns zu Hause. Die Stadt ist arm und in vielen Teilen zerfallen. Wir mögen diesen morbiden Charme, genießen die Zeit und können uns kaum trennen.

Dann geht es zu den Liparischen Inseln. Stromboli beherbergt einen noch immer aktiven Vulkan und wird unter Seefahrern deshalb das »älteste Leuchtfeuer der Welt« genannt. Nachts weist das Glühen der Lavafontänen den Weg. Wir können die Insel schon von Weitem sehen.

Das Wasser rund um die Insel ist tief und steinig, was das Ankern unmöglich macht. Zum Glück gibt es direkt vor dem Hauptort ein Ankerbojenfeld, wo wir bei Tagesanbruch festmachen. Die Tour auf den Vulkan ist ein Must für uns. Doch der dreieinhalbstündige, steile Aufstieg hat es in sich. Ohne Bergführer, feste Wanderschuhe und Helm ist er nicht erlaubt. Der Blick in das glühende Maul des brodelnden Vulkans aus schwindelerregender Höhe ist die Mühe wert. Immer wieder explo dieren Feuerblitze und schießen glühende Fontänen in den Nachthimmel. Die Erde, auf der wir stehen, wird wieder und wieder von Explosionen erschüttert. Es wackelt und vibriert. Ein gespenstisches Schauspiel wie aus einem Endzeit-Thriller. Mit glühenden Wangen unter unseren Helmen und der Kamera im Anschlag stehen wir direkt am Rand des Vulkans und genießen das tosende Spektakel. Der Abstieg gestaltet sich sehr viel angenehmer als der Aufstieg. In nur einer halben Stunde hüpfen wir über steile Hänge, durch hüfthohe Asche bis ganz nach unten ins Dorf. Ein tolles Erlebnis.

In Palermo haben wir einen neuen Gennaker bekommen, ein Riesensegel speziell für die vielen Vorwindkurse, die uns auf dem Atlantik erwarten werden. Wir wollen das Segel testen, um mehr Sicherheit im Umgang mit dem gigantischen 200-Quadratmeter-Tuch zu bekommen. Es entwickelt eine brachiale, tonnenschwere Kraft, die das Schiff schnell vorwärts zerrt.

Ein erhabener Anblick – nicht nur der des Segels, sondern auch der unserer Geschwindigkeitsanzeige: meist über zehn Knoten Speed. Sobald der Wind auf 20 Knoten und mehr steigt, sollte so ein Segel allerdings eingeholt sein. Sonst lässt es sich kaum noch bergen und könnte Schiff und Mannschaft in Gefahr bringen. Die Kraft ist so gewaltig, dass Schiffe kentern können. Darauf wollen wir verzichten.

Wir nehmen Kurs auf Messina. Die Straße von Messina führt vom Mittelmeer ins Ionische Meer und ist eine der meistbefahrenen Schifffahrtsstraßen der Welt. Sie bildet ein nur drei Kilometer breites Nadelöhr zwischen Sizilien auf der einen und dem italienischen Stiefel auf der anderen Seite. Ein Supertanker reiht sich an den anderen, ein Riesenfrachtschiff jagt das nächste. Da uns neben dem dichten Schiffsverkehr auch noch unberechenbare Winde, Stromschnellen und Wasserwirbel erwarten, ist in der schmalen Einfahrt der Straße an Segeln nicht zu denken – zumindest nicht unter Gennaker. Das Riesentuch muss also eingeholt werden. Wie auf Knopfdruck nimmt just in diesem Moment der Wind zu. Während ich zum Bug gehe und beginne, den Bergeschlauch über das aufgeblähte Tuch zu ziehen, schaltet Kerstin den Autopiloten ein, um an die Winschen zu gehen und die Schoten zu entlasten. Sie lässt sich jedoch von der Hektik, die jetzt an Bord herrscht, anstecken und löst die Schot komplett von der Winsch. Viel zu schnell und unkontrolliert. Im nächsten Moment saust die Schot wie eine Peitsche durch die Luft. Sie trifft Kerstins Schienbein und schneidet tief ins Fleisch. Damit noch nicht genug. Im nächsten Moment geht das Ende der Schot auch noch über Bord. Während ich das Segel hektisch an Deck hole, versucht Kerstin, die Schot wieder einzuholen, aber sie scheint irgendwo unter dem Boot festzuhängen. Möglicherweise im Propeller. So können wir auf keinen Fall den Motor starten! Währenddessen treibt Trinity auf die Straße von Messina zu. Nun manövrierunfähig. Ohne Beschleunigung durch Motor oder Segel ist ein Schiff nicht steuerbar. Wir sind auf Kollisionskurs mit ein paar Riesentankern, die denselben Ansteuerungspunkt zur Einfahrt in die Meerenge haben. Einer davon hält exakt auf uns zu, der Bug ragt bedrohlich vor uns auf. Die sprudelnde Bugwelle zeugt von hoher Geschwindigkeit.

Ich muss schnellstens ins Wasser, um nachzuschauen, was Sache ist. Der Tanker kommt immer näher. Bewaffnet mit Tauchermesser,

Taschenlampe und Maske springe ich ins tiefe Dunkle. Das Meer ist an dieser Stelle 1000 Meter tief und durch Wind und Schiffsverkehr extrem aufgewühlt. Kerstin besteht darauf, dass ich mir eine Leine um den Bauch binde, um mit dem Schiff verbunden zu bleiben. Die starke Strömung könnte mich abtreiben. Dann tauche ich. Mit enormem Kraftaufwand kann ich meine Position halten. Um ein paar Meter in Richtung Schraube vorwärtszukommen, muss ich alle Reserven mobilisieren. Die Sicht ist schlecht. Nach und nach kann ich ein paar Dinge erkennen. Die Leine hängt nicht im Propeller. Wo dann? Ich tauche noch mal auf, um Luft zu holen. Und um zu schauen, wie viel Zeit mir noch bleibt, bevor es kracht. Wieder unter Wasser. Auf meinem Weg nach vorn erkenne ich, dass die Leine ganz unten am Kiel an einem Bolzen festhängt. Da ich erneut Luft brauche, tauche ich auf und beschreibe Kerstin eilig die Situation. Sie läuft nach vorn und rüttelt von Deck aus in verschiedenen Winkeln an der Schot. Zu unserer großen Erleichterung kommt sie frei. Kerstin wickelt die störrische Schot ein, während ich zurück an Bord klettere. Dann starte ich blitzschnell den Motor. Kurz vor der drohenden Kollision mit dem Supertanker biegen wir parallel zu ihm in die Straße von Messina ein. Erleichtert und mit klopfenden Herzen.

Unser Plan, Trinity durch und durch kennenzulernen und ihre Grenzen auszutesten, gelingt uns richtig gut. Wir lernen vor allem aus Fehlern. Entweder überschätzen wir uns oder unser Schiff. Oder unterschätzen die Naturgewalten. Wenn es ganz schlecht kommt, auch beides auf einmal.

Bei starkem Wind kommt sehr viel Druck in die Segel und das Schiff beginnt zu »krängen«, sich auf die Seite zu legen. Diese Schieflage ist weder angenehm noch sinnvoll. Die Welt kippt zur Seite und wir müssen uns mühsam gegen die Schwerkraft bewegen. Außerdem verlangsamt eine starke Krängung die Fahrt. Wenn der Autopilot eingeschaltet ist, muss er zu viel arbeiten, verbraucht mehr Energie und verschleißt schneller. Handelt es sich nur um ein paar starke Böen, öffnen wir einfach das Großsegel und lassen den Druck entweichen. Wenn der Wind aber über einen längeren Zeitraum stark bleibt, sollten die Segel gerefft werden. Natürlich kennen wir die alte Segler-Faustregel »Wenn du zum ersten Mal ans Reffen denkst, tu es!«. Aber noch ignorieren wir sie gerne.

Oft sind wir gar nicht sicher, ob wirklich der Wind stärker geworden ist oder ob es sich nur um ein paar Böenfelder handelt. Wäre blöd, zu früh zu reffen und dann langsamer zu werden. Die Quittung folgt.

Nach einer Nacht im schützenden Hafen von Messina nehmen wir Kurs auf Griechenland. Es ist ein sonniger Sonntagmorgen, bei einer leichten Brise hissen wir die Segel. Trinity zieht munter durchs Wasser und liegt bei halbem Wind angenehm gerade. Perfekt für ein ausgedehntes Sonntagsfrühstück im Cockpit. Der Autopilot, unser »dritter Mann«, mittlerweile liebevoll Otto genannt, erledigt den Job am Steuer. Bei üppig gedecktem Tisch segeln wir parallel zur Küste und nähern uns einer steilen Bergformation. Plötzlich kommt aus dem Nichts eine Böe, die das Schiff schwer auf die Seite wirft. Mitsamt unserer Frühstückstafel. Eine tückische Fallböe hat uns mit voller Breitseite erwischt. Der Wind schnellt von 15 auf 45 Knoten hoch. Bei voller Besegelung. Da kommt sogar Trinity an ihre Grenzen. Der Autopilot will nicht mehr und steigt ohne Vorwarnung aus. Wir springen auf, übernehmen das Ruder, fieren die Segel und bringen unsere Lady wieder auf Kurs. Nach wenigen Minuten kehrt der Wind wieder auf Normalgeschwindigkeit zurück. Trinity zieht weiter ihre Bahnen, als sei nichts geschehen. Seitdem halten wir respektvoll Abstand von Küsten und übernehmen das Steuer, wenn an Land steile Felswände oder hohe Berge Fallböen erwarten lassen.

Unser Ziel ist die griechische Insel Zakynthos vor der Westküste der Peloponnes. Wir sind dort verabredet, für zwei Wochen wird Kerstins Mutter an Bord kommen. Der Wetterbericht verheißt starken Wind, aber nicht zu stark. Wir sind skeptisch. Besser abwarten? Unsere Überfahrt wird drei Tage dauern. Unser Besuch wird in drei Tagen am Hafen stehen. Da gibt es nicht viel zu rechnen. Also los. Außerdem haben wir ein seetüchtiges Schiff, das mit starkem Wind gut zurechtkommt. Wird schon schiefgehen. Bei sommerlichen Temperaturen um die 30 Grad, blauem Himmel und angenehmem Wind ziehen wir unter voller Besegelung dahin. Perfekt. Was diese ängstlichen Wetterfrösche nur immer haben.

Die Nacht bricht an, ich übernehme die erste Wache. Kerstin legt sich in unsere Seekoje. Das Etagenbett ist relativ eng und verhindert, dass der Schlafende bei starken Schiffsbewegungen herumrollt.

Die Sonne geht unter. Der Wind liegt seit Stunden stabil bei 16 Knoten. Wir machen gut Fahrt. Hin und wieder kommen ein paar kleine Böenfelder, die Windanzeige steigt auf 20 Knoten. Kein Problem für Trinity. Irgendwann bleibt der Wind jedoch fast unmerklich permanent bei 20 Knoten. Dann bringen Böen von inzwischen 25 Knoten das Schiff kräftig zum Krängen. Ich mache mich bereit, Kerstin unten im Schiffsbauch zu wecken und mit ihr gemeinsam die Segelfläche zu verkleinern.

Plötzlich bricht es über uns herein. Das nächste Böenfeld bringt 30 Knoten, die rasant auf 35 Knoten hochschnellen. Und dort verharren. Alles passiert in stockfinsterer Nacht. Es waren nur wenige Minuten, doch ich habe zu lange gezögert. Die volle Besegelung sorgt dafür, dass sich das Boot stark auf die Seite legt. Es ist viel zu viel Druck im Tuch. Selbst das Öffnen des Großsegels hilft nicht mehr. Der Autopilot quittiert seinen Dienst. Ich packe das Steuer und habe keinen Schimmer, wie ich Kerstin in der geschlossenen Kabine unten im Vorschiff wecken soll. Allein kann ich bei diesen Bedingungen kein Reffmanöver fahren. Verzweiflung steigt auf. Ich stemme mich mit aller Kraft gegen das Steuerrad und versuche hartnäckig, das Schiff auf Kurs zu halten. Wellen peitschen über das Deck. Der stürmische Wind pfeift im Rigg.

In diesem Moment taucht Kerstin auf, verschlafenes Gesicht, zerzauste Haare und irritierter Blick. Ich schreie gegen den heulenden Wind an: »Komm rauf, ich kann das Schiff nicht mehr halten!« Salzwasserfontänen spritzen ins Cockpit. Kerstin stürzt nach oben, ist sofort komplett durchnässt, übernimmt das Steuer und startet den Motor. Nur am leichten Vibrieren des Schiffes merken wir, dass er wirklich anspringt. Wir müssen reffen – sofort! Das geht nur mit dem Bug im Wind.

Das Schiff schießt in ein wild tobendes schwarzes Loch. Keine Lichter weit und breit, an denen wir uns orientieren könnten. Kerstin versucht, die Windrichtung zu erahnen. Dann gibt sie beherzt Schub und dreht den Bug des Schiffes mit den wild schlagenden Segeln nach und nach in den Wind. Ich hole zeitgleich das Großsegel dicht und beginne, es Stück für Stück zu reffen. Trinity stampft in den meterhohen Wellen wild auf und ab. Unmengen an Wasser kommen über. Kerstin umklammert das Steuerrad, sie findet mit ihren nackten Füßen kaum Halt auf dem überfluteten Holzboden. Klitschnass zittert sie vor Kälte. Die Haare vor den Augen nehmen ihr die Sicht.

Endlich ist das Großsegel eingerollt. Wir reffen auch die Genua ein gutes Stück ein, um für den Rest der Nacht Ruhe zu haben. Der Wind ist mittlerweile bei Sturmstärke. Kerstin geht zurück auf Kurs. Unsere Lady krängt jetzt kaum noch und zieht wieder ihre Bahn durch die Nacht. Ich schalte den Autopiloten ein. Die Situation ist wieder unter Kontrolle.

Es war kein Zufall, dass Kerstin im allerletzten Moment unten im Salon auftauchte. Weil Trinity in der warmen Sommernacht so ruhig in der See gelegen hatte, dass kein Wasser über Deck kam, hatte sie gewagt, die kleine Luke in der Kabinendecke zu öffnen. So kam wenigstens etwas frische, kühlende Luft in die stickige Kabine. Plötzlich schwappte ein großer Schwall Salzwasser durch die offene Luke hindurch in die Koje und auf Kerstin. Mit einem Schlag war sie hellwach. Neben dem Heulen des Windes hörte sie das grelle Pfeifen einer Sirene. Sie sprang sofort aus dem Bett, schloss die Luke und eilte durch das stark krängende Schiff in den Salon. Oben sah sie mich mit dem Steuerrad kämpfen. Und konnte mir zu Hilfe eilen. Gerade noch rechtzeitig.

Später in der Nacht klettert die Windanzeige dann sogar noch auf über 50 Knoten, fast 100 Stundenkilometer. Dank der gerefften Segel kommt Trinity damit aber gut klar. Mit hoher Geschwindigkeit zischen wir durch die schwarze, stürmische Nacht.

Seit diesem Abenteuer reffen wir meist vor der Nacht das Großsegel. Die Theorie allein hat wieder einmal nicht gereicht. Wir mussten die Lektion am eigenen Leib lernen.

Der Sturm begleitet uns noch zwei weitere volle Tage. Zumindest kommen wir schnell voran und laufen rechtzeitig in den Hafen von Zakynthos ein. Wir wollen uns noch ein wenig vom Stress der letzten Tage entspannen. Doch wieder einmal lässt uns Trinity nicht zur Ruhe kommen. Die Grauwasserpumpe, elementar für das Abpumpen unseres gesamten Abwassers, hat ein Leck. Übelriechende Brühe fließt durch die Wand in unsere Gästekabine. Dorthin, wo in wenigen Stunden unser Gast einziehen wird. Im Schiffsinneren herrschen zu allem Überfluss über 40 Grad. In einer schweißtreibenden Aktion baue ich die Pumpe aus und finde schnell das Problem. Die Pumpmembran ist aufgerissen. Keine Chance, sie zu reparieren. Ich schnappe mir das Klapprad und fahre zum nächsten

Bootsausrüster. Natürlich ist genau diese Pumpe nicht vorrätig. Sie muss aus Athen eingeflogen werden. Morgen Nachmittag wird sie ankommen.

Zurück an Bord verschließe ich die losen Schläuche, setze die Wandteile wieder ein und sorge für Ordnung. Kerstin hat mittlerweile das Schiff geputzt und vom Salzwasser befreit. Und dann steht auch schon ihre Mutter auf der Kaimauer. Am nächsten Tag trifft pünktlich am frühen Nachmittag unsere neue Pumpe ein. Wieder alles öffnen, Pumpe montieren, verschließen. Fertig. Bitte keine weiteren Überraschungen.

In den darauffolgenden Tagen erkunden wir Zakynthos und umrunden die Halbinsel Peloponnes. Einsame Buchten und geschichtsträchtige Orte machen die Tour zu einem beeindruckenden Erlebnis. Gemeinsam segeln wir bis nach Athen. Dort ist Crew-Wechsel angesagt. Kerstins Bruder und seine Freundin kommen an Bord. Gemeinsam nehmen wir Kurs auf die Kykladen.

Die Windbedingungen im Ägäischen Meer sind seit unserer Ankunft gelinde gesagt sportlich. Nicht nur tagsüber, auch nachts. Ruhiges Buchtenliegen ist selten. Auch nachts bläst der Meltemi teils noch mit 25 Knoten über das aufgewühlte Wasser. Tagsüber immer in Sturmstärke. Gut, dass wir uns den neuen schweren Anker gegönnt haben, der uns selbst bei solchen Bedingungen ruhig schlafen lässt.

Unser nächstes Ziel heißt Mykonos. Um den Hafen zu erreichen, müssen wir bei viel Wind und Welle gegenankreuzen. Trinity kämpft sich stark gerefft durch die Gischt. Doch als der Wind immer mehr zunimmt, wird selbst ihr das zu viel. Wir beschließen, zusätzlich den Motor einzusetzen und die Genua weiter zu reffen, um die Krängung aus dem Schiff zu bekommen. Wir rollen das Vorsegel weiter ein. Irgendwo hakt es. Wir rollen das Segel wieder ein Stück aus, dann wieder ein. Es geht ein kleines Stückchen weiter – und hakt wieder. Vor der Einfahrt in den Hafen versuchen wir, das Segel ganz wegzurollen. Nach einigen Anläufen klappt es. Aber wir haben eine neue Baustelle, um die wir uns kümmern müssen.

Wieder allein an Bord konzentrieren wir unsere Aufmerksamkeit auf das Vorsegel. An einem bestimmten Punkt hakt es wieder und wieder. Kerstin bedient die hydraulische Furling und versucht, das Segel einzurollen. Nichts. Irgendetwas blockiert. Da muss ein wenig Gewalt zum Einsatz kommen. Ich greife kurzerhand zur Winschkurbel, setze sie an der Vorsegelfurling an und drücke den Hebel kräftig auf die Seite. Gleichzeitig drückt Kerstin den Hydraulikknopf. Es knackt. Einmal. Dann ein zweites Mal, diesmal sehr viel lauter. Kerstin drückt auf den Knopf, der das Segel wieder einrollt. Und siehe da, das Segel kann endlich geborgen werden. Wir atmen auf und schauen beide nach oben zum Vorstag, wo das zweite, markerschütternde Knacken herkam. Nichts Ungewöhnliches zu sehen.

Wir verlassen Mykonos Richtung Athen und setzen die Segel. Das Vorsegel arbeitet wieder.

Einige Tage und ein paar Kykladen-Inseln später: noch zehn Seemeilen bis zur Hafeneinfahrt von Piräus. Wir segeln unter Vollzeug, eine kräftige Brise treibt uns voran. Plötzlich hören wir ein lautes Krachen. Das weit geöffnete Vorsegel fällt ins Wasser. Die Aufhängung des Segels oben am Vorstag hat sich gelöst. Wir nehmen Fahrt aus dem Schiff und eilen nach vorne zum Bug, um das im Wasser treibende, schwere Vorsegel mit aller Kraft an Deck zu ziehen.

Im Hafen angekommen, ziehe ich Kerstin in den Mast hoch. Bewaffnet mit unserer Kamera macht sie sich auf Spuren- und Ursachensuche. Schon auf halber Strecke kann sie erkennen, dass das Vorstag angeknackst ist. Die Drähte stehen wie kleine Palmwedel in alle Richtungen ab. Zum Großteil gebrochen. Der Wirbel, an dem das Vorsegel aufgehängt ist und mit dem es gerollt wird, hängt noch oben. Allerdings ist das Metallauge, das das Segel hält, herausgebrochen.

An der Mastspitze auf 22 Metern angekommen, kann Kerstin das ganze Elend überblicken. Mit Erschrecken sieht sie, dass sich das Fall wie eine Schlingpflanze mehrfach um das Vorstag gewickelt hat, wahrscheinlich beim Aus- und Einrollen des Segels. Es hat den Wirbel blockiert, der dann nicht mehr drehen konnte. Ahnungslos haben wir auf Mykonos mit Hydraulik und Muskelkraft zwar die Blockade gelöst, aber gleichzeitig Wirbel, Vorstag und Fall beschädigt. Wo rohe Kräfte sorglos walten. Ein weiteres Learning für die Zukunft.

Ein Unglück kommt selten allein: Der Motor streikt. Von Piräus aus wollen wir gen Westen aufbrechen, zurück nach Mallorca. Doch der Motor springt nicht an. Irgendetwas scheint mit dem Anlasser nicht zu stimmen.

Er gibt keinen Mucks von sich. Wir öffnen die Klappe zum Motorraum. Im Licht der Taschenlampe erkennen wir, dass der Anlasser nur noch an einem von drei Bolzen hängt. Er hat sich fast komplett vom Motorblock gelöst. Kein Wunder, dass da nichts geht. In Palma de Mallorca wurde der Anlasser ausgebaut. Beim Einbau wurden die Bolzen offenbar nicht richtig fixiert. Die Vibration hat sie losgerüttelt. Notdürftig befestigen wir den Anlasser. Der Motor springt an. Wir vertagen das Problem.

Wir benachrichtigen sowohl unseren Rigg- als auch unseren Motorenspezialisten in Palma. Der Rigger rät uns, mit dem beschädigten Vorstag möglichst wenig zu segeln. Das Vorstag hält den Mast und die Statik des gesamten Riggs könnte auseinandergeraten. Also bitte möglichst nur den Motor nutzen. Der Motorenexperte wiederum legt uns eindringlich ans Herz, den Motor möglichst wenig zu benutzen und besser viel zu segeln. Patt. Wir sichern den Mast mit mehreren Leinen nach vorne ab und machen uns auf den Weg.

Immerhin hat die Erkenntnis, dass es für alles eine Ursache gibt, etwas Beruhigendes. Zusätzlich sollten wir Arbeiten am Boot in Zukunft wohl am besten selbst machen. Und wenn wir Dritte hinzuziehen, sollten wir alles kritisch kontrollieren. Kleine Fehler können sich zu großen Schäden auswachsen. »So blöd kannst du gar nicht denken, wie es kommt.« Manchmal ist es nur ein simpler Kabelbinder, der für irgendwelche Arbeiten durchtrennt und nicht wieder angebracht wird. Dann kann ein Kabel in den Motor-Keilriemen geraten und diesen komplett zerlegen.

Zurück ins Ionische Meer wollen wir diesmal die Abkürzung durch den geschichtsträchtigen Kanal von Korinth nehmen. Auf dem Weg dorthin steuern wir eine einsame Bucht an. Wir sind das einzige Boot vor Anker und beschließen, den morgigen Tag mit Ausspannen zu verbringen. Am Morgen werde ich von Kerstin sanft aus tiefem Schlaf geweckt. Mit unschuldigen Augen fragt sie mich: »Zuerst die gute oder die schlechte Nachricht?« Die gute: Der Kaffee ist fertig und duftet verführerisch. Die schlechte: Der Inhalt unseres vorderen Schwarzwassertanks hat sich ins Schiffsinnere ergossen. Im Schwarzwassertank wird das Abwasser der beiden Toiletten gesammelt. Entweder wird er auf hoher See oder mithilfe von speziellen Abpumpanlagen geleert, die die meisten Häfen jedoch gar nicht haben. Nun schwappt also der Inhalt mehrere Tage

Toilettenbenutzung unter den Bodenbrettern. Sofort bin ich hellwach und springe laut fluchend aus der Koje.

Ich öffne die Bodenbretter, verfolge Schläuche, greife tief in die Exkremente. Die griechische Gluthitze im Hochsommer tut ihr Übriges. Wir halten uns Tücher vor die Nase und wir finden die Ursache: Ein Schlauch ist gebrochen. Der muss sofort ersetzt werden. Ein größeres Projekt, weil sämtliche Schläuche hinter der Holzverkleidung der Bordwand verlegt sind. Und das Schiff hinterher komplett gereinigt werden muss. Tschüss Faulenz-Tag.

Der Kanal von Korinth trennt die Halbinsel Peloponnes vom griechischen Festland. Vor dessen Bau Ende des neunzehnten Jahrhunderts wurden die Schiffe an dieser Landenge über Land gezogen. Die Durchfahrt ist nicht billig, aber schnell und beeindruckend.

Im dahinterliegenden Golf bekommen wir wieder kräftig eins auf die Nase. Der Wind weht stark. Und natürlich genau aus der Richtung, wo wir hinwollen. Das bedeutet mühsames Kreuzen. Irgendwann ist es sogar so heftig, dass wir zu einem Hafen umkehren müssen, um unser Schiff wegen des angeschlagenen Vorstags nicht in Gefahr zu bringen. Also üben wir uns in Geduld und spazieren durch den Hafen, in dem Masten und Aufbauten von Schiffswracks aus dem Wasser ragen. Sie zu bergen und damit die vielen Schifffahrtshindernisse zu beseitigen, scheint offensichtlich zu aufwendig zu sein. Mittlerweile haben sie sich sogar zu einer Touristenattraktion entwickelt.

Inzwischen haben wir die anfängliche Scheu vor mehrtägigen Nonstop-Törns komplett verloren. Von unserem Zwischenziel Zakynthos aus segeln wir zwei Tage und Nächte durch das Ionische Meer und die Straße von Messina. Nach sechs Wochen Tsatsiki freuen wir uns auf die italienische Küche. Diesmal ist uns Neptun gnädig: kaum Wind, aber Strom in unsere Richtung. Dazu ein wunderschöner Sonnenuntergang.

Zwischenziel ist Vulcano auf den Liparischen Inseln. Ein lauschiger Ankerplatz vor bizarrer Vulkan-Kulisse. Bis ein Gewitter das absolute Chaos verursacht. Der Himmel verdunkelt sich innerhalb kürzester Zeit, Regen und Wind peitschen los. Losgerissene Anker, im Wasser treibende Ausrüstung. Das Ganze dauert nur fünf Minuten. Bei uns bleibt zwar alles an Bord und der Anker hält. Aber viele Boote treiben herum. Wir haben genug von der Bucht. Anker auf, ab zur Hauptinsel Lipari. Dort gönnen wir uns einen Liegeplatz im Hafen und schaukeln im Schwell der an- und abfahrenden Fähren.

Inzwischen liegen knapp 3000 Seemeilen in unserem Kielwasser – die Distanz der für Ende November geplanten Atlantiküberquerung. Noch liegen jedoch über 500 Seemeilen bis Palma vor uns. Wir wollen so schnell wie möglich dorthin, um die Reparaturen zu erledigen. Wind und Wetter sehen vielversprechend aus. Einer unserer beiden 500-Liter-Dieseltanks ist noch fast voll.

Auf gehts. Tolles, schnelles Segeln. Bis der Wind nach einigen Stunden einfach so aufhört. Von jetzt auf gleich. Totale Flaute. Spiegelglattes Wasser. Das war im Wetterbericht so nicht angekündigt. Also warten. Der Wind kommt nicht zurück. Schließlich werfen wir seufzend den Motor an und tuckern gemächlich Richtung Palma. Und warten weiter auf Wind. Den ganzen Tag. Die ganze Nacht. Einen weiteren Tag. Die Bordroutine stellt sich auf ein endlich mal horizontal im Wasser liegendes Schiff ein. Keinerlei Krängung. Das erleichtert die Bewegung an Bord. Kochen. Duschen. Yoga. Im Sonnenuntergang meditiere ich auf dem warmen Vordeck. Das war unterwegs noch nie möglich.

Doch mittlerweile werden unsere Dieselvorräte knapp. Was tun: Motor aus, um Diesel zu sparen, und auf der Stelle dümpeln? Keine gute Idee. Wer weiß, wie lange die Flaute noch anhalten wird. Die nächstmögliche Tankstelle ansteuern? An der Südwestseite von Sardinien gibt es eine. Allerdings ist die Ansteuerung dort extrem flach. Wer weiß, ob wir da überhaupt rankommen.

Inzwischen nähert sich die Tankanzeige gefährlich dem roten Bereich. Kurswechsel Richtung Sardinien. Dort angekommen, fragen wir die Fischer nach der Wassertiefe an der Tankstelle im Fischereihafen. Zu flach für uns. Allerdings ist gerade Hochwasser. Never try, never win. Wir wagen einen Anlauf. Doch nach nur wenigen Metern bemerken wir, wie unter dem Boot heftig Sand aufwirbelt. Auch ein zweiter und dritter Versuch enden auf dem Grund. Rückwärtsgang und raus.

Wir machen in der Marina fest und fragen nach Alternativen. Nichts in der Nähe, zumindest nicht im Radius von 60 Seemeilen, der maximalen Reichweite bei Flaute und leerem Tank. Der Marinero verweist auf die Autotankstelle im Ort, einige hundert Meter vom Schiff entfernt. Wie soll das funktionieren? Unsere Tanks fassen 1000 Liter. Nach den Erfahrungen der letzten Tage wollen wir volltanken, koste es, was es wolle. Wir brauchen eine halbe Stunde, um uns an den Gedanken zu gewöhnen, dass dies wirklich die einzige Chance ist. Wir schnappen einen klapprigen Einkaufswagen vom Supermarkt und ein paar Kanister und legen los. Nach wenigen Minuten läuft der Schweiß in Strömen. Unter der sengenden italienischen Sommersonne, bei über 40 Grad auf der schattenlosen Straße, schieben wir mit dem sperrigen Einkaufswagen eine Fuhre Dieselkanister nach der nächsten zum Boot und zurück. Erst über rumpelige Schotterpisten, dann über Kopfsteinpflaster. Höllenlärm und Verzweiflung im Blick. Es nimmt kein Ende. Wir schwitzen und fluchen. Auch das Einfüllen der schweren 20-Liter-Kanister in den Tankstutzen auf Deckshöhe bei schwankendem Schiff in sengender Hitze und mit benebelnden Gasen wird zur Tortur. Nach vielen kräftezehrenden Touren sind die Tanks einigermaßen voll. Und wir total bedient. Von nun an tanken wir, wenn der Gedanke aufblitzt. Genau wie beim Reffen.

Zurück im Yachtie-Paradies Palma ergattern wir wieder einen Liegeplatz unterhalb des Stadtzentrums. Die Fun-Liste ist schwindelerregend lang: Reparatur der vielen Ausrüstungsgegenstände, die bei der ausgedehnten Testfahrt durchs Mittelmeer zu Bruch gegangen sind. Überholung der Energielieferanten, also Generator und beide Lichtmaschinen. Organisation der Ausrüstung, die wir als unverzichtbar identifiziert, aber noch nicht an Bord haben.

Um unser Vorstag und den hydraulischen Vorsegel-Furler wieder in Gang zu bringen, kontaktieren wir einen Rigger. Er wurde uns wärmstens empfohlen und hält hoffentlich, was die hohen Stundensätze versprechen. Der Rigger rückt mit mehreren Mann Verstärkung an. Wie Ameisen krabbeln sie übers Schiff und zerlegen das Vorstag. Der Hydraulikmotor wird mit in die Werkstatt genommen und dort in seine Einzelteile zerlegt und gereinigt. Kugellager werden erneuert, Dichtungen ausgetauscht, Öl gewechselt. Ich fahre mit, um dem Rigger über die Schulter zu schauen und für die ungewisse Zukunft auf See zu lernen.

Als mir der Rigger nach getaner Arbeit lächelnd die Rechnung in die Hand drückt, traue ich meinen Augen nicht. Deutlich mehr als kalkuliert. Wir vergleichen die Rechnung mit unseren Stundenlisten. Und stellen fest, dass die doppelte Stundenzahl berechnet wurde. Nach längerer Diskussion schiebt der Rigger den eingestandenen Fehler auf seine Buchhaltung und korrigiert die Rechnung kräftig nach unten.

Wir bereiten uns auf die Atlantiküberquerung vor, die wir im Rahmen einer organisierten Rallye für Fahrtensegler bestreiten wollen. Die Atlantic Rallye for Cruisers, kurz ARC, startet jedes Jahr Ende November von Gran Canaria. Ziel ist die Karibikinsel St. Lucia. Im Hafen von Palma hissen wir die große ARC-Flagge, die im Begrüßungspaket lag. Und lernen dank dieses Erkennungszeichens ab sofort jede Menge Mitstreiter kennen. Schon in Palma gibt es ein großes Hallo und den einen oder anderen Sundowner zur Einstimmung.

Das Organisationsteam der ARC schickt den Teilnehmern weit im Voraus einen dicken Ordner mit allerlei Informationen zur Vorbereitung. Darunter eine umfangreiche Liste mit Sicherheitsausrüstung, die für die teilnehmenden Boote zwingend vorgeschrieben ist. Vieles davon hat nach Seenotfällen während der 27-jährigen Geschichte der Rallye Aufnahme in die Liste gefunden.

Unser vollelektrisches, vollhydraulisches Schiff braucht eine ganze Menge Strom. Stabile Energieerzeuger sind elementar für die Sicherheit. Abgesehen von alten Solarpaneelen und einem neuen Windgenerator werden unsere Batterien hauptsächlich von der 24-Volt-Lichtmaschine am Motor und unserem Generator geladen. Beide haben schon einige Jahre auf dem Buckel. Deshalb beschließen wir, sie in die jeweilige Vertragswerkstatt zu geben, auf Herz und Nieren prüfen und überholen zu lassen. Die Lichtmaschine können wir bereits wenige Tage später wieder einbauen.

Anders gestaltet sich die Sache bei unserem Generator. Wir kontaktieren die deutsche Vertragswerkstatt vor Ort und fragen nach einer Kostenschätzung für Ausbau, Überprüfung und Wiedereinbau. »Deutsch« gilt für uns noch als Qualitätsmerkmal. Telefonisch bekommen wir einen fairen Preis genannt und schlagen ein. Einige Tage später kommt der

Mechaniker an Bord und sagt nach einem kurzen Blick in flapsigem Ton: »Der ist ja schon ganz schön alt, warum kauft ihr nicht gleich einen neuen?« Das kommt für uns definitiv nicht infrage. Eher widerwillig macht sich der Mechaniker an die Arbeit. Mit vereinten Kräften wuchten wir das 150-Kilo-Teil aus dem Schiff und auf den Steg. Der Mechaniker fährt mit unserem Generator von dannen.

Dann hören wir nichts mehr. Wir versuchen vergeblich, die Werkstatt telefonisch zu erreichen. Schreiben E-Mails ins Leere hinein. Unsere Geduld wird auf eine harte Probe gestellt. Entnervt mieten wir uns schließlich ein Auto und fahren zur Firmenadresse in ein Industriegebiet am Stadtrand. Zu unserem großen Erstaunen herrscht dort reger Betrieb. Aber leider ist der Chef außer Haus und angeblich kann uns nur der etwas zum Generator sagen. Wir fahren zurück zum Boot und warten nervös auf seinen Anruf. Spätestens Mitte November müssen wir auf Gran Canaria sein. Das ist nicht mehr lang hin und noch liegen mehr als 1000 Seemeilen vor uns.

Als endlich der Anruf vom Chef kommt, fällt uns fast der Hörer aus der Hand. Ein paar kleine Teile müssen überholt werden. Doch der vereinbarte faire Preis hat sich verfünffacht! Bevor wir nicht zahlen, würden sie weder anfangen zu arbeiten noch wir den Generator zurückbekommen. Wir sind sprachlos und fühlen uns aufs Übelste erpresst. Alle Versuche, den Chef in sachlichem Ton von der Absurdität seines Verhaltens zu überzeugen, laufen ins Leere.

Wir versuchen zu verhandeln, um unser fehlendes Ausrüstungsteil zurück an Bord zu bekommen. Vergeblich. Der Chef besteht nun auf Cash und Vorkasse. Doch nach den bisherigen Erfahrungen kaufen wir nicht die Katze im Sack! Wir fühlen uns ausgeliefert. So, als würde die deutsche Fachwerkstatt unseren Generator als Geisel halten und Lösegeld erpressen. Mein Gerechtigkeitssinn schnürt mir förmlich die Luft ab. Ein befreundeter deutscher Skipper kommentiert zynisch: »Hüte dich vor Meer und Wind und Deutschen, die im Ausland sind.«

Wir fliegen für ein paar Tage zu einem Familienfest nach Deutschland. Mit etwas Abstand erscheint uns die Sache noch absurder. In einem Monat wollen wir auf den Kanaren eintreffen, um die Atlantiküberquerung vorzubereiten. Weit und breit ist keine Lösung des Dramas in Sicht.

Zum ersten Mal denken wir darüber nach, auf Mallorca zu überwintern und den Atlantik zu verschieben.

Erst, als wir uns in unserer Verzweiflung an den Deutschland-Chef des Generatorherstellers wenden, kommt Bewegung in die Situation. Gegen Zahlung einer horrenden Summe wird der Generator geliefert und wieder eingebaut. Doch er springt nicht an. Ein paar weitere Teile werden hektisch ausgetauscht. Dann endlich: Er läuft! Zumindest während des kurzen Tests. Ob wir das Geld sinnvoll investiert oder aber in den Sand gesetzt haben, wird sich zeigen.

Mittlerweile wachsen uns das Schiff und die nicht enden wollenden Probleme zunehmend über den Kopf. Trinity erscheint uns inzwischen immer mehr als Fass ohne Boden. Immer, wenn wir eine Baustelle zumachen, tut sich anderswo mindestens eine neue auf. Und jede Baustelle ist eine neue, große Herausforderung. Die Lernkurve ist seit Monaten mehr als steil. In schwindelerregender Geschwindigkeit verschlingt die anspruchsvolle Lady unser Budget. Mehr als einmal kommt uns der Gedanke, aufs Meer hinauszufahren und den Stopfen zu ziehen. Doch wir beißen uns weiter tapfer durch.

Gemeinsam mit anderen ARC-Teilnehmern machen wir uns von Palma aus auf den Weg Richtung Gran Canaria. Unser nächstes Etappenziel ist Gibraltar. Unmittelbar am Ausgang des Mittelmeeres gelegen, bildet es den Absprungpunkt zu den Kanaren. Der Törn ist insgesamt sehr windarm. Wir legen die Strecke fast nur unter Motor zurück. Bei strömendem Regen treffen wir mitten in der Nacht in Gibraltar ein. Auf dem Weg zur Marina beeindrucken uns die vielen Ozeanriesen, die in den Gewässern um die Felsenhalbinsel auf ihre Weiterfahrt warten. Sie wirken wie eine hell erleuchtete Kleinstadt auf dem Meer.

Der Start Richtung Kanaren stellt Fahrtensegler immer wieder auf die Probe. Neben passendem Wind und Wetter muss die Strömung aus der richtigen Richtung kommen. Sonst ist ein Vorankommen kaum möglich. Als sich das passende Wetterfenster auftut, werfen wir die Leinen los. Weit kommen wir jedoch nicht. Schon kurz nach Verlassen der Marina stoppt abrupt der Motor. Wir schaffen es zwar, ihn wieder zum Laufen zu bringen. Aber vor unserem ersten einwöchigen Atlantiktörn ist uns ein zickiger Motor zu heikel. Resigniert informieren wir unsere Freunde und kehren in die verwaiste Marina zurück. Nun hat auch noch der Wind kräftig zugelegt. Das Anlegen mit stotterndem Motor wird zum Kraftakt. Wir fangen uns die erste Delle ein. Zu allem Überfluss gerät einer der Festmacher in den Propeller unseres Bugstrahlruders. Weil Kerstin der Meinung ist, schuld an diesem Missgeschick zu sein, springt sie ins Wasser, um die Leine zu befreien. Ohne Handschuhe. Leider ist der Propellerschacht mittlerweile mit vielen kleinen scharfen Muscheln bewachsen. Als sie wieder an Deck klettert, bluten ihre Hände – sie sind mit Schnitten übersät.

Die Ursachensuche ergibt, dass wir uns eine Dieselpest eingefangen haben. Im Vorfilter des Motors hängt eine klebrige rote Masse. Sie sorgt für erhebliche Funktionsstörungen, bis hin zum Totalausfall des Motors. Die nächsten Tage verbringen wir damit, tief unten im Bauch des Schiffes sämtliche Motorenfilter zu wechseln und die Kraftstoffleitungen zu reinigen. Die Suche nach passenden Ersatzfiltern für unseren in der Yachtwelt exotischen Traktormotor wird zur Herausforderung. Wir tanken, lassen den Motor einige Zeit laufen und wechseln die Filter erneut. Dann Entwarnung. Doch nun ist das Wetterfenster geschlossen. Stürme und ein Hurrikan auf dem Atlantik machen die Weiterfahrt vorerst unmöglich.

Nun heißt es warten. Weitere zehn Tage hängen wir im Regen unter dem wolkenverhangenen Affenfelsen fest. Erst Anfang November ist es endlich so weit. Exakt zur berechneten Stunde verlassen wir Gibraltar. Auf der Suche nach dem idealen Strom, der uns in den Atlantik hinausschieben wird. Ein großes Abenteuer beginnt. Wir sind aufgeregt mit einem leicht mulmigen Gefühl. Was wird uns da draußen erwarten? Kriegen wir das hin? Hält unser Schiff nun endlich mal ohne Panne durch? Der Törn zu den Kanaren wird uns Antworten und einen ersten Vorgeschmack auf die Atlantiküberquerung geben. Wir werden dem ein oder anderen Squall begegnen. Das sind massige dunkle Wetterphänomene, die wie die Reiter der Apokalypse plötzlich über dem Boot aufziehen und monsunartigen Regen und Sturmböen in sich tragen. Der Wind ändert sich von jetzt auf gleich. Trägt das Schiff zu viel Segel, kann es brenzlig werden. Wenn die Nacht hereinbricht, wird oft noch nicht einmal mehr der Bug des Schiffes zu sehen sein. Die Wellen und das Rauschen des Wassers sind zu hören, aber nichts ist zu sehen. Auf knapp 4000 Metern Wassertiefe kann unterwegs selbstverständlich nicht geankert werden. Wir werden die Nächte auf See durchsegeln und abwechselnd Wache halten.

In den nächsten Tagen wird sich herausstellen, ob wir dem offenen Ozean gewachsen sind. Nicht wenige Crews stellen auf dieser Route fest, dass Nonstop-Segeln auf dem weiten Ozean nicht ihr Ding ist. Weshalb viele über Jahre auf den Kanaren festhängen oder sogar ihr Schiff verkaufen.

Draußen auf See ist es ungemütlich. Kalt, nass und sehr windig. Wir tragen wasserfestes Ölzeug, Skiunterwäsche, Handschuhe und Mütze. Nach Monaten in der Mittelmeersonne eine echte Umstellung. Wir testen Wachrhythmen für die Nacht. Als ideal erweist sich ein Sechs-Stunden-Rhythmus. Die erste Wache von 20 Uhr bis zwei oder drei Uhr nachts wird in der Regel von mir übernommen. Ich liebe die Nächte auf See. Kerstin bevorzugt Sonnenaufgänge und übernimmt die Wache bis acht oder neun Uhr morgens. Tagsüber wechseln wir nach Bedarf.

An Backbord, 120 Seemeilen entfernt, liegt die Küste von Marokko. An Steuerbord der weite Ozean. Unter uns knappe 5000 Meter schwarzes Nass. Über uns die stürmischen Winde, die die mächtigen Wolken des Atlantiks vor sich hertreiben. Trinity zieht seit Tagen mit bis zu neun Knoten Fahrt in Richtung Kanaren. Wir haben die Reisedauer mit vorsichtigen fünf Knoten kalkuliert. Offensichtlich profitieren wir vom Atlantik-Faktor.

Inzwischen geht es richtig zur Sache. Starker Wind, hohe Wellenberge und sprühende Gischt. Ein wilder Rodeoritt. Keine Ruhe. An Deck bewegen wir uns nur noch mit Sicherheitsleine. Bloß nicht über Bord gehen! Kerstin hätte keine Chance, mich aus dem tosenden Wasser zu bergen. Ich umgekehrt auch nicht. Schon gar nicht bei Nacht.

Auch der Aufenthalt unter Deck ist bei diesen Bedingungen ein spezielles Erlebnis. Wir bewegen uns ständig gegen die Schwerkraft. Ohne Vorwarnung werden wir durchs Schiff geschleudert. Die alte Seemannsregel »Eine Hand für den Mann und eine fürs Schiff« ergibt Sinn. Der Wind dreht immer weiter auf die Nase. Kräftige Böen und querkommende Wellen verstärken das Rodeo-Feeling.

Wie wir uns dabei fühlen? Großartig! Das Atlantik-Feeling hat uns gepackt. Wir lieben es, hier draußen zu sein. Die unendliche Weite, die sauerstoffgeladene Energie des Windes, der salzige Geschmack der Gischt, gemixt mit dem Gefühl von zügelloser Freiheit – die Zutaten für den Atlantik-Cocktail, der unseren Traum zum Leben erweckt. Trotz Schlafmangel fühlen wir uns euphorisiert, unbesiegbar und voller Elan. Körper und Geist sind in Hochform. Neben unserer Euphorie stellt sich bei uns beiden auch ein starkes Gefühl von Demut und Respekt gegenüber den unbändigen Naturgewalten ein. Eine schläfrige Nachtwache ist nicht mehr drin.

Trinity pflügt mit hoher Geschwindigkeit durch die Wellen. Der stetige Wind treibt uns gut voran. Nach nur fünf Tagen auf See erreichen wir unser Ziel. Knapp 900 Seemeilen von Gibraltar liegen hinter uns. Das große Abenteuer liegt direkt voraus.

Der Countdown zum Start der Atlantiküberquerung beginnt. In Las Palmas erwartet uns eine ausgelassene Stimmung. 240 Yachten mit 1420 Seglern aus 40 Nationen bereiten sich auf die Atlantik-Rallye vor.

Auf den Stegen der Marina herrscht ein buntes Treiben. In täglichen Skipper-Briefings und Seminaren werden wir auf das große Ereignis vorbereitet. Darunter ein umfangreiches Sicherheitsseminar inklusive Abbergen per Hubschrauber und Flucht in die Rettungsinsel. Wir lernen viel. Ambitionierte Langfahrtsegler wie wir treffen auf Regattasegler, Olympiasieger und Heroen des internationalen Yachtsports. Viele von ihnen sind hilfsbereit und teilen mit uns ihren hart ersegelten Erfahrungsschatz, was uns enorm bei den Vorbereitungen hilft. Auch psychologisch. Doch die Ungewissheit bezüglich dessen, was kommen wird, bleibt bestehen.

Wir sind eines von 13 Schiffen mit Doublehand-Crew, die zu zweit ohne weitere Verstärkung segeln. In einem speziellen Seminar erfahren wir, dass Segeln zu zweit im Grunde wie Einhandsegeln ist: 24 Stunden am Tag fast immer allein, nur mit etwas mehr Schlaf. Das beschreibt es ziemlich genau.

Wieder steht jede Menge Arbeit an. Es fehlen noch diverse Leinen und Blöcke für unsere Besegelungsstrategien. Nach kritischem Sicherheitscheck der Rennleitung optimieren wir unsere Ausrüstung. Unter

Deck muss noch besser gestaut und verzurrt werden. In unserer großen »Garage« im Heck stapeln sich Segel, Fahrräder, Kanister, Holzplatten und vieles mehr. Alles muss für schweres Wetter maximal gesichert werden. Sonst könnte das Ruder blockiert, Hydraulikschläuche beschädigt oder unsere Autopiloten zerstört werden. Hinzu kommen Arbeiten am Motor, Software-Updates und wieder einmal Lackarbeiten. Unsere Fun-Liste hat über 150 Punkte. Sie steht nie auf null. Zu Beginn nehmen wir noch an den abendlichen Partys teil, eine willkommene Ablenkung. Doch dann rennt uns die Zeit davon.

Wir werden etwa 21 Tage nonstop unterwegs sein, das ist der ARC-Durchschnitt. Dabei planen wir mit unserem bewährten Wachrhythmus von zweimal sechs Stunden bei Nacht und viermal drei Stunden bei Tag. Wir wollen das Tageslicht nutzen, um schnell anzukommen. Nachts brauchen wir eine konservativere Besegelung, um blitzartig auf die berüchtigten Squalls reagieren zu können. Schließlich müssen wir beide das Schiff schnell, sicher und vor allem allein handeln können. Auch nachts.

Um den optimalen Kurs festzulegen, studieren wir Wetterkarten und diskutieren mit Profi-Skippern. Die meisten Segler wählen die Barfußroute an den Kapverden vorbei, mit meist achterlichen Winden. Eigensinnig, wie wir beide sind, entscheiden wir uns für die nördliche Route. Sie gilt wegen vieler Wetterphänomene und diverser Tiefdruckgebiete als anspruchsvoll, aber schnell.

Noch ein Tag bis zum Start. Knapp 6000 Kilometer über den Atlantik liegen vor uns. Das Startfieber erfasst uns mit voller Wucht. Die Wetterprognosen sind leider alles andere als motivierend. Auf unserer Nordroute erwarten uns Starkwind mit Sturmböen, sehr viel Regen und bis zu sieben Metern seitlicher Welle.

Im Schlussspurt brodelt die Luft in der Marina. Alle Teilnehmer sind extrem nervös. Und froh, dass es endlich losgeht. Uns lenkt die viele Arbeit ab. Wir haben kaum Zeit, genauer über das nachzudenken, was uns bevorsteht. Kurz vor Schluss wird endlich auch unsere in Deutschland bestellte Bordapotheke vom Zoll freigegeben. Bis auf eine Herztransplantation sind wir nun auf alles vorbereitet. Wir arbeiten jeden Tag bis spät in die Nacht. Jeder abgehakte Punkt auf unserer Liste sorgt für

Erleichterung. Die Rallye-Leitung übergibt uns einen Peilsender, der alle sechs Stunden unsere Position auf die ARC-Website übertragen wird.

Dann ist es so weit. Der Morgen des Starts bricht an. Im Skippers-Briefing eine ernüchternde Nachricht: Aufgrund der heftigen Wetterbedingungen wird der Start um zwei Tage verschoben. Das hat es in der 27-jährigen Geschichte der Rallye noch nie gegeben. Unsere Geduld wird erneut auf die Probe gestellt.

Ein Gutes hat der Aufschub: Kerstin kann den im ARC-Lager grassierenden Magen-Darm-Virus noch auskurieren. Mit dem unerfreulichen Nebeneffekt, dass er einen Tag vor dem neuen Starttermin bei mir ausbricht. Bei unserer Crew-Größe ein Grund, über den Rallye-Ausstieg nachzudenken. Ich beiße die Zähne zusammen und versuche, mir möglichst wenig anmerken zu lassen.

Endlich fällt der Startschuss. Die Wetterbedingungen sind leider nicht besser. Zwei Tage zuvor war der Himmel blau, der Sonnenschein wärmte. Heute regnet es in Strömen. Garniert mit feuchter Kälte, starkem Wind und heftigen Böen. Obwohl wir mit über 240 Yachten an den Start gingen, sehen wir schon nach wenigen Stunden kein einziges Schiff mehr. Nur die kleinen wandernden AIS-Signale auf dem Kartenplotter zeugen davon, dass wir hier draußen nicht alleine unterwegs sind. Aber auch diese Signale verschwinden reichweitenbedingt noch am selben Tag. Jetzt gibt es nur noch uns und den Ozean.

Herausforderung Atlantik

Eine kalte, schwarze Nacht tobt um unser Schiff. Aus den Außenlautsprechern läuten die »Hells Bells« von AC/DC. Ich höre Musik, um ein wenig Ablenkung während meiner einsamen Nachtschicht zu haben. Doch vor allem, um wach zu bleiben, denn an Schlaf ist seit Tagen kaum zu denken. Unter Deck versucht Kerstin es trotzdem, der nächste Wachwechsel steht in wenigen Stunden an.

Die Bedingungen auf der Nordroute sind extrem rau. Nach unserem Highspeedleben in der Zivilisation ist es wohl kein Zufall, dass wir uns freiwillig diesem Martyrium aussetzen. Es peitscht und hämmert rund um die Uhr. Ein wilder Squall jagt den nächsten. Wellenberge bis zu zehn Metern Höhe schütteln unser Schiff hin und her. Beim Hinabsurfen der Wellen kracht Trinity mit bis zu 16 Knoten Speed immer wieder donnernd in die schäumende Gischt. Ohrenbetäubender Lärm lässt die Sorge aufkommen, wie lange das Material standhalten wird.

Es ist deutlich härter als erwartet. Immer wieder quält mich die Frage: »Was machst du hier eigentlich?« Da ich insgeheim der Auffassung bin, dass ich als Ehemann und Skipper die komplette Verantwortung für unser beider Leib und Leben trage, bin ich oft verzweifelt. Was tue ich ihr bloß an? Wie konnte ich sie nur – zu meinem Vergnügen – diesen Gefahren aussetzen? Ich fühle mich allein, hilflos und oft überfordert. Ich muss solche Gedanken schnell wieder aus dem Kopf bekommen. Sie sind destruktiv und helfen nicht weiter. Außerdem möchte ich Kerstin nicht noch mehr beunruhigen. Hier draußen kämpft sie ohnehin schon gegen ihre eigenen Dämonen.

Dann sind da die täglichen Nachrichten der Rennleitung. Eigentlich sollen sie uns motivieren. Doch die vielen negativen Meldungen drücken mich noch tiefer in meine düstere Gedankenwelt. Mehrere Schiffe mussten wegen irreparabler Schäden ausscheiden: Masten gebrochen, Ruder verloren, Furlings zerlegt, Segel zerfetzt. Einige Schiffe haben aufgegeben, weil ihnen die stürmischen Winde und Monsterwellen zu heftig waren und die Crews um ihr Leben bangten. Später erfahren wir, dass die Bedingungen bei einer Atlantic Rallye for Cruisers noch nie so heftig waren. Noch nie ist so viel zu Bruch gegangen.

Wir sind seit fünf Tagen unterwegs. Seit fünf Tagen und Nächten heißt es Segel hissen, reffen, ausreffen oder komplett tauschen. Tägliche Strecken zwischen 200 und 220 Seemeilen sind der schwer erarbeitete Lohn. Damit liegen wir im Gesamtranking der Rallye immer unter den ersten fünf. Das gibt uns Kraft und Selbstvertrauen.

Allerdings haben wir wieder mit technischen Problemen zu kämpfen. Ein existenzieller Energie-Engpass droht. Wenn wir den nicht in den Griff bekommen, werden sämtliche Systeme zusammenbrechen. Jetzt wollen wir nicht nur, jetzt müssen wir den schnellsten Weg in die Karibik finden.

Wegen der heftigen Wetterbedingungen haben wir den Motor noch nicht länger angeschmissen. Unter Segeln kommen wir so zügig voran, dass uns manchmal fast schwindelig wird. Der Motor würde allerdings nicht nur dem Vorwärtskommen dienen, sondern auch unsere Batteriebänke wieder aufladen. Das Schiff benötigt viel Energie. GPS, Plotter, AIS und Radar fressen Strom ohne Ende. Auch die Hydraulik für die Segelbedienung. Und der Autopilot, den wir bereits deutlich runtergeregelt haben. Deshalb haben wir vor Beginn unserer Reise üppige Batteriebänke installiert. Für den Fall der Fälle. Doch ohne Nachladen halten auch große Reserven nicht ewig.

Trinity rauscht durch die Wellen und liegt dabei permanent auf der Seite. Obwohl der Motor für den Einsatz auf See umgerüstet wurde, würde er so viel Krängung auf Dauer nicht aushalten. Wahlweise könnten wir die Batterien über den Generator laden. Doch da hätten wir das gleiche Problem. Unser alternatives Energiesystem mit Solarpaneelen und Windgenerator ist zu klein dimensioniert. Zudem können die Paneele wegen des permanent verhangenen Himmels nicht arbeiten. Der Windgenerator arbeitet bei Vorwindkursen nicht sonderlich gut. Wir diskutieren fieberhaft, was zu tun ist.

Nach fünf Tagen ohne Nachladen bleibt uns keine andere Wahl mehr. Den Hauptmotor möchten wir schonen, er könnte überlebenswichtig sein. Außerdem brauchen wir ihn dringend, um das Schiff beim Ein- und Ausreffen im Wind zu halten.

Wir entscheiden uns für den Generatorbetrieb, um die Batterien zu laden. Kerstin öffnet das Ventil für die Seewasserkühlung. Ich drücke den Startknopf. Nervös lauschen wir in die Stille unter den Bodenbrettern. Nach einer kurzen Ewigkeit setzt sich der Generator ratternd in Bewegung. Wir atmen auf. Auf den Kontrollmonitoren klettert der Ladezustand der Batterien langsam nach oben. Ganz langsam. Tieferes Aufatmen.

Doch anderthalb Stunden später verstummt das gleichmäßige Rattern tief unten im Schiffsbauch. Ein ungutes Gefühl fährt in meine Magengrube. Ich lasse mich in die Katakomben unseres Schiffes hinunter und sehe nach. Eine Ursache für den jähen Ausfall ist nicht zu erkennen. Ich prüfe Kühlwasserkreislauf, Ölstand und Dieselzufuhr. Irgendwo muss etwas faul sein. Währenddessen jagt Trinity weiter im wilden Ritt durch die Wellenberge.

Nach einigen Stunden Schrauben, Messen und Basteln im beengten, schaukelnden Schiffsbauch haben wir die Lösung nicht gefunden. Wir brauchen dringend professionelle Hilfe und rufen per Satellitentelefon unseren Motorenflüsterer in Palma an. Wir prüfen und schrauben uns durch den gesamten Generator. Nichts hilft. Eine letzte Möglichkeit könnte das neue Thermostat sein, das vielleicht nicht richtig arbeitet und eine Sicherheitsabschaltung vorgenommen hat. In Ermangelung eines Ersatzthermostats überbrücke ich es mit einem kleinen Draht. Nicht fachmännisch, aber in diesem Fall unsere einzige und letzte Chance. Wir haben keine andere Wahl. 50 Prozent Batterieladung sind das untere Limit. Noch ein paar Prozent weniger, und die Batteriebänke würden sich auf Nimmerwiedersehen verabschieden. Vor uns liegen noch ein paar Tausend Seemeilen.

Am Bedienpanel in der Navi-Ecke wartet Kerstin jetzt auf mein Zeichen, den Generator wieder zu starten. Ich kauere eingezwängt im Bauch des Schiffes vor dem dunklen Generatorschacht und arbeite fieberhaft. Kalter Schweiß steht mir auf der Stirn. Direkt vor meinem Gesicht befindet sich die geöffnete Kontrollbox des Generators mit den 230-Volt-Anschlüssen, die mich – sollte ich sie berühren – bei lebendigem Leib grillen. Ich fühle mich wie in einem Action-Thriller. Ich bin der mehr oder weniger coole Hauptdarsteller, der auf hoher, stürmischer See eine Bombe entschärfen muss und damit die Welt retten kann. Wie solltest du dir so einen Mist anders schönreden?

Das Schiff bockt heftig hin und her. Ich habe Mühe, dafür zu sorgen, dass mir das hochgeklappte, mit Leinen fixierte schwere Bodenbrett nicht plötzlich den Schädel einschlägt.

Die Anspannung steigt. Bekommen wir den stummen Generator zum Laufen? Auf mein Zeichen hin drückt Kerstin den Startknopf am Paneel. Der Anlasser setzt sich quietschend in Bewegung. Und dreht. Und dreht. Eine kurze Pause, damit wir den Brennraum des Generators nicht mit Wasser fluten. Mir läuft mittlerweile der Schweiß am ganzen Körper hinunter, während ich in der klaustrophobischen Enge das massige Kraftwerk beobachte. Ein weiterer Versuch. Kerstin startet erneut den Anlasser und lässt ihn wieder einige Sekunden drehen – die Maschine springt an und knattert los. Operation vorerst geglückt. Die Batterien werden wieder geladen.

Wenige Minuten später schießen plötzlich grelle Flammen aus der Kontrollbox. Direkt auf mein Gesicht zu. Feuer an Bord! Mitten auf dem Atlantik. Fernab jeglicher Zivilisation.

Geistesgegenwärtig stoppt Kerstin den Generator und springt mit einem Feuerlöscher auf das brennende Loch zu, in dem ich immer noch eingezwängt und bewegungsunfähig vor den Flammen kauere. Von einem Moment zum anderen erlöschen die Flammen von selbst, als wäre nichts geschehen.

Der Schreck sitzt tief. Abgesehen von der völlig zerstörten Kontrollbox und ein paar versengten Haaren ist zum Glück nichts passiert. Ich steige benommen aus dem engen Verlies. Nun müssen wir uns erst einmal sammeln. Unsere Batterieladeversuche haben mehrere Stunden gedauert und klägliche zwei Prozent Batterieladung erbracht. Das reicht nicht!

Uns bleibt jetzt nur noch eine einzige Möglichkeit. Schweren Herzens entscheiden wir, den Hauptmotor anzuwerfen. Draußen im Cockpit drückt Kerstin auf den Startknopf für den Motor.

Dann schaue ich auf den Kontrollmonitor und traue meinen Augen nicht. Wider Erwarten werden die Batterien nicht geladen. Zero. Obwohl die Lichtmaschine in Palma umfassend geprüft und gewartet wurde, scheint es ein Problem zu geben. Wir müssen die Ursachen dafür finden. Um die Lichtmaschine genauer unter die Lupe nehmen zu können, stoppt Kerstin an Deck den Motor. Die Lichtmaschine ist tief unten im Motorraum an einem speziellen Gerüst montiert, das unmittelbar vor dem Motor sitzt.

Leider ist der Zugang zum Motorraum auf Trinity ziemlich verbaut. Bei den üblichen Serienbau-Yachten führt eine Leiter vom Cockpit ins Schiffsinnere. Diese kann vom Salon aus hochgeklappt werden und legt den Motorraum frei. Wir hingegen haben statt einer schmalen Leiter eine breite Treppe. Ein Luxus. Doch um den Motor freizulegen, muss die Treppe in ihre schweren Einzelteile zerlegt werden. Auf See erfordert das Kraft und Geschick. Die Treppenteile müssen gebändigt und irgendwohin verstaut werden. Bei wildem Geschaukel ein schwieriges und gefährliches Unterfangen. Mit unseren vier Händen kämpfen wir unentwegt mit umherfliegenden Bootsteilen und Werkzeugen. Auf keinen Fall darf etwas davon in den Motor oder auf die Batteriebänke fallen, sonst sind wir geliefert.

Trotz vieler Versuche bekommen wir die Lichtmaschine nicht mehr zum Laufen. Irgendwo tief in den inneren Drahtwicklungen muss ein fataler Fehler aufgetreten sein. Die Batterien lassen sich nicht mehr laden.

Wir suchen fieberhaft nach einem Ausweg. Am Motor hängt auch eine Zwölf-Volt-Lichtmaschine für die Starterbatterien. Unsere Haus-Batteriebänke brauchen 24 Volt und setzen sich aus vielen kleinen Batterien zusammen. Vielleicht könnten zwei davon zusammengelegt und mit der anderen Lichtmaschine geladen werden?

Vor den Batterien haben wir einen Höllenrespekt. Ein falscher Griff, ein Kurzschluss, und das Schiff würde mit uns in die Luft fliegen. Das könnte schon durch einen simplen Schraubenschlüssel passieren, der plötzlich ungeplant Plus- und Minuspol miteinander verbindet. Davon haben wir mehr als einmal gehört. Entsprechend ungern arbeiten wir an den Batteriebänken. Nun müssen wir auf hoher See ran. Auf einem wild bockenden Schiff. Ein Albtraum.

Bombenentschärfung zweiter Teil. Mit dem Mut der Verzweiflung mache ich mich an die Arbeit. Hochkonzentriert. Wie in Zeitlupe. Bloß keinen verhängnisvollen Fehler machen! Dann startet Kerstin erneut den Motor. Als er wummernd anspringt, wandert mein Blick zur Batterieladekontrolle. Dort passiert enttäuschend wenig. Aber immerhin etwas. Fast zeitgleich bemerke ich jedoch einen Geruch aus dem Motorraum dringen. Es riecht verschmort. Ich schaue zu Kerstin. Im Bruchteil einer Sekunde beschließen wir, diesen Versuch sofort abzubrechen. Heute ist schon zu viel zu Bruch gegangen. Das Risiko, dass wir auch noch die verbleibende Lichtmaschine zerstören und unsere Hauptmaschine nicht mehr starten können, ist viel zu hoch.

Über unsere verzweifelte Lage bricht die Dämmerung herein. Die Bilanz des Tages fällt mehr als ernüchternd aus. Beide Hauptenergieerzeuger von Trinity sind verreckt. An einem Tag. Und die Batterien sind nach wie vor nahezu leer.

Langsam lassen wir den Gedanken zu, dass wir nicht mehr imstande sein werden, die Batterien zu laden. Ohne Batterien kein Strom. Ohne Strom keine Hydraulik. Keine Segelbedienung. Keine Navigationsgeräte. Keine elektronischen Seekarten. Kein Radar. Kein Autopilot. Keine aktuellen Wetterdaten. Keine Kommunikation mit der Außenwelt. Ganz abgesehen davon, dass es irgendwann kein Licht mehr auf dem Schiff geben wird. Kein fließendes Wasser. Keine Kühlung für die Lebensmittel. Keine elektrischen Bilge- oder Tauchpumpen, die bei Wasser-

einbruch anspringen würden, um das Schiff vor dem Sinken zu
bewahren.

Von den Kanaren sind wir schon 1000 Seemeilen entfernt. Bis St.
Lucia liegen noch 1800 Seemeilen vor uns. Umkehren ist nur theoretisch
eine Option. Gegen Starkwind, Strömung und haushohe Wellen macht
es keinen Sinn. Wir sitzen mit hängenden Köpfen im Cockpit. Schwei-
gen uns an. Beide müssen wir erst mal Frust, Ärger und die über den Tag
aufgestaute Hoffnungslosigkeit überwinden und die Gedanken sortieren. Darauf haben wir also seit Monaten hingearbeitet? Auf einen Traum,
der sich zum Albtraum entwickelt? Es hilft nichts. Trübsal blasen bringt
uns nicht weiter. Wir nehmen die Herausforderung trotzig an.

Nun muss alles gut durchdacht werden. Zum Beispiel der Umgang
mit den Segeln. Ohne funktionierendes Hydrauliksystem müssen sie
von Hand bedient werden. Ein komplexer Kraftakt. Um das Vorsegel
beim Schiften ein- und wieder auszurollen, sind 550 Umdrehungen mit
einer speziellen Winschkurbel nötig. Dafür muss einer von uns – einge-
pickt in die Sicherheitsleine – ganz nach vorne auf den Bug von Trinity,
sich dort festschnallen und kurbeln, was das Zeug hält. Bei heftigem
Wetter taucht der Bug des Schiffes oft tief in die Wellen ein und eine
gewaltige Gischtwand ergießt sich über den Kurbelnden. Das Manöver
kann schnell zum nassen Höllenritt werden, der kaum noch Luft zum
Atmen lässt.

Das Roll-Großsegel muss mit zwei Kurbeln am Mast bedient werden: eine, um das Segel aus- oder einzurollen. Die andere für den Unterliekstrecker, der das Segel nach hinten stabilisiert. Das dauert. Zumal die
eine Hand immer zum Festhalten gebraucht wird, womit nur eine Hand
zum Kurbeln zur Verfügung steht. Oft müssen Manöver wie das Segel-
reffen schnell erfolgen, weil der Wind plötzlich anzieht. Kaum machbar
bei schwerem Wetter, undenkbar allein in der Nacht.

Von jetzt ab lassen wir meist nur noch einen kleinen Teil des Großsegels stehen und werden hauptsächlich mit dem Vorsegel arbeiten. Wir
setzen auf Sicherheit und Flexibilität vor Geschwindigkeit und Stress.
Uns bleibt keine Wahl. Über kurz oder lang werden wir den Autopiloten
nicht mehr nutzen können. Da sich das hydraulische Steuer nicht fixieren lässt, wird ständig einer von uns am Steuer stehen müssen.

Nach dieser Entscheidung gönnen wir uns eine Pause. Wir stehen eng umschlungen an Deck und beobachten den Sonnenuntergang. Das Universum macht weiter, als sei nichts geschehen. Aus der dunkelblauen Weite des Ozeans kommt eine Delfinschule auf Trinity zugeschwommen und umtanzt das Schiff. Einer der Delfine bewegt sich lange parallel zu unserem Cockpit und beobachtet uns. Ich schwöre bis heute, dass er mir aufmunternd zublinzelt: »Wir sind bei euch. Haltet durch – ihr werdet das schaffen!« Wir segeln in die dunkle Nacht.

Ein elektrisches System nach dem anderen müssen wir abschalten. Der Kühlschrank erledigt das bei zu niedriger Batteriespannung ganz von selbst. Wir können zusehen, wie die Vorräte vergammeln. Werfen sie schweren Herzens über Bord. Die Bewohner der 5000 Meter tiefen Unterwasserwelt werden sich freuen.

Die Navigationsinstrumente lassen sich nicht mehr nutzen, ebenso wenig die Funkanlage. Wir können ab sofort weder unseren Blog füttern noch kommunizieren noch Wetterdaten empfangen. Wir sind nun komplett ahnungslos hinsichtlich dessen, was uns da draußen in den Weiten des Ozeans erwartet. Wir müssen der Dinge harren und blitzschnell reagieren. Da wir keine Möglichkeit haben, unser Satellitentelefon aufzuladen, heben wir es für Notfälle auf.

Die Bordbeleuchtung wird schwächer. Nach und nach wird unsere stolze Lady zum Blackship. Zum Glück funktioniert unsere LED-Navigationsbeleuchtung auf der Mastspitze noch. So können wir bei Nacht von anderen Schiffen gesehen werden. Eine theoretische Möglichkeit, denn wir sind hier draußen mutterseelenallein und sehen nur alle paar Tage einen Frachter in weiter Ferne vorbeiziehen.

Inzwischen hat sich auch der Autopilot verabschiedet. Uns fehlt der »dritte Mann«. Von jetzt an müssen wir selbst steuern. Abwechselnd. Tag und Nacht. Rund um die Uhr. Ohne Pause. Bei jedem Wetter. Die Augen abwechselnd fest auf den Kompass, die Segel und das vor uns liegende Meer gerichtet. Wir wechseln uns alle vier Stunden ab. Länger hält keiner von uns unter diesen erschwerten Bedingungen durch. Trotzdem fallen wir immer wieder in Sekundenschlaf. Dann wachen wir mit einem Ruck wieder auf und merken, dass wir vom Kurs abgekommen sind. Steuer in die andere Richtung und wieder macht sich diese wohlige Wärme breit.

Hochschrecken, Kurskorrektur. Im endlosen Wechsel. Wir überqueren den Atlantik im Zickzackkurs.

In den vier freien Stunden versucht jeder, so viel Schlaf wie unter den gegebenen Umständen möglich zu bekommen. Essen tritt völlig in den Hintergrund. Mit dem positiven Nebeneffekt, dass wir auf dem Atlantik einige überflüssige Kilos verlieren.

Da die elektrischen Toiletten jetzt auch nicht mehr einsatzbereit sind, wechseln wir auf einen robusten Eimer. Aufs Klo gehen kann immer nur der, der gerade nicht steuert. Leider muss der Eimer unmittelbar hinter dem Steuernden platziert werden. Das ist die einzige Stelle auf dem Boot, an der ein mögliches Unglück überschaubar gehalten und schnell beseitigt werden könnte. Der Seegang ist immer noch sehr rau. Deshalb müssen wir uns während der Eimersitzung mit einer Hand an den Backstagen festhalten. Die andere umklammert den Eimer. Der Moment des Klopapiereinsatzes wird zur delikaten Herausforderung. Privatsphäre war uns bislang sehr wichtig. Jetzt gibt es weder Wände noch Türen und nur einen Meter Entfernung zum Partner, der am Steuer steht.

Mehr denn je liegt unsere Priorität bei einer schnellen Ankunft in St. Lucia. Immer wieder versuchen wir, das Tempo zu erhöhen. Bei achterlichen Winden öffnen wir das Vorsegel mit dem großen Spinnakerbaum. Für einen Kurswechsel muss der lange, schwere Baum von der einen Seite des Schiffes auf die andere gebracht werden. Bei hohem Wellengang und allein gerät das jedes Mal zum Balanceakt. Zumal er auch noch mit viel Aufwand am zweiten Vorsegel vorbeigehievt werden muss.

Als wir nach einigen Tagen zum ersten Mal wieder die Sonne zu Gesicht bekommen und sich der Wind etwas beruhigt, hissen wir unseren großen Gennaker. Über mehrere Stunden hinweg berauschen wir uns an einer Fahrt mit bis zu zwölf Knoten Speed. So werden wir schnell zum Ziel gelangen. Die Odyssee wird bald ein Ende haben.

Kurz vor Sonnenuntergang werden wir plötzlich eines Besseren belehrt. Starr vor Schreck hören wir ein lautes »Raaaatsch«. Das riesige Segel reißt am Vorliek von oben nach unten und taucht ins Wasser. Schnell müssen wir das Schiff aufstoppen, damit sich das Segel nicht am Unterwasserschiff verheddert. Damit Kerstin das Steuer loslassen und mir auf dem Vorschiff helfen kann. Zur Bergung des 200-Quadrat-meter-Tuchs müssen wir beide ran, denn es befindet sich teilweise unter Wasser und ist dadurch extrem schwer. Mit vereinten Kräften schaffen wir es, das Segel wieder an Deck zu zerren und sicher zu verzurren. Das wars mit unserer Super-Vorwind-Speed-Besegelung.

In den ersten Tagen auf dem Atlantik hatten wir mehrmals täglich den aktuellen Standort in unsere Papierseekarten eingetragen – für alle Fälle. Unter normalen Umständen verrät uns der GPS-Kartenplotter jederzeit unsere Schiffsposition. Mit zwei stromlosen Plottern keine Position. Unser Glück im Unglück ist ein kleiner grauer Apparat, den wir kurz vor unserer Abreise in Deutschland erworben haben. Es ist ein Hand-GPS-Gerät mit nur acht Stunden Batterielaufzeit, das wir vor dem Startschuss in Las Palmas zum Glück komplett geladen haben. So können wir uns den Luxus erlauben, einmal am Tag die Koordinaten unseres aktuellen Standortes zu ermitteln und in die Seekarte einzutragen. So behalten wir einigermaßen den Überblick über unseren Kurs. Ansonsten steuern wir stur nach dem Kompass: 270 Grad West. Dort liegt unser ersehntes Ziel. Die Karibik lockt mehr denn je.

Unser monotoner Wachrhythmus »vier Stunden Wache, vier Stunden frei« zerteilt die kräftezehrenden Segeltage in kleine Häppchen. Wir nähern uns mühsam unserem Ziel. Auf der Seekarte erkennen wir, dass wir zu weit nördlich segeln. Eigentlich ist längst ein Kurswechsel nötig. Doch es läuft gerade gut, der Wind ist perfekt und die Kurskorrektur würde aufwendiges Segelschiften bedeuten. Uns fehlen dazu Kraft und Motivation. Bis sich der Kurs nicht mehr halten lässt.

Die letzten Tage verlaufen friedlich. Der Wind geht deutlich zurück. Von jetzt auf gleich dümpeln wir in einer Flaute und kommen keine Meile mehr vorwärts. Da es nun nur noch zwei Tage bis St. Lucia sind, lassen wir für ein paar Stunden den Motor laufen und können so wieder Strecke zum Ziel gutmachen. Zum Glück haben die Starterbatterien ihre Ladung gehalten.

Dann ist zum ersten Mal seit 16 Tagen Land in Sicht! Wir passieren Martinique. Unser Ziel ist die Rodney Bay an der Nordwestküste der Nachbarinsel St. Lucia. In der Abenddämmerung des 14. Dezember überqueren wir die Ziellinie der ARC.

Mit dem letzten Rest Batterieladung unseres Handfunkgeräts melden wir unsere bevorstehende Ankunft. Wir können unser Glück kaum fassen. Die Odyssee hat wirklich ein Ende. Jetzt nur noch die letzten Meter in die Marina hinter uns bringen, das Boot vertäuen und so schnell wie möglich das Stromkabel anschließen. Dann heißt es Daumendrücken – hoffentlich sind die Batteriebänke durch die Tiefenentladung nicht komplett zerstört.

Mit zittrigen Beinen betreten wir wieder festen Boden. Ausgezehrt und todmüde. Euphorisiert. Und überglücklich.

Freunde fallen uns um den Hals. Vom offiziellen Rallye-Begrüßungskomitee werden wir mit einem Obstkorb, einer Flasche Rum, zwei eiskalten Bechern Rum Punch und einer Urkunde für die gelungene Atlantiküberquerung willkommen geheißen. Trotz allem haben wir nur 17 Tage statt der durchschnittlichen 21 für die Atlantiküberquerung gebraucht.

Nie hat ein Cocktail so gut geschmeckt. Gierig leere ich den Rum Punch in einem Zug. Und bekomme sofort die Quittung. Meine Beine zittern bedenklich und nur ein Poller bewahrt mich vor dem Fall ins trübe Hafenbecken. Wir feiern ausgelassen bis in die Morgenstunden mit unseren Freunden. Eine Geschichte jagt die nächste.

Die Segler, die auf der Barfußroute unterwegs waren, berichten von komplett anderen Bedingungen während der Überfahrt. Sie steckten in Flauten fest, surften unterwegs um ihr Boot herum und genossen entspannte Vier-Gänge-Menüs bei Kerzenschein auf hoher See. Wir sind verblüfft. Doch nicht höhere Gewalt hat uns auf die raue Nordroute gezwungen – wir selbst haben die Entscheidung getroffen.

Hochstimmung im Paradies

Langsam gewöhnen wir uns an festen Boden unter den Füßen. An Land scheint er zuerst ständig zu schwanken, so sehr hat sich unser Gleichgewichtssinn an die permanenten Bewegungen auf See gewöhnt.

Wir machen klar Schiff, erledigen einige Arbeiten und ziehen Bilanz. Unsere Batteriebänke haben das Drama auf See offensichtlich unbeschadet überstanden. Der zerrissene Gennaker muss repariert, die Lichtmaschine ersetzt werden. Das passende Modell ist in der ganzen Karibik nicht zu finden und muss aus Kanada eingeflogen werden. Das wird dauern, Weihnachten steht vor der Tür. Ohne Lichtmaschine ist Trinity nicht einsatzbereit. Freunde laden uns ein, die Weihnachtstage auf ihrem Boot zu verbringen. Gemeinsam segeln wir für ein paar Tage nach Bequia, das zu St. Vincent & The Grenadines gehört.

Mit diesem Trip beginnt eine Zeit im Paradies. Zurück in St. Lucia erledigen wir die Arbeiten am Schiff und bekommen Besuch aus Deutschland. Unsere besten Freundinnen verbringen ihren Honeymoon bei uns. Auf der Hochzeitsinsel St. Lucia wird Homosexualität noch heute mit bis zu zehn Jahren Gefängnis bestraft. Ein Grund, St. Lucia schnell zu verlassen. Wir genießen auf Mustique Cocktails in Basils Bar und verleben entspannte Tage auf Bequia, das schnell zu einem unserer Lieblingsziele in der Karibik wird.

Wieder zu zweit segeln Kerstin und ich gen Norden und erkunden die Inselwelt des Antillenbogens. Auf Martinique – ein wahres Schlaraffenland – füllen wir unsere Vorräte auf.

Die Nachbarinsel Dominica ist das komplette Gegenteil des voll erschlossenen, betriebsamen Martinique. Sie ist mit üppigem tropischen Regenwald und bunten Pflanzen überwuchert. Wir baden unter sprudelnden Wasserfällen, trinken Kokosnusswasser und paddeln durch dichte Mangrovenwälder. Hier sind die Menschen arm, aber fröhlich. Beerdigungen heißen »Happy Hour«. Am Strand steigen Reggae-Partys unter dem Sternenhimmel. Wir tanzen barfuß im Sand.

Das Leben, nach dem wir uns gesehnt haben. Wir ankern vor Traumstränden, von denen einer schöner als der andere ist. Wenn wir morgens aufwachen, können wir es kaum erwarten, ins kristallklare Wasser zu springen. Unter uns ziehen bunte Fische ihre Bahn. Meeresschildkröten grasen um uns herum. Immer wieder umkreisen Delfine spielend unser Boot. Wir tuckern mit unserem Dinghy an Land, erkunden die Inseln, spazieren durch kleine Dörfer mit bunten Häuschen, kaufen auf quirligen Märkten ein und kochen an Bord. Dafür hat sich alles gelohnt.

Jede Karibikinsel hat ihren ganz eigenen Charakter. Die südlichen Inseln St. Lucia, St. Vincent, Martinique, Dominica und Guadeloupe sind bergig, üppig begrünt und nur an einigen wenigen Sandstränden von türkisem Wasser umgeben. Nach Norden hin ändert sich das Bild. Die Inseln werden flacher, die Strände größer, das Wasser türkiser und der üppige Bewuchs spärlicher.

In Windeseile füllen sich unsere Reisepässe mit exotischen Stempeln. Beinahe jede Insel ist ein eigener Staat mit eigenen Regeln und viel Bürokratie. Das ständige Ein- und Ausklarieren ist zeitaufwendig. Zumindest nach deutschem Zeitgefühl, denn in der Karibik ticken die Uhren anders. Vom ersten Tag an fasziniert uns die »Island Time«. Pure

Entschleunigung. Die Menschen nehmen die Dinge viel entspannter und gelassener als wir. Wir nehmen uns fest vor, uns eine dicke Scheibe davon abzuschneiden. Immer wieder müssen wir uns an die »Island Time« erinnern.

Beim Ansteuern der bergigen Insel Guadeloupe überrascht uns wieder einmal eine der berüchtigten Fallböen. Unter Vollzeug wird Trinity stark auf die Seite gedrückt. Der Autopilot steigt aus. Nur ein schnelles Manöver kann Schlimmeres verhindern.

In English Harbour auf Antigua wähnen wir uns angesichts der typischen Steinhäuser in England. Dort schwärmt uns ein Segler von der schwer erreichbaren und fast unberührten Nachbarinsel Barbuda vor. In den Törnführern wird davor gewarnt, denn die Trauminsel ist von vielen Riffen umgeben. Die meisten Segler meiden sie. Doch die mühevolle Anfahrt lohnt sich. Barbuda hört sich nicht nur an wie Puderzuckersand, es ist so. Endlose Sandstrände, Palmen, türkises Wasser in allen Schattierungen. Wenige Yachten liegen vor Anker.

Auf St. Barth bekommt unsere Euphorie einen kräftigen Dämpfer. Seit Antigua ist eine Freundin mit an Bord. Wir liegen mit dem Heck zur Hafenmauer in der Inselhauptstadt Gustavia. Ein ständiger Schwell macht das Liegen ungemütlich, Trinity ruckt immer wieder heftig in die Festmacherleinen. Große Wellen schwappen entlang der Kaimauer durch den gesamten Hafen und schaukeln sich dabei immer weiter auf. Das wird uns zu heikel. Wir wollen in eine ruhige Ankerbucht außerhalb der Stadt. Doch ausgerechnet jetzt springt der Motor nicht an. Die Ursache ist schnell ausgemacht, die nur wenige Monate alten Starterbatterien sind tot. Da bleibt nur eins: neue Batterien organisieren.

Das Runterkommen vom Boot gestaltet sich angesichts des permanenten heftigen Ruckens als schwierig. Neue Batterien gibt es nur im Austausch, deshalb müssen wir die alten an Land hieven. Unsere Freundin bleibt als Wache an Bord des wild tanzenden Schiffes zurück. Kerstin und ich machen uns mit den schweren Batterien auf den Weg. Die Zeit drängt. Mittlerweile ist bereits die Hafenstraße überflutet. Weit und breit ist niemand zu sehen. In einem Hinterhof treffen wir endlich auf einen älteren Herrn. Er verweist auf eine Tankstelle auf der anderen Inselseite, mehrere Kilometer entfernt. Als er die Bestürzung in unseren Augen bemerkt, bietet er an, uns hinzufahren.

Zum Glück hat die Tankstelle passende Batterien. Beim Bezahlen klingelt Kerstins Handy. Unsere Freundin erzählt aufgeregt, dass eine der hinteren Festmacherleinen von Trinity mit einem lauten Knall gerissen ist. Das Boot hüpft nun nur noch von einer Leine gehalten nahezu unkontrolliert hin und her. Wir müssen sofort zurück! In halsbrecherischem Tempo geht es mit den Batterien auf dem Schoß zurück über die Insel zum Hafen. Das brodelnde Wasser bedeckt inzwischen die gesamte Hafenpromenade. Alle anderen Schiffe haben schon das Weite gesucht. Trinity reißt an der verbliebenen Heckleine und bockt wild umher. Unsere Freundin klammert sich im Cockpit fest. Erst nach mehreren Anläufen schafft es Kerstin, auf das Heck zu springen. Sie legt einen neuen Festmacher, den ich an Land sichere. Dann müssen die schweren Batterien an Bord. Ein Kraft- und Balanceakt.

Auf dem schwankenden Schiff angekommen, hänge ich mich kopfüber in das Batteriefach unter dem Boden und montiere die Pole. Kerstin hält das schwere Bodenbrett hoch. Bei einer heftigen Welle entgleitet es und schlägt mir krachend auf den Kopf. Sofort spüre ich warmes Blut über meine Kopfhaut rinnen. Dann übers Gesicht. Da wir schleunigst losmüssen, bringe ich den Job zu Ende und lasse die Wunde später versorgen. Der Motor springt an. Wir atmen auf.

Auf dem Weg zur Nachbarinsel Sint Maarten macht allerdings die neue Lichtmaschine Ärger. Diese Baustelle hatten wir eigentlich längst abgehakt. Vor Ort wenden wir uns an einen Spezialisten für Schiffselektronik. Die Lichtmaschine wird ausgebaut und repariert. Parallel soll der externe Regler ersetzt werden. Während sich im Motorraum ein Techniker zu schaffen macht, erledigen wir andere Arbeiten. Der Mann eröffnet uns, dass der neue Regler leider nicht funktioniere und er einen anderen holen müsse. Stunden später trifft er mit dem neuen Regler ein und taucht wieder in den Motorraum ab. Nur um fluchend herauszukommen und zu verkünden, dass auch dieser Regler kaputt sei. Am nächsten Tag wird Regler Nummer drei eingebaut. Wieder kein Erfolg, auch dieses nagelneue Gerät soll defekt sein. Der jetzt permanent fluchende Techniker verschwindet erneut. So viele blöde Zufälle kann es nicht auf einmal geben. Ich steige selbst hinab, um mir ein Bild von dem Regler-Chaos zu machen. Nachdem ich alle Kabel und Anschlüsse verfolgt habe, überprüfe ich die Stromzufuhr. Ich kann es kaum fassen: Lediglich das Pluskabel des Reglers ist an die Batterie angeschlossen. Minus fehlt. So kann die Sache nicht funktionieren. Am dritten Tag trifft der Techniker mit einem weiteren Regler ein. Um ihn nicht allzu sehr vor den Kopf zu stoßen, lasse ich ihn durch gezielte Fragen selbst auf die Lösung kommen. Mürrisch überprüft er die Verkabelung, werkelt etwas herum und siehe da: Der Regler regelt. Später stehen sämtliche Arbeitsstunden des Technikers auf der Rechnung. Das nehmen wir so nicht hin und streiten uns mit dem Firmenchef. Nach langem Hin und Her gibt er klein bei. Wir beschließen, weiter an unserem Handwerker-Selbstvertrauen zu arbeiten und mehr und mehr Dinge selbst in die Hand zu nehmen.

Dann gönnen wir Trinity und uns eine kleine Pause und fliegen auf Heimaturlaub nach Deutschland. Es fühlt sich merkwürdig an, in wenigen Stunden über den Atlantik zu fliegen, für dessen Überquerung wir vor Kurzem 17 Tage gebraucht haben.

Von Sint Maarten aus wollen wir mit neuen Gästen an Bord Kurs auf die British Virgin Islands nehmen. Doch kurz nach Verlassen des Liegeplatzes ertönt ein Kreischen aus dem Motorraum. Ich stürze nach unten und öffne die Treppe zum Motorraum. Der Fehler ist schnell gefunden. Die Lichtmaschine sitzt viel zu dicht am Motorblock und wurde von diesem teilweise abgefräst. Überall sind kleine Metallsplitter verteilt. Offensichtlich hat der wirre Elektriker vergessen, die Sicherungsmuttern festzuziehen.

Der reparierte Gennaker schenkt uns eine rasante Fahrt zu den Inseln. Bei Sonnenuntergang erreichen wir Spanish Town auf Virgin Gorda. Die British Virgin Islands sind ein Traumrevier: 60 Inseln bieten beständigen Wind, kurze Distanzen, bunte Dörfchen und malerische Buchten mit wunderschönen Strandbars. Weil der Archipel so schön ist, wurde hier die größte Charterboot-Flotte der Welt stationiert. Leider haben wir komplett übersehen, dass unser Törn genau in die Osterferien fällt. Gerade scheint die gesamte Flotte die Buchten zu bevölkern. Wir beobachten ein interessantes Treiben: Spätestens um acht Uhr morgens verlassen die meisten Boote die Bucht, um in der nächsten eine freie Boje zu ergattern. Bereits am Vormittag ist in vielen Buchten jeder Platz belegt. Die Handtuch-Arien an den Hotelpools dieser Welt lassen grüßen. Am Abend wird zeitig ins Bett gegangen, am nächsten Morgen früh aufgestanden und das Spiel beginnt von vorn. Eine Woche nach Ostern treiben wieder viele freie Bojen im Wasser, als wäre nichts gewesen.

Wir segeln zurück nach Sint Maarten, um ein Paket aus Deutschland abzuholen. Mit Wind, Strömung und hoher Welle gegenan müssen wir mühsam kreuzen. Die Meilen bis Sint Maarten ziehen sich endlos. Die Nacht bricht über uns herein, als wir am Horizont einen dreieckigen Riesenfelsen aus dem Meer aufragen sehen: Saba, die kleinste bewohnte Insel der Niederländischen Antillen. Der spitze Gipfel ist stets in Wolken gehüllt – sie ist eine der »Islands that brush the clouds«.

Wir beschließen, diese faszinierende Insel näher zu erkunden – statt wie ursprünglich geplant früh am nächsten Morgen weiterzusegeln. In stockdunkler Nacht machen wir in rolliger Dünung an einer der wenigen Mooringbojen fest. Das Wasser ist hier viel zu tief zum Ankern.

Leider macht uns Saba das Erkunden nicht gerade leicht. Die felsigen Ufer sind unwegsam, weshalb das Anlanden mit einem Boot hier seit Jahrhunderten als Herausforderung gilt. Wohl deshalb zählen die Seeleute von Saba zu den besten der Welt. Zunächst verholen wir Trinity nach Fort Bay, wo eine kleine Kaimauer das Anlanden per Dinghy ermöglichen soll. Dort ist die Dünung jedoch so stark, dass wir unser Beiboot gar nicht erst klarmachen können. Wir kehren kurzerhand an die Boje in der zwei Meilen entfernten Bucht zurück und machen uns per Dinghy auf den Weg. Die lange, wackelige Anfahrt bei starkem Seegang sorgt dafür, dass wir bei Ankunft nass sind bis auf die Haut. Wir sehen aus wie frisch aus dem Hafenbecken gezogen. Der dienstbeflissene Customs-Officer in makellos weißer Uniform verzieht keine Miene und gewährt uns nach dem üblichen Papierkram die Einreise.

Bewaffnet mit einer Karte ziehen wir in Richtung der beiden Inselorte los. Von Anfang an geht es steil bergauf. Wir sind die einzigen Fußgänger weit und breit. Kurz vor dem ersten Ort stoppt neben uns ein kleiner schwarzer Pick-up-Laster. Der Fahrer bietet uns einen Ride an und wir springen dankbar auf die Ladefläche. Er fragt, wo wir hinwollen. Wir zeigen nach oben. Dann beginnt eine atemlose Achterbahnfahrt. Rasend schnell fliegen wir durch enge Serpentinen und an klaffenden Abgründen vorbei. Ängstlich krallen wir uns am Wagen fest. Inständig hoffend, dass die Bremsen intakt sind.

Wir rasen durch unseren Zielort und weiter den Berg hinauf. Inzwischen hält der Fahrer ein Bier in einer Hand. In der anderen lässig das Lenkrad. Irgendwie schafft er es, dabei noch wild gestikulierend zu telefonieren. Neben uns geht es mehrere Hundert Meter steil nach unten. Angst macht sich breit. Ich klopfe an die Scheibe des Fahrerhauses. Sofort kommt der Wagen zum Stehen. Der Fahrer dreht sich zu uns um, öffnet das kleine Fenster und fragt mit unschuldiger Miene: »Too fast?« Er setzt die Fahrt langsamer fort. Wir sind mehr als froh, als wir den oberen Ort erreichen, bedanken uns und steigen mit wackligen Knien von der Ladefläche.

Jetzt befinden wir uns fast auf dem Gipfel der Insel. Die Szenerie erinnert an Nepal. In kleinen Snackbars und Shops tummeln sich jede Menge Trekkingtouristen. Saba ist durchzogen von Trekkingpfaden. Wir genießen die quirlige Atmosphäre, stärken uns in einer kleinen Bar und treten den Rückweg an. Der führt durch eine wunderschöne Landschaft mit steilen Hängen, an denen Bergziegen turnen. Weit unten glitzert das Meer. Freundlich grüßt jeder Autofahrer, der uns begegnet.

Im unteren Ort kaufen wir ein und machen uns auf den Rückweg zum Boot. Plötzlich ruft jemand »Robert!«. Ich fühle mich zunächst nicht angesprochen, wir kennen hier niemanden. Doch der Rufer wiederholt nachdrücklich: »Rooobert!!!« Wir bleiben stehen und drehen uns um. Ein breit grinsender Typ in Jeans und T-Shirt winkt uns heran. Er kommt uns irgendwie bekannt vor, aber wir haben keinen blassen Schimmer. Bis er sich als der Zollbeamte vorstellt, bei dem wir einklariert hatten. Nun ohne seine blitzende Uniform. Er bietet an, uns zum Hafen hinunterzufahren. Dort angekommen, lädt er uns auf ein Bier in die Hafenbar ein. Die Gäste klatschen lautstark zu einem Latinokonzert und schwingen dabei die Hüften. Unser am Morgen reserviert wirkender Zollbeamter ist voll in seinem Element. Mit dem Bier in der Hand wiegt er sich im Salsa-Rhythmus. Zum Abschied fällt er uns um den Hals und bedankt sich überschwänglich für die schöne Begegnung aus dem fernen Land. Unsere Freude darüber überdauert die nasse Rückfahrt. Wie wunderbar, dass uns der Wind nach Saba geführt hat.

Mittlerweile ist es Ende April. Die Hurrikansaison steht vor der Tür. Fahrtensegler wie wir brauchen für die Zeit von Anfang Juni bis Mitte November einen guten Plan. Sollte im Hurrikangebiet ein Sturm ausbrechen und Schaden verursachen, würden die meisten Yachtversicherungen keinen Cent ersetzen. Die komplette Karibik gilt als Gefahrenzone. Wir wollen gen Norden segeln und die Hurrikansaison an der Ostküste der USA verbringen.

Für die USA gelten besondere Einreisebestimmungen: Wer mit dem eigenen Schiff oder Flugzeug anreist, benötigt ein spezielles Visum. Andernfalls werden Eindringlinge sofort ausgewiesen, egal wie lange sie vorher unterwegs waren. Der 20-seitige Antrag für das Visum gleicht einer kompletten Durchleuchtung. Selbst unsere Eltern wissen nicht so viel über uns. Im persönlichen Interview in der US-Botschaft, das während unserer Deutschlandreise stattfand, wurden sogar Vermögensauskünfte verlangt. Das Leben in den USA soll nicht durch illegales Arbeiten finanziert werden. Wir nehmen alle Hürden und bekommen das Zehn-Jahres-Visum.

Unser Weg in die USA führt erneut über die British Virgin Islands. Dort gönnen wir uns entspannte, romantische Tage zu zweit. Und treffen auf befreundete Seglerpaare, die ebenfalls nach Norden segeln möchten. Unter Fahrtenseglern stellt sich in der Regel sehr schnell heraus, ob Freundschaften entstehen oder nicht. Ob wir bereit sind, die knappe kostbare Zeit zu teilen. Solche Freundschaften sind unterwegs eine große Freude für uns. Und eine wichtige Stütze. Der Austausch mit Gleichgesinnten ist auch auf See unverzichtbar. Mit Glück begegnen wir uns wieder. Für einige Wochen bilden wir mit diesen Crews eine fröhliche Allianz, die mit einer ausgelassenen Wiedersehensfeier beginnt. Und finden Freunde fürs Leben.

Im »Formationsflug« starten wir gen Norden. Zum ersten Mal seit der Atlantiküberquerung sind Kerstin und ich wieder mehrere Tage und Nächte am Stück auf See. Diesmal allerdings mit den Positionslichtern der anderen Boote vor Augen. Während der sonst so einsamen Nachtwachen halten wir uns mit nächtlichen Funk-Telefonaten von Boot zu Boot bei Laune. Tagsüber schießen wir wechselseitig Fotos von unseren Schiffen auf hoher See.

Erste Zwischenstation sind die Turks & Caicos, ein palmengesäumtes Steuerparadies. Die Sonne scheint auf rosafarbene, kilometerlange Puderzuckerstrände, an denen Luxushotels zum Traumurlaub einladen. Auf einer Inselrundfahrt werden wir jedoch mit der Kehrseite des Paradieses – ausgedehnten Slums – konfrontiert.

Auf der benachbarten Insel Mayaguana klarieren wir in die Bahamas ein. Ab jetzt wird die Navigation deutlich anspruchsvoller. Wir befinden uns nun in Tidengewässern und die Bahamas sind ein riffreiches und flaches Revier. Der vorherrschende Bootstyp sind Katamarane. Mit selten mehr als 1,30 Meter Tiefgang kommen sie deutlich dichter ans flache Ufer heran als wir mit unseren zwei Metern.

Die weitläufige Bucht von Mayaguana stellt uns auf eine erste Probe. Im Gänsemarsch zirkeln unsere Boote um die vielen Riffe herum. Der einzig mögliche Ankerplatz ist mehrere Seemeilen vom Ort entfernt. Dort ankern wir. Auf dem Boot mit dem geringsten Tiefgang fahren wir dann näher an den Ort heran. Alles andere wäre per Dinghy viel zu weit.

Bei Ebbe wird ein Teil der Bucht trockenfallen, weshalb wir uns mit dem Einklarierungsprozess beeilen müssen. Der Ort entlang der staubigen Straße ist winzig. Schnell ist das karge Customs-&-Immigrations-Büro gefunden. Die Beamtin reicht die Einklarierungsbögen für das erste Schiff über den Tresen. Unsere Frage, ob sie uns nicht direkt alle Bögen aushändigen könne, wird abgeschmettert. Erst nach einer halben Stunde ist das erste Boot abgefertigt. In diesem Tempo geht es weiter. Unser mittlerweile trainierter Geduldsfaden ist zum Zerreißen gespannt. Nach zwei langen Stunden haben wir endlich die Stempel in den Pässen. Leider liegen inzwischen weite Teile des Naturhafens auf dem Trockenen. Zu viert schleppen wir das Dinghy durch den Schlick, bis der Propeller des Außenborders wieder ausreichend Wassertiefe hat. Die »Island Time« hat uns heute ordentlich Nerven gekostet.

In einem Schlag wollen wir zur nächsten Insel segeln. Doch während wir die Anker lichten, beginnt der Himmel sich bedenklich zu verdunkeln. In atemberaubender Geschwindigkeit zieht ein schweres Gewitter auf, das uns die nächsten 30 Stunden in seinen Klauen halten wird. Es blitzt und donnert aus sämtlichen Himmelsrichtungen. Unsere Armada wird auseinandergerissen, jeder entwickelt seine eigene Strategie, mit dem Inferno umzugehen. In dunkler, mondloser Nacht steigt der Wind von totaler Flaute auf Sturmstärke an. Wir sehen nichts und spüren nur, wie unsere 21-Tonnen-Lady auf die Seite gedrückt wird. Dann ergießt sich sintflutartiger Regen über das Deck. Trinity jagt unter Segeln dahin. Hin und wieder müssen wir aufstoppen, um nicht noch tiefer in die Gewitterfront hineinzugeraten. Grelle Blitzwände haben sich auf einer Breite von mehreren Kilometern ausgebreitet. Sie würden uns grillen. Auf dem Radarschirm beobachten wir alle Bewegungen. Nun macht sich unser Innensteuerstand bezahlt. Wir eilen hinunter und schließen das Schott. Plotter, Instrumente, Steuerung und Gashebel sind doppelt vorhanden, so können wir unser Schiff von hier kontrollieren. Sicher geborgen im faradayschen Käfig des Aluminiumrumpfes. Trinity überzeugt insbesondere unter widrigen Bedingungen.

Am nächsten Morgen ist das blitzende Inferno einem schönen blauen Himmel gewichen. Da in der verabredeten Zielbucht heftiger, unpassierbarer Schwell steht, ändern wir in der Kurzwellen-Funkrunde den Plan und nehmen Kurs auf das winzige, unbewohnte Conception Island. Es liegt etwa 60 Meilen von den nächsten Inseln entfernt mitten im Ozean. Für viele Segler – vor allem für die hier dominierenden US-Amerikaner – handelt es sich um eine furchterregende Offshore-Passage, die nach Möglichkeit gemieden wird.

Kurz nach Sonnenuntergang fällt unser Anker. Wir liegen ruhig und sicher in einer stockfinsteren Bucht. Nur ein paar wenige Ankerlichter zeugen davon, dass wir nicht alleine sind. Mitten in der Nacht gesellen sich auch die anderen Boote dazu.

Am nächsten Morgen offenbart sich unseren staunenden Augen die ganze Schönheit dieser Insel. Weißer Sandstrand, Palmen, kristallklares Wasser und traumhafte Riffe zum Schnorcheln und Tauchen. Keinerlei Zivilisation, nur unberührte Natur. Bunte Fische, Rochen, Riffhaie und Delfine schwimmen unter unserem Schiff hindurch. Wir beschließen, hier ein paar Tage zu bleiben. Ins Logbuch schreibe ich: »Willkommen im Leben des Robinson Crusoe.« Und das an einem Freitag.

Widerstrebend verlassen wir das kleine Paradies und segeln weiter in die Inselgruppe der Exumas. Deren Hauptstadt George Town gilt als

»Shangri-La der Segler«. Davon ist jetzt allerdings nicht viel zu spüren, denn die meisten Segler sind schon in Richtung USA aufgebrochen. Bars und Restaurants haben bereits dichtgemacht. Wo sich sonst über 300 Yachten tummeln, herrscht jetzt gähnende Leere.

Da unsere Armada kein Risiko eingehen will, segeln wir die dem Atlantik zugewandte Außenseite der Exumas entlang gen Norden. Die andere Seite wäre zu flach für uns. An einer Stelle müssen wir uns schließlich durch die Riffe hindurch auf die andere Seite wagen. Nur so gelangen wir nach Nassau. Mit unserem Code-Zero-Vorsegel fahren Kerstin und ich weit draußen auf dem Meer und nehmen die Ansteuerung der Riffenge ins Visier. Der Wind hat inzwischen kräftig zugelegt. Das Einrollen des großen Segels per Hand vorne auf dem Bug gerät zum Kraftakt. Auf dem Weg zurück ins Cockpit höre ich plötzlich einen lauten Knall. Das Segel hat sich von alleine wieder ausgerollt und schlägt unbändig hin und her. Nur mühsam bekomme ich die wild peitschende Schot zu fassen. Doch schaffe ich es nicht schnell genug, das komplette Tuch einzurollen. Vor meinen entsetzten Augen wird es vom Wind zerfetzt.

Die Weiterfahrt nach Nassau führt über eine berüchtigte Sandbank. Wir bewegen uns im Viererpulk langsam unter Motor voran. Kurz vor Einfahrt in den großen Nassau Harbour bricht ein Unwetter über uns herein. Erst bei aufklarendem Himmel wagen wir die Ansteuerung.

Nassau klang für uns immer nach Tropenparadies, doch die Realität ist weit davon entfernt. Im betriebsamen Hafen der Bahamas-Hauptstadt liegen meist mehrere große Kreuzfahrtschiffe. Die Gegend um die Docks hat sich komplett auf sie eingestellt. Liegt keine der schwimmenden Kleinstädte im Hafen, sind alle Läden verrammelt. In unmittelbarer Hafennähe liegen Slums und verrufene Gegenden, in die wir uns besser nicht verirren. Nassaus Skyline wird vom monströsen Atlantis Paradise Island Resort beherrscht, das an Disneyland erinnert. Gigantisch sind auch die Liegegebühren in der luxuriösen Marina.

Wir machen in einer günstigeren, zentraler gelegenen Marina gegenüber fest. Dort überfällt uns erneut ein Gewittersturm. Er tobt die ganze Nacht um uns herum und setzt die Stadt komplett unter Wasser. Bahamas-Gewitter sind deutlich aggressiver als europäische. Pausenlos hämmern gigantische Blitze auf Erde und Ozean ein. Der gewaltige Sturm zwingt uns mitten in der Nacht nach draußen. Wir müssen das Boot mit weiteren Leinen sichern. Sekunden später sind wir völlig durchnässt. Erst frühmorgens beruhigt sich das Spektakel. Wir können endlich schlafen.

Der Aufbruch in Richtung USA steht bevor. Wir machen Trinity seeklar. In Nassau werden sich die Wege unserer Flottille vorerst trennen. Nur ein Boot hat mit Norfolk, Virginia, das gleiche Ziel wie wir. 1000 Seemeilen liegen vor uns, zum Großteil auf dem berüchtigten Golfstrom. In der Marina lernen wir ein holländisches Paar kennen, das ebenfalls nach Norfolk will und sich uns anschließt.

Kurz darauf sind wir in der neuen Dreierformation unterwegs. Auf See zu sein macht wieder richtig Spaß. Der Wind bläst mit 30 Knoten aus Achtern. Tolles, sportliches Segeln. Mit bis zu zehn Knoten Fahrt kommen wir zügig voran. Eine gleichmäßige Welle von hinten gibt uns zusätzlichen Schwung. Nonstop fliegen wir durch die Abacos auf den Golfstrom zu. Als wir ihn gegen Mittag erreichen, geht richtig die Post ab. Für Schiffe mit Kurs gen Norden wirkt der Golfstrom wie ein Laufband im Flughafen. Zur eigentlichen Geschwindigkeit durchs Wasser addiert er bis zu vier Knoten Geschwindigkeit über Grund hinzu. Wir haben davon gehört, konnten uns das jedoch nicht so richtig vorstellen. Nun preschen wir mit bis zu 13 Knoten Richtung Norfolk dahin. Wir sind berauscht. Es gibt uns ein unfassbares Gefühl der Freiheit, der Unabhängigkeit und der Euphorie. Dank Wind und Strom können wir über 250 Meilen in 24 Stunden zurücklegen.

Inzwischen rollen von der Seite mächtige Wellen heran und spülen jede Menge Wasser übers Deck. Dazu weht ein böiger Wind, der Trinity immer wieder auf die Seite legt. Über den Tag hinweg leuchtet der Himmel in den faszinierendsten Farben. Der nächtliche Sternenhimmel schillert hier draußen um ein Vielfaches imposanter als an Land. Das Pfeifen des Windes und die Wellen des tiefblauen Ozeans sind ein Fest für die Sinne. Im Blog zitiere ich Die Fantastischen Vier: »Du spürst die Lebensenergie, die durch dich durchfließt. Das Leben wie noch nie in Harmonie und genießt. Es gibt nichts zu verbessern. Nichts, was noch besser wär. Außer dir im Jetzt und Hier. Und dem Tag am Meer.«

Nachts wird es nun zunehmend kühler. Nach sechs Monaten Karibik ist Kälte für uns noch etwas ungewohnt. Wir sausen an Cape Canaveral vorbei und passieren Daytona, die Hochburg der alljährlichen Spring-Break-Party. Plötzlich kreist ein Hubschrauber der US Coast Guard über unseren Köpfen. Aus luftiger Höhe werden wir eingehend gemustert. Dann gleitet ein Furcht einflößender Zerstörer der US Navy in nächster Nähe vorbei. Deutliche Zeichen, dass wir uns unserem Ziel nähern: Norfolk, Virginia, der größte Marinestützpunkt der Welt. Nach nur viereinhalb Tagen laufen wir in die Chesapeake Bay ein. Einen Tag schneller als geplant. So schön die Zeit auf See ist – anzukommen fühlt sich immer wieder großartig an.

Mehrere Knoten Strömung gegenan erschweren die Einfahrt in die Chesapeake Bay. Unter Motor legen wir die lange Strecke in die Innenstadt von Norfolk zurück. Dabei passieren wir unzählige Supertanker und Megafrachter. An den Ufern liegen riesige, bedrohlich dunkelgraue Navy-Schiffe. Überall sind Sperrgebiete und Barrieren mit bewaffneten Soldaten. Die gigantische Navy-Basis dominiert die Skyline der ansonsten eher beschaulichen Stadt.

Von anderen Seglern haben wir jede Menge Horrorgeschichten über die Einreise in die USA gehört. Doch die Officers der Customs and Boarder Patrol bereiten uns einen sehr freundlichen Empfang. Das Einklarieren verläuft schnell, entspannt und unkompliziert.

In Norfolk feiern wir unser einjähriges Reisejubiläum. Vor exakt zwölf Monaten haben wir in Südspanien die Leinen gelöst. Die Zeit kommt uns deutlich länger vor. Viel haben wir seitdem erlebt. Unfassbar viel gelernt.

Rodeoritt durch die USA

Inzwischen ist es Mitte Juni. Alleine segeln wir von Norfolk aus die Chesapeake Bay hinauf. Sie ist die größte Flussmündung der USA. Nichts, um mal eben so durchzuhuschen. Manche Segler verbringen ihr ganzes Leben damit, diese abwechslungsreiche und idyllische Wasserlandschaft ausgiebig zu erkunden. Wir machen immer wieder Station in lauschigen Buchten und sommerlich grünen Orten. Deltaville hat es uns angetan, das am Rande eines malerischen Creeks inmitten großer Laub- und Nadelbäume liegt. Nach den vielen Monaten in der Karibik und auf See genießen wir die Spaziergänge durch üppige Wälder und über bunte Blumenwiesen. Die Natur erinnert uns an das sommerliche Deutschland. Ein Fest für die Sinne. Fast hatten wir vergessen, wie gut der Sommer riecht.

An einem sonnigen Tag setzen wir die Reise durch die Chesapeake Bay fort. Bei Temperaturen um die 26 Grad Celsius treibt uns eine angenehme Brise voran. Am Himmel ist nicht eine Wolke zu sehen. Das lässt uns die für den Nachmittag angekündigten Gewitter mit Böen bis 30 Knoten fast wieder vergessen. Vor ihrem Eintreffen wollen wir längst sicher in einer Ankerbucht in 15 Seemeilen Entfernung liegen. Plötzlich bemerken wir, wie Fliegen und andere Insekten beginnen, sich auf unserem Boot zu sammeln. Wir erleben eine wahre Invasion. Tausende kleine Viecher überfallen unser Schiff: Sonnendach und Sprayhood, Navigationsgeräte, Edelstahlstangen. Vor allem die weiß lackierten Metallflächen des Cockpits haben es ihnen angetan. In kürzester Zeit ist unser weißes Schiff schwarz von Fliegen, Mücken, Libellen und vielem mehr übersät. Sie attackieren auch unsere Gesichter, mit Vorliebe Augen,

Nasenlöcher und Mundöffnung. Eine unheimliche Szenerie, die uns an Hitchcocks »Die Vögel« erinnert.

Nach ungefähr einer Stunde verschwinden sie so schnell, wie sie gekommen sind. Erst sind wir froh, dass wir unser Schiff nun endlich wieder für uns haben. Doch dann beginnen wir zu ahnen, was den schnellen Exodus verursacht hat. Und hätten uns ihnen gern angeschlossen. Von einer Minute auf die andere verdunkelt sich der Himmel. Was eben noch wie ein kleiner schwarzer Strich am Horizont aussah, hat sich binnen weniger Minuten in eine schwarze Wolke verwandelt. Sie wächst rasant auf bedrohliche Ausmaße an. Inzwischen warnt die US Coast Guard über Funk vor heftigen Gewittern. Die leichte Brise zieht auf 20 Knoten Wind an. Wir laufen inzwischen unter Motor. Nachdem wir das Großsegel eingerollt haben, steht jetzt nur noch das Vorsegel.

Dann bemerken wir entsetzt, wie sich von Land aus eine gigantische Wasserwand auf den Weg in unsere Richtung macht. Sie rast direkt auf uns zu. Ungefähr einen Kilometer breit und Hunderte Meter hoch. Uns wird flau im Magen. In Windeseile rollen wir das Vorsegel weg. Gerade noch rechtzeitig. Dann bricht das Inferno los. Trinity neigt sich hart zur Seite. Wir befinden uns inmitten eines tosenden Sturms. Der Windmesser steigt und steigt. Die prognostizierten 30 Knoten sind längst erreicht. Sofort drehe ich das Steuer und bringe Trinity genau vor den Wind. Mit dem Motor im Leerlauf macht sie schnelle Fahrt, nur von der unbändigen Windkraft getrieben. Fieberhaft bringen wir alle losen Gegenstände von Deck oder zurren sie fest.

Wie bei einer Sonnenfinsternis hat sich der Himmel über uns verdunkelt. Zornig und bedrohlich. Der Wind nimmt zu. 41 Knoten – Sturm-

stärke. Und es geht weiter. Bei 50 Knoten setzt heftiger Regen ein. Auf der nackten Haut fühlen sich die Tropfen wie Nadelstiche an. Längst sind wir bis auf die Knochen durchnässt. 60 Knoten Wind. So schnell wie möglich müssen wir hier oben alles klar haben, um unter Deck gehen zu können. Erneut hilft uns der Innensteuerstand!

Die eben noch gutmütige Chesapeake Bay hat sich in eine brodelnde Hölle verwandelt. Wasser überspült das Deck von allen Seiten. 70 Knoten Wind. Orkanstärke! Der peitschende Regen im Gesicht ist kaum noch auszuhalten. Wir eilen hinunter und verrammeln die Luke von innen. Ungläubig starren wir auf die Windanzeige, die immer weiter steigt. Der Wind heult durch das Rigg und die Aufbauten. An Bord herrscht ein Höllenlärm – sogar unter Deck. Bei 85 Knoten verabschiedet sich unsere Windanzeige. Auf dem Display sind nur noch Striche zu sehen. Wir hören und spüren, dass der Wind weiter zunimmt.

Die Sicht ist nahezu null. Trotz Scheibenwischer. Die Wellen tosen. Mittlerweile ist das gesamte Cockpit überflutet. Neben uns schlagen Blitze im Wasser ein.

Der Wind peitscht uns voran. Acht Knoten Fahrt, Motor im Leerlauf, keine Segel. Zum Glück befinden wir uns gerade an einer breiteren Stelle der Chesapeake Bay. Radar und das automatische Schiffsidentifikationssystem sind eingeschaltet, doch auf dem Kartenplotter sind viele Hindernisse gar nicht zu sehen. Vor allem nicht die allgegenwärtigen kleinen bunten Bojen, die mit Leine befestigte Krebsfallen am Grund markieren. Würde eine solche Leine in die Schiffsschraube geraten, wären wir auf der Stelle manövrierunfähig. Über Funk hören wir von gekenterten Booten oder Yachten. Um uns herum nichts als Regen und Wasser.

Schnell kommt die andere Seite der Chesapeake Bay näher. Mittlerweile sind wir dem Ufer gefährlich nahe. Entschlossen drehe ich Trinity um 180 Grad frontal in den Wind. Als wir den Sturm querab haben, legt sie sich wieder weit auf die Seite. Unfassbar, was da für Kräfte wüten. Über uns zucken weiter Blitze, gefolgt von ohrenbetäubendem Donner. Die Zeit scheint stillzustehen. Wir wissen nicht, ob wir in diesem Inferno erst seit Minuten oder schon Stunden gefangen sind.

Bis sich der Spuk von jetzt auf gleich verzieht. Wie von Geisterhand beruhigt sich der Wind auf 28 Knoten. Der Himmel hellt sich schlagartig auf. Die Sicht kehrt zurück. Strahlendes Blau. Wir hören, dass mehrere

Coast-Guard-Boote mit der Rettung der havarierten Schiffe beschäftigt sind. Und atmen auf.

Kurze Zeit später liegt Trinity sicher verzurrt in der Harbor Island Marina am Eingang des Back Creek. Neben uns eine 100 Fuß große Swan-Yacht, die nicht so glimpflich davongekommen ist. Die Crew hatte es nicht rechtzeitig geschafft, das riesige Vorsegel zu bergen. Die Yacht schlug heftig quer. Dabei wurden einige Decksaufbauten zerstört oder gingen verloren. Wir erfahren, dass der Sturm Spitzengeschwindigkeiten von 115 Knoten hatte. Fast doppelte Orkanstärke! Welch Glück wir hatten, dass wir dieses Inferno ohne größere Blessuren überstanden haben. Lediglich der Windmesser auf der Mastspitze hat sich verabschiedet. Uns beiden geht es gut. Das ist die Hauptsache.

Unser nächstes Etappenziel heißt Annapolis, Hauptstadt des US-Bundesstaates Maryland und *das* Segelzentrum der USA. Ein Zufall führt uns in diese wunderschöne, quirlige Hafenstadt, in der sich das gesamte Leben um Boote zu drehen scheint. Schon länger planen wir, einen Wassermacher an Bord zu installieren. Damit könnten wir Meerwasser in reines Trinkwasser verwandeln und hätten immer genug davon an Bord. Wir wären nicht mehr auf Marinas angewiesen, um die Wassertanks zu füllen. Nach langer Recherche entscheiden wir uns für ein Modell, das von einem deutschen Ingenieur und Fahrtensegler in Trinidad entwickelt wurde. Es verzichtet komplett auf elektronische Bauteile und kommt mit Ersatzteilen aus, die in jedem Baumarkt zu kaufen sind.

Zu unserer Überraschung entpuppt sich der Händler, den wir bislang nur aus dem Internet kennen, als Koryphäe für alles rund ums Schiff. Ladenlokal und Werkstatt liegen direkt in der Marina. Der Inhaber, Marshall, ist ein Althase in Sachen Boote. Er ist früher selbst auf großen Traditionsseglern durch die Karibik gesegelt. Noch dazu ist er humorvoll und hilfsbereit. Wir mögen uns auf Anhieb.

Wir sind dankbar, dass uns der Wassermacher nach Annapolis gebracht hat. Das Städtchen hat einen bezaubernden Charme. Gepflegte koloniale Architektur im historischen Zentrum. Alte, liebevoll dekorierte Seemannshäuser, oft mit Seeblick. An jeder Ecke Brücken, Flüsse und idyllische Minibuchten. Kleine Marinas, viele Restaurants und jede Menge irische Pubs.

Da die Sympathie auf Gegenseitigkeit beruht, lädt uns Marshall in seinen Yachtclub ein. Dort lernen wir auch seine Frau kennen. Wir haben die gleiche Wellenlänge und sofort das Gefühl, neue Freunde gefunden zu haben.

In Annapolis nehmen wir unsere inzwischen schon wieder lange Fun-Liste in Angriff. Mittlerweile haben wir 12 000 Seemeilen mit Trinity zurückgelegt. Unsere tapfere Lady hat eine Frischzellenkur verdient. Der zeitliche Rahmen wird von meinem fünfzigsten Geburtstag vorgegeben, den ich in New York feiern möchte. Noch sechs Wochen. Schon der Gedanke daran versetzt mich in helle Aufregung. Wir werden auf dem eigenen Schiff in den Hafen von New York City segeln! Einer der Top-10-Wünsche auf meiner »Once in a Lifetime«-Liste.

Wir machen uns an die Arbeit und beziehen dabei auch Marshalls Team mit ein. Wir möchten sicher sein, das Richtige zu tun. Und dabei noch mehr zu lernen. Wieder einmal ist die Lernkurve steil. Eine große Herausforderung zeigt sich in Form der technischen Maße und Systeme in den USA. Sie unterscheiden sich deutlich von den an Bord verbauten, was sämtliche Planungen, Einkäufe und Arbeiten an Bord verkompliziert. Wir machen einen Schritt vor, zwei zurück. Das kennen wir schon. Und die Fun-Liste wird wieder von Tag zu Tag länger.

Lackierarbeiten stehen an. Wir lassen kleinere Schweißarbeiten erledigen. Bauen die Gasanlage auf Hybridbetrieb um. Das wird uns unabhängiger machen. Auf der Mastspitze installieren wir eine neue Windmessanlage, um endlich wieder zu wissen, woran wir mit dem Wind sind. Unter Mühen bauen wir unseren 150 Kilo schweren Generator aus, der seit dem Totalausfall auf dem Atlantik nur noch wertvollen Platz verschwendet. Wir hieven ihn an Deck und schaffen ihn von Bord. Ballast abgeworfen. Außerdem gönnen wir uns einen neuen Inverter. Er wandelt unseren Batteriestrom in 230 Volt und erlaubt uns dadurch, auch unterwegs die Waschmaschine zu betreiben.

Unsere knappe freie Zeit verbringen wir mit unseren neuen Freunden. Wir verstehen uns prächtig und werden herzlich in ihre Familie aufgenommen. Sie nehmen uns sogar in ihr Wochenendhaus an einem malerischen See mit.

Nach und nach lichtet sich die Liste. Trinity wird immer besser und schöner. So anstrengend die Arbeiten sind, so schön sind die vielen kleinen Erfolgserlebnisse. Wir staunen, was wir in der Zeit seit unserem Aufbruch in Spanien alles gelernt haben.

Unser handwerkliches Selbstbewusstsein wächst mit den Aufgaben. Als endlich der Wassermacher aus Trinidad eintrifft, wollen wir ihn selbst einbauen. So würden wir das System von Beginn an kennen und reparieren können. Jetzt mitten im Sommer bei 40 Grad unter Deck gerät der Einbau unter den Bodenbrettern jedoch zu einer schweißtreibenden Angelegenheit. Viele Einzelteile müssen installiert werden: Boosterpumpe, Hochdruckpumpe, Membran, elektrische Ventile, diverse Filter, meterlange Zu- und Abläufe, Hochdruckschläuche und ein zentrales Kontrollpaneel. Als die Anlage schon beim ersten Test perfekt läuft, sind wir erleichtert und ziemlich stolz. Ab sofort sind wir Produzenten unseres eigenen reinen Wassers.

Zur Belohnung gönnen wir uns ein freies Wochenende im nahen Washington, D.C. In Museen entkommen wir der unerträglichen Augusthitze. Ein Jazzclub beschert uns einen grandiosen Abend in der pulsierenden Stadt. Spät in der Nacht bummeln wir im Mondschein um das Weiße Haus.

Nicht zuletzt dank unserer neuen Freunde wird Annapolis immer mehr zu einer Heimat in der Ferne. Allerdings ist mein Geburtstag schon in einer Woche. Noch liegen Hunderte von Seemeilen vor uns. Nun heißt es Abschied nehmen – wenn auch nur auf Zeit, denn im Herbst wollen wir wiederkommen.

Über den Chesapeake-&-Delaware-Kanal gelangen wir hinaus in den offenen Atlantik. Ein befreundetes Boot ist mit von der Partie. Gemeinsam ankern wir in Sandy Hook, der letzten Bucht vor New York City. Und sind aufgeregt wie kleine Kinder vor dem ersten Schultag.

Pünktlich zum Sonnenaufgang werfen wir den Motor an und fahren mit der Strömung unter der Verrazano Bridge hinauf zum Big Apple. Diese Stadt mit dem eigenen Schiff zu erobern: ein unbeschreibliches Gefühl. Wir passieren Ellis Island, die Freiheitsstatue und die Südspitze Manhattans. In der weiten Bucht drehen wir einige Runden. Inmitten des dichten Schiffsverkehrs. Die Kapitäne der vielen Fähren und Ausflugsboote scheinen zu ahnen, dass wir gerade einen ganz besonderen Moment erleben, denn sie weichen uns respektvoll aus.

Wir segeln den Hudson River hinauf und machen auf Höhe des Central Parks mitten in Manhattan im West 79th Street Boat Bassin fest. Am Steg werden wir von Segelfreunden aus unserer Sommer-Flottille begrüßt, die ihr Boot auf den Bahamas gelassen haben und mit dem Flugzeug angereist sind. Bei einem Wiedersehensdinner tauschen wir die Erlebnisse der letzten Monate aus.

Dann naht mein runder Geburtstag. Früher dachte ich, dass mit 50 alles vorbei sei. Zumindest der fröhliche Teil des Lebens. Weit gefehlt!

Im legendären Jazzclub Smalls in Greenwich Village grooven wir in meinen Geburtstag hinein. Um Mitternacht spielt das Jazzquintett ein Ständchen für mich. Kerstin hat sich heimlich mit dem Bandleader unterhalten. Er kann sich auf der Bühne gar nicht mehr einkriegen, dass wir tatsächlich mit dem Schiff über den Atlantik und nach New York gesegelt sind. Er feuert das Publikum zu einem begeisterten Applaus an. Dann singt der ganze Club lautstark »Happy Birthday«. Später sitzen wir auf unserem Schiff im Cockpit und genießen den Sonnenaufgang über Manhattan. Nach den Highlights unserer Reise gefragt, werden wir später sagen: »Auf jeden Fall die Einfahrt nach New York City!«

Nach einer Woche in NYC zieht es uns weiter. Unser Plan, den malerischen Long Island Sound und die nördliche Ostküste zu erkunden, treiben uns voran. Um in den Long Island Sound zu gelangen, müssen wir den Hudson River hinunter, um die Südspitze Manhattans herum und dann den East River stromauf fahren. Die Strömung entscheidet über das passende Zeitfenster. Weil die Wassertiefe in der Marina gering ist, gräbt sich unser Kiel bei Niedrigwasser tief in den Schlick hinein. Nur bei Hochwasser können wir die Marina verlassen. Momentan kommt das zu so ungünstigen Zeiten, dass wir den East River bei Nacht hinaufsegeln würden. Deshalb verlassen wir die Marina am späten Nachmittag und suchen uns für die Nacht einen Ankerplatz im Hudson. Mehrere Boote liegen dort schon vor Anker.

Die Nacht ist ungemütlich. Im Takt der starken Strömung, die immer abwechselnd fließt, dreht sich Trinity um sich selbst. Starker

Wind bis 25 Knoten steht gegen den Strom und macht den Fluss kabbelig. Wir tanzen auf und ab.

Am nächsten Morgen ist der Himmel schwarz. Es regnet in Strömen. Kerstin startet den Motor. Ich stehe am Bug, bereit für das Ankermanöver. Schon nach kurzer Zeit streikt die Ankerwinsch. Die Kette will nicht weiter nach oben kommen. Stattdessen rollt sie sogar wieder ein Stück nach unten. Ein neuer Anlauf. Quietschend bewegt sich mehr Kette an Bord. Wieder stoppt sie plötzlich. Und rollt wieder ein Stück aus.

Dann erkenne ich, welches Problem wir uns eingefangen haben. Tief unten hängen zwei große, massive Holzpfeiler in unserer Ankerkette. Die Kette hat sich mehrfach um jeden einzeln und dann noch einmal um beide gemeinsam gewickelt. Der Bug wird kräftig nach unten gezogen.

Jeder der verheddterten Holzpfeiler ist ungefähr acht Meter lang und 40 Zentimeter dick. Sie aus der Ankerkette einfach herauszuziehen funktioniert nicht, da die Kette mehrmals fest um sie herumgeschlungen ist. Die Ankerkette einfach ausrauschen lassen und unserem wertvollen, zuverlässigen Anker samt Kette »Adieu« sagen wollen wir auch nicht. Wir sind ratlos.

Mit den monströsen Holzpfeilern vor dem Bug sind wir manövrierunfähig und damit ein Schifffahrtshindernis. In unserer Verzweiflung funken wir die New York Coast Guard an. Wir haben die leise Hoffnung auf jahrzehntelange Erfahrung mit Treibgut und engagierte Hilfe. Kurze Zeit später rauscht ein Schnellboot heran und nähert sich bis auf Rufweite. Durch das offene Fenster bekommen wir vom Coast-Guard-Kapitän erst einmal jede Menge Fragen zu uns und unserem Boot gestellt. Obwohl die Zeit drängt. Trinity ist in unmittelbarer Gefahr. In der brodelnden Strömung schlagen die dicken Baumstämme mit beängstigendem Krachen gegen unseren Rumpf.

Um die Ankerwinsch zu entlasten, hatten wir die Stämme etwas tiefer zurück ins Wasser gesenkt. Nun ziehen wir sie erneut an die Oberfläche, um der Coast Guard das ganze Ausmaß unseres Problems zu demonstrieren. Doch anstatt etwas zu unternehmen, filmen die Crewmitglieder das Spektakel mit ihren Smartphones.

Schließlich verkündet der Kapitän, dass sie uns entweder abbergen können oder einen Funkspruch an Schiffe in der Nähe senden mit der

Bitte um Hilfe. Sonst können sie nichts tun. Da es keine Option ist, das Schiff zu verlassen, entscheiden wir uns für den Funkspruch. Niemand meldet sich.

Mittlerweile umkreist uns die Coast Guard in sicherer Entfernung, die Crew lässt uns nicht aus den Augen. Wir können nicht länger warten, sondern müssen handeln. Unser Schiff retten. Im strömenden Regen machen wir unser Dinghy klar, das seit Nassau eingepackt in der großen Heckgarage vor sich hin schlummert. Als wir das kleine Schlauchboot zu Wasser lassen, meldet sich die Coast Guard per Megaphon: »Nicht ohne Schwimmweste ins Boot!« Genervt greife ich mir eine Rettungsweste und steige in das in der Strömung tanzende Dinghy.

Zuerst versuche ich, die Ankerkette zu entlasten, zu entheddern und über die Holzstämme zu ziehen. Das dauert gefühlt ewig, klappt aber nicht. Durch die Ankerkette werden die Stämme eng aufeinandergepresst.

Nun bleibt nur die Möglichkeit, die Ankerkette zu durchtrennen. Um den Anker nicht zu verlieren, versuche ich als Nächstes, die Ankerkette am Boot zu befestigen. Dafür muss ich eine Ankerkralle nebst Leine an den Teil der Kette haken, der mit dem Anker am Flussboden verbunden ist. Die Leine muss dann wiederum an Trinity befestigt werden. Verwechsele ich die Kettenteile, wäre der Anker verloren und Trinity würde davontreiben. Kerstin feuert mich von Bord aus an. In einer halsbrecherischen Aktion gelingt das Vorhaben. Unsere Lady hängt jetzt wieder direkt am Anker, ohne den riskanten Umweg über die Holzpfeiler.

Als Nächstes muss die dicke Ankerkette durchtrennt werden, irgendwie. Die Coast Guard will behilflich sein. Jemand hält eine winzige Metallsäge in die Luft. Ich winke dankend ab. Als ich unsere Flex klarmache, regnet es nach wie vor in Strömen. Aus dem Schiffsinneren legt Kerstin ein Stromkabel zum Bug, das aggressive Werkzeug funktioniert nur mit 230 Volt. In Kerstins Gesicht steht die pure Angst. Wildwasser, starker Regen, nasse Hände und ein wackeliges Dinghy bieten nicht gerade die besten Bedingungen, um wenige Zentimeter über der kabbeligen Wasseroberfläche mit einer Flex zu hantieren.

Ich beginne, die Ankerkette mit dem laut kreischenden Werkzeug zu durchtrennen. Funken sprühen. Immer wieder muss ich absetzen. Das Dinghy neu positionieren und fixieren. Die Stämme im Wasser drehen

oder verschieben. Die Kette mit der Flex so erwischen, dass ich die bereits angesägte Kerbe vertiefe. Außerdem muss ich mich selbst irgendwie im wild hüpfenden Dinghy halten. Mein Oberkörper hängt über den Stämmen im Wasser, damit ich sie stabilisieren kann. Immer wieder muss ich kurze Pausen einlegen, um wieder zu Kräften zu kommen und die eiskalten Hände zu trocknen. Die Jungs auf dem Coast-Guard-Boot schauen aus dem Trockenen zu, schießen Fotos und drehen Filmchen.

Ich setze erneut an. Die Flex heult los. Trifft die richtige Kerbe. Endlich, die Kette ist durch. Glucksend sinken die riesigen Holzstämme langsam zurück in die Tiefe. Trinity hängt wieder sicher am Anker. Durchatmen.

Erschöpft zurück an Bord, holen wir ohne weitere Probleme den Anker ein. Dann meldet sich die Coast Guard erneut über Funk. Sie will nun noch einen Sicherheits-Check auf unserem Schiff durchführen. Wahrscheinlich, um den mehrstündigen »Einsatz« besser rechtfertigen zu können. Unser vehementer Protest überzeugt sie schließlich, uns in Ruhe zu lassen. Mittlerweile dämmert es. Wir wollen auf dem schnellsten Weg in eine sichere Marina. Für die Nacht machen wir auf der anderen Hudson-Seite in New Jersey fest. Wieder einmal haben wir aus eigener Kraft eine brenzlige Situation gemeistert.

Am nächsten Morgen überwinden wir die berüchtigten Stromschnellen von Hells Kitchen im East River und gelangen mit der passenden Strömung in den Long Island Sound. Vor uns öffnet sich malerisch eine weite Bucht. Mächtige Anwesen mit endlosen gepflegten Gartenanlagen säumen die Ufer. Wir wähnen uns in der Kulisse von »The Great Gatsby«.

Unseren ersten Stopp machen wir in der Bucht von Port Washington. Nachmittags umkreist uns ein Segelboot. Ein netter älterer Herr fragt uns interessiert, woher wir kommen und wohin wir segeln. Mit unserer deutschen Flagge am Heck sind wir in diesen Gewässern Exoten. Als er von unseren Reiseplänen hört, übergibt er uns einen Stapel Törnführer mit der Bitte, sie ihm zurückzuschicken, wenn wir das Land verlassen. Immer wieder kommen wir in den USA in den Genuss einer überwältigenden Hilfsbereitschaft, vor allem aus der Segler-Community.

Über Montauk an der Ostspitze von Long Island geht es nach Block Island, einem idyllischen Inselchen, von dem wir viel gehört haben. Dort liegen wir für eine Nacht im dicht besetzten Ankerfeld. Am nächsten Morgen wollen wir uns auf den Weg nach Newport, Rhode Island, machen. Schon lange träume ich davon, diesem Segler-Mekka und Heimathafen vieler historischer Superyachten einen Besuch abzustatten.

Kerstin startet den Motor. Ich betätige die Ankerwinsch und die Kette rattert an Deck. Bis plötzlich nichts mehr geht. Déjà-vu. Die Ankerwinsch streikt und die Kette rauscht wieder nach unten. Inzwischen machen wir uns Sorgen um die Ankerwinsch, die nun zum wiederholten Male übermäßig beansprucht wird. Mittlerweile tritt sogar Hydrauliköl aus und läuft über das Deck. Wir entlasten die Winsch, indem wir die Kette mit dem Gennakerfall nach oben ziehen. Die Winsch zieht nur nach. Stück für Stück bekommen wir die Kette nach oben.

Inzwischen kann ich unseren Anker an der Wasseroberfläche sehen. Was ist das? Um die Ankerspitze hängen Glieder einer fremden Ankerkette. Sie ist komplett starr und verrostet. Die Kettenglieder sind riesig – jedes einzelne ist so groß wie zwei Handteller. Sie scheinen zu einem Megadampfer Anno 1880 zu gehören. Kein Wunder, dass wir in der Nacht vor Anker ein so sicheres Gefühl hatten. Nur zwei Wochen nach dem Ankeralarm im Hudson River – wir sind fassungslos.

Der Skipper eines Nachbarbootes beobachtet unsere verzweifelten Bemühungen und eilt mit seinem Dinghy zu Hilfe. Mit ungläubigem Staunen in den Augen gesteht er uns, dass er jedes Wochenende hier ankert und dieses Riesending noch nie zu Gesicht bekommen hat. Mit vereinten Kräften schaffen wir es schließlich, den Anker zu befreien.

In Newport konzentrieren wir uns erst einmal ganz auf die Ankerwinsch. Bauen sie in langwieriger Kleinarbeit auseinander, prüfen sorgfältig jedes noch so kleine Teil und ersetzen diverse Dichtungen und Kugellager. Leider gibt es kaum passende Ersatzteile, da die Winsch schon etwas betagt ist. Da bleibt nur gute Pflege und sich mit dem zu begnügen, was zur Verfügung steht.

Vom berühmten Ort bekommen wir wegen der Reparaturarbeiten nicht allzu viel mit. Immerhin können wir beim Essen mit unserem Helfer von Block Island und seiner Frau etwas entspannen.

Unser nächstes Ziel ist Provincetown auf Cape Cod, einer Landzunge unterhalb von Boston. Schon bei der Ansteuerung verlieben wir uns in den malerischen Ort mit gestreiftem Bilderbuch-Leuchtturm und kilometerlangen Sandstränden. In den kleinen Straßen von »P-Town« tummelt sich eine bunte, lebhafte Mischung aus alteingesessenen Fischern, Künstlern, Musikern und vielen Gays. Bis in die Nacht wird hier gefeiert. Zusätzlich steigt gerade die größte Karnevalsparty des Nordens. Häuser und Schaufenster sind liebevoll-ausgeflippt dekoriert. Enorme Leichtigkeit liegt in der Luft. Wir lassen uns treiben, genießen das Leben und tanzen durch die bunten Nächte.

In Portsmouth, New Hampshire, legen wir Trinity an eine Mooringboje und mieten für zehn Tage ein Auto. Wir möchten Maine erkunden. Maine ist der nördlichste Punkt unserer Reise. Die wildromantische Landschaft ist oft nebelverhangen und erinnert an Skandinavien. Entlegen, rau, verschlossen, melancholisch. Wir knacken den ein oder anderen Lobster, genießen wunderschöne Ausblicke auf die Inselwelt vor der Küste und erkunden die vielen kleinen Fischerorte. Unser Highlight ist die kleine Künstlerinsel Monhegan, nur per Fähre zu erreichen und von Nebelschwaden umgeben. Der erholsame Roadtrip mit entspannten Nächten in Motels und romantischen Bed & Breakfasts könnte ewig weitergehen. Widerstrebend geben wir den Mietwagen ab und ziehen zurück aufs Boot.

Mittlerweile ist es Ende August. Hoch im Norden wird es nachts auf dem Wasser empfindlich kalt. Wir sehnen uns nach südlichen Gefilden. Wir besuchen Martha's Vineyard, Sommersitz vieler US-Präsidenten und Treffpunkt der High Society. Leider leckt ein Abwasserschlauch unseres WCs. Ein übler Gestank wabert im Schiff. Wir verbringen einen ganzen Tag damit, den uralten, stocksteifen Schlauch aus der Holzverkleidung des Schiffes zu schneiden und unter akrobatischen Verrenkungen einen neuen einzuziehen.

Auf der Nachbarinsel Nantucket zeugen gepflasterte Sträßchen und alte Steinhäuser von der blühenden Walfang-Vergangenheit. Eigentlich wollen wir für ein paar Tage die Insel erkunden, doch das Wetter macht uns einen Strich durch die Rechnung. Ein heftiges Böenfeld ist im Anmarsch. Wir nutzen den Wind für eine Nonstop-Fahrt den Atlantik entlang zurück in die Chesapeake Bay.

In Annapolis liegen wir mit Trinity am gleichen Liegeplatz wie zuvor. Es fühlt sich gut an, wieder zu Hause zu sein.

Wir arbeiten unsere Fun-Liste ab. Neben den üblichen Reparaturen möchten wir Trinity noch besser an unsere Bedürfnisse anpassen, bevor es im November zurück in die Karibik geht. Und dann hoffentlich endlich auch in den Pazifik.

Wir decken uns mit jeder Menge neuer Ersatzteile ein, obwohl sämtliche Fächer unter den Bodenbrettern schon überquellen. Erstehen ein neues Dinghy, das wir Minity nennen. Am Heck installieren wir eine spezielle Aufhängung dafür, auf die wir neue Solarpaneele montieren. Unsere Energieprobleme sind Vergangenheit.

Nach über 12 000 Seemeilen ist ein neuer Unterwasseranstrich für Trinity fällig. Den machen wir wieder selbst. Manchmal erscheint es uns unwirklich, dass wir noch vor zwei Jahren im Business-Outfit in klimatisierten Meeingräumen saßen und ausschließlich mit dem Kopf gearbeitet haben.

Der Winter naht. Als es auf dem an Land aufgebockten Schiff zu kalt wird, nehmen uns unsere Freunde in ihr Haus auf. Familienanschluss samt Hund, Katze und Goldfisch. Und schon ist es Anfang November. Wieder fällt der Abschied schwer.

Nach heimeligen Monaten an Land sind wir unvermittelt draußen auf dem dunklen, rauen Atlantik. 1500 Seemeilen bis zur Karibik liegen vor uns.

Der Ritt gen Süden wird zu einem Auf und Ab der Bedingungen, der Windgeschwindigkeiten und -richtungen, der Wellen und der Gefühle. Zu dieser Jahreszeit gibt es auf dem Nordatlantik viele schnell wechselnde Wettersysteme. Die Winterstürme mit schweren Unwettern setzen ein. Wir erleben wilde Rodeoritte und nervtötende Flauten, brodelnde See und spiegelglattes Wasser. Oft in schnellem Wechsel. Die Segel werden ausgerollt, gerefft, ganz weggegrollt, der Motor eingeschaltet. Segel wieder raus, Motor aus.

Der Wind kommt inzwischen aus Richtung unseres Ziels, sodass wir bei widrigsten Bedingungen mühsam kreuzen müssen. Squalls und breite Gewitterwände halten uns auf Trab. Wenig Schlaf und die kräftezehrende Arbeit an Bord lassen unschöne Erinnerungen an den Atlantik aufkommen. Das macht keinen Spaß. Wir wollen nur noch ankommen.

Eine haushohe Welle legt das Boot so stark auf die Seite, dass Kerstin mitsamt der schweren Matratze aus der Seekoje geschleudert wird. Ein anderes Mal galoppiert Trinity durch eine wunderbare Nacht auf vollmondbeschienenen Wellen, während Kerstin die erste Wache schiebt und unten Wetterdaten analysiert. Plötzlich gibt es einen lauten Knall. Abrupt endet die schnelle Fahrt, Trinity dümpelt im starken Seegang vor sich hin. Heftig schlagen die Segel. Mit Taschenlampe bewaffnet stürzt Kerstin an Deck, um nachzusehen. Der Block, der das Großsegel über den Unterliekstrecker nach hinten spannt, ist ausgerissen. 13 000 Seemeilen Dauerbeanspruchung haben ihren Tribut gefordert. Das Segel flattert unkontrolliert im Wind. Kerstin schafft es alleine, das Segel einzurollen, und refft anschließend das Vorsegel aus. Das Boot nimmt wieder Fahrt auf.

Jeder Tag auf See bedeutet für jeden von uns 16 bis 18 Stunden Einsamkeit, in denen wir allein mit der gesamten Bandbreite unserer Gefühle konfrontiert werden. Allein mit dem Ärger, wenn etwas zu Bruch geht oder ein Manöver nicht klappt. Allein mit der Freude, wenn Delfine neben dem Schiff auftauchen oder die Speedanzeige die Zehn-Knoten-Schallmauer durchbricht. Wenn sich der Schleier der Nacht über den Tag legt und nach langen Stunden endlich die Sonne wieder aufgeht. Andererseits genießen wir beide die Zeit allein für uns auf hoher See. Eine intensive Erfahrung. Und es ist schön, zu wissen, dass unten jemand schläft, der sich voll auf dich verlässt.

Kurz vor Ankunft auf den British Virgin Islands feiern wir auf hoher See unseren Hochzeitstag. Bei herrlichstem Wetter und gutem Wind segeln wir durch den königsblauen Atlantik und genehmigen uns ausnahmsweise eiskalten Champagner. Sonst ist Alkohol auf See tabu.

Nach zehn Tagen kommt bei Nacht endlich Land in Sicht. In der Ferne flimmern schwach die Lichter der Virgin Islands.

Freunde kommen an Bord und verlassen uns wieder. Nach entspannten Tagen auf den British Virgin Islands geht es weiter nach Grenada, mehrere Hundert Seemeilen entfernt im Süden der Karibik. Schon in Kürze erwarten wir dort neuen Besuch an Bord. Auf dem Weg entscheiden wir uns spontan, der etwas abseits gelegenen Insel St. Croix, die zu den US Virgin Islands gehört, einen Besuch abzustatten. Die 55-Meilen-Offshore-

Strecke legt Trinity bei viel Wind schnell zurück. St. Croix unterscheidet sich deutlich von den übrigen Virgin Islands. Weit und breit ist kein einziges Charterboot zu sehen. Stattdessen treffen wir auf viele ältere Fahrtensegler. Insgesamt gibt es sehr wenig Tourismus, die Atmosphäre ist relaxt. Einiges erinnert an Dänemark, zu dem die US Virgin Islands einst gehörten.

Dann geht es im Tiefflug weiter gen Süden. Bei starkem Wind treffen uns immer wieder hohe Wellen hart von der Seite und waschen über das Deck. Weiße Schaumkronen und Gischt, so weit das Auge reicht. Unser sonst so geschütztes Cockpit ist komplett durchnässt. Trinity zieht schnell durchs Wasser und liegt meist stark auf der Seite. Die Bewegungen unter Deck werden wieder zu einer anstrengenden Angelegenheit. Alltägliche Arbeiten dauern ewig. Kurz darauf ist das Wetter wieder unstetig. Mal haben wir zu wenig Wind und sind zu langsam. Dann nimmt der Wind wieder stark zu.

Über längere Strecken werden wir von Delfinschulen begleitet, die am liebsten vorne am Bug spielen. In einer Nacht gesellt sich ein kleiner, erschöpfter Vogel als Passagier zu uns an Bord. Erst im Morgengrauen schwingt er sich wieder in die Lüfte.

Kurz vor Weihnachten treffen wir in Grenada ein, das südlich von St. Vincent & The Grenadines liegt. Neues Terrain. Üppige Natur, traumhafte Buchten, Berge mit Hiking Trails, freundliche Menschen, bunte Häuser und die quirlige Hauptstadt St. George's ziehen uns in ihren Bann. Für viele Fahrtensegler ist Grenada ein beliebtes Ziel für die Hurrikansaison, auch, weil es unterhalb des Hurrikangürtels liegt.

Zufällig begegnen wir Segelfreunden aus Neuseeland und Australien, mit denen wir Weihnachten unter Palmen feiern. Der intensive Austausch mit Freunden ist das Wichtigste auf unserer Reise. Wir sind mit unserem Ärger, unseren Problemen, Zweifeln und Ängsten nicht allein.

Dann wieder Abwechslung. Für zwei Wochen kommen Freunde aus der Schweiz an Bord. Wir erkunden Grenada und die benachbarten Grenadines – paradiesische Inseln, die zu unseren Lieblingsspots in der Karibik werden. Silvester tanzen wir zu Steel-Drum-Rhythmen barfuß im Sand.

Im schwarzen Loch

Nachdem die entspannte Tour durch den Garten Eden vorbei ist, fallen Kerstin und ich unvermittelt in ein tiefes Loch. Wir sind wieder mit uns allein, mit allen Konsequenzen. Beide spüren wir ein Gefühl der Leere. Die Absurdität dessen ist uns bewusst und verstärkt das Unbehagen. Wir leben doch unseren Traum – oder etwa nicht? Jeder ist mit sich selbst beschäftigt. Wir sprechen wenig und gehen in der Enge des Bootes auf Distanz.

Es muss sich schleichend angekündigt haben, ohne dass wir es wahrhaben wollten. Die Aufs und Abs der letzten Monate haben sich nicht nur auf dem Wasser, sondern auch in unserem Seelenleben abgespielt. Überlagert und verdrängt von neuen Erlebnissen. Die letzten Monate sind atemlos an uns vorübergejagt und haben uns auf der Strecke zurückgelassen.

Die Zeit in der Karibik war wunderschön. Möglicherweise wollten wir diesen Gefühlszustand für immer konservieren. Die Träume und Ziele waren erfüllt. Der Zustand, auf den wir hingearbeitet hatten. Unsere Sinnsuche ist beendet.

Dass es nicht ewig so weitergeht, war klar. Zehntausende von Seemeilen und palmengesäumte Traumstrände aufgereiht wie an einer Perlenkette – irgendwann würde auch das zum Alltag werden. Die nächste Ozeanpassage, die nächste Insel, der nächste Palmenstrand. Auch die nächsten Reparaturen, die nächsten Sorgen, der nächste Kraftakt. Ist unsere Leidenschaft für dieses Leben noch groß genug? Wiegt sie das auf, was wir vermissen? Den intensiven Austausch mit Freunden und Familie. Stadtleben, Kunst und Kultur. Und vielleicht auch die vermeintliche Sicherheit, die es in einem Leben unterwegs nie gibt. Früher oder später wird sich die Frage stellen: Sind wir angekommen, wo wir wollten? Ist das Paradies wirklich unser Paradies? Die Leere, die wir beide spüren, ist groß wie noch nie.

Mitten in dieser zwiespältigen Zeit hat Kerstin Geburtstag. Auf Facebook liest sie neben vielen guten Wünschen mehrfach die nett gemeinte Frage: »Was kann man dir denn noch wünschen? Du lebst doch schon im Paradies!« Niemand ahnt, wie es in uns aussieht.

Wir brauchen eine Auszeit. Eine Auszeit vom Boot. Unsere besten Freundinnen machen gerade Urlaub in Florida, mehrere Tausend Seemeilen von Grenada entfernt. Ohne zu wissen, was los ist, schlagen sie vor, dass wir spontan vorbeikommen. Für uns ein ersehnter Lichtblick. Eine Perspektive. Vier Stunden vor Abflug buchen wir die Tickets. Es tut gut, wieder enge Freunde in den Arm zu nehmen. Ihnen unser Seelenleben auszuschütten und zu reden. Einzutauchen in andere Gedanken. Über das Leben zu philosophieren. Pläne zu schmieden. Wieder Land zu sehen.

Die Auszeit von Trinity und unserem Leben auf dem Wasser tut uns beiden gut. Kerstin und ich beginnen, unsere Gedanken zu sortieren und Pläne zu schmieden. Auch wenn wir noch nicht wissen, wie es mit der Reise weitergehen wird.

Fragen tun sich auf: Wo wollen wir hin? Haben wir noch genug Motivation und Kraft? Den Wechsel aus Traumzielen und Reparaturen, das endlose Sich-an-den-schönsten-Plätzen-durch-die-Welt-Reparieren?

Sollten wir direkt zurück nach Europa segeln? Brauchen wir eine längere Auszeit vom Boot? Ein ganz neues Leben? Unsere Köpfe rattern. Unsere Herzen sind ratlos.

Zurück an Bord machen wir Trinity wieder startklar. Wir segeln nach Trinidad & Tobago, wo wir seit Längerem mit Kerstins Bruder verabredet sind. Tobago bietet traumhafte Strände. Trinidad – die spanische Übersetzung von Trinity – eignet sich weniger für einen Badeurlaub unter Palmen, ist aber angesichts der üppigen Natur ein Paradies für Naturliebhaber. Wir erleben hier eine Fusion aus Karibik und Indien. Die Hälfte der Einwohner hat indische Wurzeln, überall gibt es Roti und Chicken Tikka.

Trinidad bietet mit der Bucht von Chaguaramas nur einen einzigen wirklichen Anlaufpunkt für Segler. Sie liegt in der Nähe der Hauptstadt Port of Spain und verströmt den zweifelhaften Charme eines Industriehafens. Rund um die Uhr wird sandgestrahlt und gelärmt. Nachts ist die Bucht hell erleuchtet. Kein angenehmer Platz zum Liegen. Allerdings perfekt für Reparaturen aller Art – die Infrastruktur ist gut auf Yachten abgestimmt. Zudem ist sie ein geeigneter Liegeplatz für die Hurrikansaison. Und natürlich stehen wieder Reparaturen an.

Dann machen wir uns mit dem neuen Besuch an Bord wieder auf den Weg. In Trinidad gibt es kaum geschützte Buchten. Tag und Nacht rollen die Wellen an und machen das Ankerliegen ungemütlich.

Der Schlag von Trinidad nach Tobago ist nervenaufreibend. Mühsam müssen wir gegen Wind und Strom kreuzen. Plötzlich nähert sich von Backbord in rasender Fahrt eine Fischerboje, gefolgt von einer riesigen Herde Delfine. Zu unserem Entsetzen wird die Boje von einem Delfin gezogen, der sich in einem Fischernetz verheddert zu haben scheint. Voller Panik sprintet er durchs Wasser und verschwindet gen Horizont. Die anderen Delfine umspringen unser in voller Fahrt dahingleitendes Boot und scheinen uns auf die verzweifelte Lage ihres Freundes aufmerksam machen zu wollen. Fieberhaft gehen wir mögliche Rettungsszenarios durch. Keine Chance, wir würden die Delfine nicht einholen, sie sind viel zu schnell. Wohl oder übel müssen wir sie ziehen lassen. Was für Qualen der kleine intelligente Kerl erleiden muss. Und wir können nichts für ihn tun.

Nach der Ankunft auf Tobago versuchen wir, die Begegnung zu verdrängen. Die kleine Insel zieht uns mit ihrer Lebenslust schnell in ihren Bann. Überall liegt Musik in der Luft. Soca- und Calypso-Rhythmen tönen aus jedem Auto und jeder Hütte. Hier dreht sich alles um Liming, das süße Nichtstun, und Whining, einen nicht ganz jugendfreien Tanzstil.

Auf der Suche nach neuen Ankerbuchten tuckern wir unter Motor die Küste hoch. Plötzlich beginnt die Motordrehzahl stark zu schwanken. Wir öffnen die Bodenbretter und sehen, dass Diesel wild durch die Gegend spritzt. Die Dieselpumpe ist kaputt. Zum Glück haben wir Ersatz an Bord. Bei hohem Seegang wechseln wir die Pumpe, bemüht, die losen Bodenbretter und umherrutschenden Werkzeuge in Schach zu halten. Was uns am meisten zu schaffen macht, sind die Dieseldämpfe, die sich in der Bullenhitze unter Deck entwickelt haben. Übelkeit steigt auf. Doch die Mühen lohnen sich – der Motor springt wieder an und läuft wie ein Uhrwerk.

Nach wie vor ist unklar, ob und wie es mit unserer Zeit auf Trinity weitergehen wird. Eine Option ist nach wie vor der Pazifik. Aber es ist Mitte April. Das Zeitfenster für die Reise durch den Panamakanal – Januar bis März – haben wir für dieses Jahr verpasst. Aus Osten kommend sollten Segler bis Ende Februar an Kolumbien vorbeigesegelt sein. Danach drehen die Winde, die See wird äußerst ungemütlich. Freunde haben dort ihre Schiffe beschädigt. Zudem wäre die Zeit im Pazifik zu kurz. Im Oktober muss Neuseeland erreicht sein, dann beginnt die Taifunsaison. Bis dort sind es 7500 Seemeilen, zweieinhalbmal die Atlantikstrecke.

Wir beschließen, in der so lieb gewonnen türkisblauen Inselwelt der Grenadinen zu entspannen und über die weiteren Pläne nachzudenken.

Auf dem Weg nach Union Island kommt wieder einmal alles anders als geplant. Hart am Wind versuchen wir, den Inselhauptort Clifton zu erreichen. Nach langem mühsamem Kreuzen brechen wir den Versuch ab und gehen in der Chatham Bay auf der Rückseite der Insel vor Anker. Dort gefällt es uns so gut, dass wir bleiben. Um einzuchecken, wollen wir quer über die Insel nach Clifton wandern. Am Strand begegnen wir einem jungen Carib – einem der letzten Ureinwohner der Karibik –, den wir nach dem Weg fragen.

Die lange, schweißtreibende Tour führt uns bergauf und bergab, aber wir werden mit umwerfenden Ausblicken auf die türkise Inselwelt belohnt.

Bei unserer Rückkehr am Nachmittag treffen wir den jungen Carib wieder. Er stellt uns seiner Familie rund um den Rasta Pleasure vor, der am Strand eine kleine Bretterbudenbar betreibt. Wir werden herzlich aufgenommen.

Statt so schnell wie möglich weiterzuziehen bleiben wir einen ganzen Monat in der Chatham Bay. Wir verbringen viele Tage und Nächte gemeinsam mit unseren neuen Freunden, in der Bar am Strand und auf unserem Schiff. Pleasure begrüßt und verabschiedet uns stets mit dem Rastagruß »One Love«. Wir lachen viel, machen abends gemeinsam Musik, vertreiben die vielen Mücken und kochen abwechselnd füreinander. Unsere neuen Freunde nehmen uns in ihre Mitte auf und lassen uns an ihrem Leben teilhaben. Wir tauchen tief in diese Welt ein, die so ganz anders ist als unsere. Wir erleben etwas, das wir auf unserer bisherigen Tour durch die Karibik vermisst haben: echten, wahrhaftigen Kontakt zu den Menschen vor Ort. Wir erfahren, was sie bewegt. Was sie ausmacht. Wie sie leben. Und vor allem: was uns trotz aller äußeren Unterschiede verbindet. Das Leben in der Chatham Bay ist sehr einfach. Es gibt weder fließend Wasser noch Strom. Unsere Freunde wohnen in einfachen, offenen Holzhütten. Lebensmittel und Getränke müssen über steile Pfade durch die sengende Hitze in die Bucht zum Strand getragen werden. Schwere Bierkisten und Eisblöcke für die Kühltruhe.

Trotz der widrigen Umstände wirken alle Bewohner lebensfroh und glücklich. Sie strahlen Ruhe und Gelassenheit aus. Leben im Hier und Jetzt, sind dankbar für das, was sie haben, und zerbrechen sich nicht den Kopf über Eventualitäten und mögliche Engpässe. Wir sind beschämt, dass wir an unserem Leben im Paradies zweifeln. Uns ein Stück weit in die Zivilisation zurücksehnen und mit uns selbst beschäftigt sind.

An der Bar lernen wir andere Einheimische kennen. Sie werden nicht mit richtigem Namen, sondern nach auffälligen Merkmalen gerufen: »Straight Pants«, der nur lange, gerade geschnittene Hosen trägt. »Ding Dong«, der nicht ohne sein Handy kann. »Mango«, der verrückt danach ist. Und Pleasure, dessen Lebensfreude, Rastaweisheit und musikalisches Talent immer positive Energie ausstrahlen.

Weil die nächste Hurrikansaison unmittelbar bevorsteht, müssen wir weiterziehen. Nur mit Mühe schaffen wir den Absprung.

Nun drängt die Entscheidung, wie und wo wir die diesjährige Hurrikansaison verbringen werden: im Süden der Karibik oder ein weiteres Mal in den USA. Wir sind nach wie vor bootsmüde. Uns ist absolut nicht danach, Tausende von Meilen über den Ozean zu segeln. Und auch nicht danach, den Sommer im heißen, schwülen Süden der Karibik zu bleiben.

Endlich löst sich der quälende Knoten. Wir entscheiden uns, den Sommer in Deutschland zu verbringen. Allerdings wird die Suche nach einem sicheren Landliegeplatz für Trinity zur unerwarteten Herausforderung. Die meisten Bootswerften sind längst ausgebucht. Die Snowbirds scheinen in diesem Frühjahr nicht zurück gen Norden ziehen zu wollen. Wir suchen fieberhaft und werden schließlich ganz im Süden in Trinidad fündig.

Wir legen Trinity in die Werftmarina und bereiten sie auf ihren Landaufenthalt vor. Das ist aufwendiger als gedacht. Es gibt eine Menge vorzubereiten. Häufig gehen die Batterien von Schiffen auf Landurlaub kaputt, weil sie über Monate nicht geladen werden. Starke Hitze und große Feuchtigkeit können unter Deck zu Schimmelbildung führen. Zudem muss verhindert werden, dass Kakerlaken und andere Insekten an Bord einziehen. Wir haben von einem Fall gehört, in dem gefräßige Termiten die komplette Inneneinrichtung eines Bootes aufgefressen haben. Wir googeln und youtuben uns durch die Lösungsmöglichkeiten.

Dann steht Trinity mit Stahlketten am Boden fixiert im verschlossenen Hochsicherheitsbereich der Werft. Wir wollen beruhigt nach Deutschland fliegen. Die Kriminalitätsrate in Trinidad ist hoch und wir befinden uns im Hurrikangebiet.

Wie sicher der Bereich ist, merken wir, als wir nach der Kranung zu unserem Schiff wollen, um noch ein paar Arbeiten zu erledigen. Nicht möglich. Wir werden nervös. So viel ist noch zu tun. Dank unserer Hartnäckigkeit bekommen wir schließlich vom Management eine Sondergenehmigung. Wie immer werden wir erst auf den allerletzten Drücker fertig. Wir engagieren einen Freund, der chronisch pleite durch die Karibik segelt und den Sommer in Trinidad verbringen wird.

Er soll ein Auge auf Trinity haben, sie sauber halten und nach dem Rechten sehen.

In Deutschland erleben wir eine intensive Zeit. Treffen Freunde und verbringen Zeit mit unseren Familien. Reden viel, eruieren und diskutieren mögliche Szenarien für die Zukunft. Prüfen Business-Ideen und wägen lukrative Angebote ab, die sich in unserem alten Berufsumfeld auftun. Dabei kommen Fragen auf. Wir horchen in uns hinein. Das Leben in der Zivilisation tut gut, wir bekommen jede Menge Inspirationen und genießen den heißen Sommer im pulsierenden Berlin. Deutschland wird zum vierten Mal Fußballweltmeister.

Der Aufenthalt macht uns allerdings auch klar, dass es uns noch nicht wieder reizt, in bekannte Gewässer zurückzusegeln. Es ist eine Art Zivilisationsschock. Wahrhaftigkeit, Sinn und Muße kommen uns hier viel zu kurz. Wir sind noch nicht fertig mit unserer Reise, mit der Erkundung der Welt unter Segeln. Wir haben den Mut, die Neugier, die Abenteuerlust und die Liebe zur See doch noch nicht verloren.

Heute liegt uns per Flieger die ganze Welt zu Füßen. Viele Destinationen sind nur noch einen gefühlten Katzensprung entfernt. Im Vergleich mit dem Segeln fühlt sich das wie Beamen an. Doch als Jet-Touristen blenden wir aus, was auf dem Weg liegt: Länder, Menschen, Inseln, Kulturen und die damit verbundenen perspektivverändernden Erlebnisse werden im wahrsten Sinne überflogen. Kerstin und ich haben jetzt die einmalige Chance, das zu ändern und unser Leben durch dieses Erleben zu intensivieren.

Zurück in der Heimat wird uns klar, was für ein großartiges Geschenk uns das Leben gerade macht. Wir spüren eine tiefe Dankbarkeit, dass wir schon so viele wunderschöne Orte und einzigartige Menschen auf unserem Weg kennenlernen durften. Und dafür, dass wir weiterhin die Chance haben, noch viel mehr davon zu entdecken. Wir haben ein sicheres, perfekt ausgerüstetes Schiff, das mehr oder weniger segelfertig in der Karibik darauf wartet, uns weiter durch die Welt zu tragen. Wir wären wahnsinnig, das alles jetzt abzubrechen. Wir bekommen Zuspruch und Ermunterung. Die Entscheidung ist gefallen. Wir suchen neue Abenteuer auf See.

Härtetest in Höllenhitze

Voll Vorfreude sitzen wir im Flieger nach Trinidad. Zurück vor Ort wird unsere neue Euphorie jäh ausgebremst. Die Monate an Land mit Hitze, Stürmen, Regenzeit und extremer Luftfeuchtigkeit haben unserem Schiff zugesetzt.

Innen ist zwar alles in bester Ordnung. Feuchtigkeit und Schimmel haben Trinity dank eines Luftentfeuchters glücklicherweise verschont. Außen ergibt sich ein völlig anderes Bild. Die schwarzen Fugen zwischen den Planken unseres Teakdecks haben sich weitestgehend aufgelöst. In manchen klebt noch ein kläglicher Rest der zähen schwarzen Masse. So können wir auf keinen Fall aufbrechen. Das Deck wäre offen, Salzwasser könnte eindringen. Sehr schnell würde sich das Teak vom Schiff lösen. Das darunterliegende Aluminium würde von Löchern zerfressen werden.

Wir fragen mehrere Spezialisten nach Kostenvoranschlägen und Timings. Doch das fällt mehr als ernüchternd aus. Da gerade Hochsaison ist, belaufen sich die Zeitschätzungen auf mehrere Monate. Das günstigste Angebot liegt bei stolzen 6000 US-Dollar. Das ist nicht drin.

Wir müssen selbst ran. Zu allem Überfluss hatte ich in Deutschland eine Knie-OP. Die Ärzte gaben mir die strikte Anweisung, vorerst bloß keine Arbeiten auf den Knien zu erledigen. Somit wird der Teakjob wohl oder übel zu Kerstins Projekt. Ohne das nötige Know-how und bei sengender Hitze. Mit Stecheisen bewaffnet macht sie sich daran, die klebrige Masse aus mehr als 100 Metern Fuge herauszukratzen. Schon nach kurzer Zeit sind ihre durch das Segeln abgehärteten Hände voller Blasen. Danach müssen die sorgfältig abgeklebten Fugen wieder neu gefüllt werden. Das schwarze Zeug ist hartnäckig, nichts darf danebengehen.

Überall ist schwarze Schmiere, vor allem unter Kerstins Füßen und Fingernägeln. Die lässt sich nicht mehr entfernen, sondern muss herauswachsen. Abends steht sie endlos unter der Dusche.

Auf allen vieren kriecht Kerstin über das Deck, das sich während der Arbeit zu vergrößern scheint und sie nachts in ihren Träumen heimsucht. Der Schauplatz ihres verzweifelten Kampfes gegen die Zeit, mit Fugenmasse und Klebeband, liegt noch dazu unter einer riesigen Zeltplane. Der Wecker klingelt um 4.30 Uhr, damit sie die Morgenkühle zum Arbeiten nutzen kann. Mittags herrschen unter der Plane 50 Grad Celsius. Kerstin flucht so gut wie nie. In diesen Tagen ändert sich das.

In der Regenzeit gibt es immer wieder monsunartige Wolkenbrüche. Leider ist das Zeltdach nicht dicht. An Mast, Wanten und Stagen läuft Wasser herunter und sammelt sich an Deck. Auf keinen Fall darf es in die offenen Fugen laufen. Wir versuchen verzweifelt, der Wasserflut mit Eimern und Schwämmen Herr zu werden und sie von den Fugen fernzuhalten. Ein Kampf gegen Windmühlen.

Um die Sache zu beschleunigen und um Kerstin zu entlasten, engagieren wir einen Freund. Doch schon nach wenigen Stunden schmeißt er den Job. Zu anstrengend.

Mir bereitet das Hochklettern auf das Boot große Schmerzen. Trotzdem versorge ich Kerstin mit Wasser, Sandwiches und aufmunternden Worten, um sie wenigstens etwas unterstützen zu können. Parallel kümmere ich mich um unsere wieder lange Fun-Liste: Motor, Hydraulik und Rigg müssen überarbeitet werden. Jede Menge Ersatzteile beschafft werden. Eine tropfende Luke im Vorschiff ersetzt werden. Das Antifouling benötigt Nachbesserung. Nach etwas mehr als einem

Jahr – und dem Vorfall in St. Barth – brauchen wir auch schon wieder neue Starterbatterien.

Das Teakdeck ist versiegelt. Der Spuk hat ein Ende. Für einen kurzen Moment atmen wir durch. Vielleicht kann es jetzt mit zweiwöchiger Verzögerung doch endlich losgehen. Doch dann tut sich eine weitere Baustelle auf. Eine noch viel größere. Der weiße Lack rund ums Deck und an den Decksaufbauten hat an vielen Stellen Risse. Dadurch gelangt Wasser unter den Lack. Und dort fängt es an zu arbeiten. Nach und nach wird das Aluminium angefressen. Leider sind die Blasen nicht nur optische Mängel.

Das nächste Großprojekt zeichnet sich ab. Zuerst wollen wir uns einen Überblick über das Ausmaß der Aufgabe verschaffen und beginnen damit, die Blasen im Lack aufzustemmen und den Lack direkt abzuschleifen. Zu unserem Entsetzen stellen wir fest, dass das Deckshaus mit unebenen Stellen übersät ist. Offensichtlich wurden sie irgendwann gespachtelt. Nun löst sich die Spachtelmasse an vielen Stellen vom Aluminium ab. Sobald wir Lack abziehen, vergrößert sich diese Stelle durch die abfallende Spachtelmasse rasant – von der Größe einer Münze wachsen die Löcher auf die eines Basketballs.

Als die meisten der maroden Lackstellen geöffnet sind, wird das ganze Ausmaß der Katastrophe sichtbar. Trinitys eigentlich so elegantes Deck sieht aus wie eine Mondlandschaft. Überall klaffen Löcher.

Auch die alten, verrottenden Solarpaneele, die vor Urzeiten aufs Deckshaus geklebt wurden, sollen weg. Sie sitzen bombenfest. Da diese dünnen Paneele sehr scharfe Aluminiumkanten haben, versuchen wir vorsichtig, sie Stück für Stück hochzustemmen und zu lösen. Das ist schwieriger als gedacht. Sie rühren sich nicht vom Fleck.

Ungeduldig packe ich ein Paneel mit beiden Händen und versuche, es mit Gewalt runterzureißen. Eine schlechte Idee. Es ist Mittag und unter der Plane sind es mal wieder über 50 Grad Celsius. Meine Hände sind feucht. Ich rutsche ab. Wie ein Stromstoß durchfährt der Schmerz meinen Körper. Ich schreie laut auf. Und schaue hin. An der scharfen Alukante habe ich mir eine Fingerkuppe abgetrennt. Blut spritzt über das Deck. Kerstin rennt, um Verbandszeug und Desinfektionsmittel zu holen. Die Wunde blutet stark. Der Verband, den Kerstin mir anlegt, ist sofort mit Blut durchtränkt. Sie erneuert ihn mehrfach. Dabei wird ihr jedoch so flau, dass sie sich auf die Bank im Cockpit legen muss. Kerstin kann kein Blut sehen. Der »Medizin auf See«-Kurs vor unserer Abreise hatte sie zwar ein Stück weit abgehärtet, aber eben nicht ganz.

Als sie sich einigermaßen erholt hat, erklärt sie mir entschlossen, dass sie das Projekt »Solarpaneele entfernen« alleine zu Ende bringen wird. Natürlich protestiere ich. Aber vehement verlangt sie von mir, dass ich mich ausruhe und die frische Wunde schone. Sogleich streift sie sich robuste Arbeitshandschuhe über und geht ans Werk. Immer im Wechsel stemmen, ziehen, stemmen, ziehen. Plötzlich ein Aufschrei. Genau an der Kante des Handschuhs hat die scharfe Klinge der Paneel-kante durch ihre Haut gezogen und eine klaffende Schnittwunde hinter-lassen. Jetzt wird ihr schwarz vor Augen. Sie schafft es gerade noch auf die Bank im Cockpit. Diesmal verarzte ich sie. Noch heute erinnert eine schief verwachsene Narbe oberhalb ihres Handgelenks an unsere schmerzhafte Hauruckaktion. Meine Fingerkuppe ist zum Glück kom-plett verheilt.

Aus dem Vorhaben, einige Lackstellen an Deck auszubessern, ist ein neues Mammutprojekt geworden. Wir haben zwar schon die ein oder andere Ausbesserung am Lack vorgenommen. Aber noch nie größere Flächen Aluminium gespachtelt, präpariert, lackiert. Das Thema ist uns über den Kopf gewachsen.

Zu allem Überfluss steht Weihnachten vor der Tür. Nahezu alle Fahrten-segler und Werftarbeiter verbringen die Feiertage bei ihren Liebsten zu Hause. Kerstin und ich sind allein auf der trostlosen, mit Stacheldraht umzäunten Werft, über der ein Wachturm thront. Wir fühlen uns wie im Arbeitslager. Inzwischen sind wir kurz davor, doch alles hinzuschmei-ßen. Das Schiff auf der Stelle zu verkaufen wäre in diesem Zustand aller-dings undenkbar. Wir würden nur einen Bruchteil von dem bekommen, was Trinity wert ist. Dafür haben wir schon zu viel investiert. Außerdem hatten wir entschieden, weiterzusegeln. Wir sind so kurz davor, den Pazifik zu entdecken. Der Panamakanal liegt nur etwa 1000 Seemeilen entfernt, quasi um die Ecke. Das Zeitfenster für die Fahrt zum Kanal beginnt sich allerdings schon wieder zu schließen. Zögerlich flackert unser Kampfgeist auf. Wir wollen hier nicht versauern.

Erneut holen wir Angebote von ortsansässigen Spezialisten ein. Sie reiben sich die Hände. Das mit Abstand günstigste Angebot liegt bei 20 000 US-Dollar. Wegen der feuchten Witterungsbedingungen werden drei bis vier Monate Arbeitszeit veranschlagt. Beides erneut undenkbar für uns. Mit dem Mut der Verzweiflung beschließen wir, auch diese Aufgabe selbst in Angriff zu nehmen. Wie das gehen soll, steht in den Sternen.

Im Licht der untergehenden Sonne sitzen wir mit hängenden Köpfen an Deck. Plötzlich merken wir durch das Rascheln der Zeltplane, dass jemand die Leiter hochklettert. Es ist der sympathische, energiegeladene Hafenmeister der Werft, den ich eben noch verzweifelt um Rat gefragt habe. Ragga ist ein weißer Rasta mit wild gelockten blonden Haaren und stammt aus St. Vincent. Er hat eine echte Hafenarbeiter-Schnauze, ist viel herumgekommen und hat lange in den Niederlanden gelebt. Nun wohnt er auf einer an Land aufgebockten Segelyacht mit Hurrikanschäden, die er in seiner knappen freien Zeit komplett restauriert.

Breit grinsend fragt er, was los sei. Als unser Leid nur so aus uns heraussprudelt, antwortet er fröhlich: »Das ist doch kein Problem. Und machbar. Ich werde euch helfen!« Er beginnt sofort, unser Zeltdach zu optimieren. Sein Vater hatte ihm in Kindertagen im Busch gezeigt, wie mit einfachsten Mitteln aus einer Plane, ein paar Stangen, Deckeln von Plastikwasserflaschen und ein paar Schnüren ein wasserdichtes Dach entsteht. Etwas später spannt sich ein eindrucksvolles Dach über Trinity. Der prasselnde Tropenregen kann uns nichts mehr anhaben. Als Nächstes greift Ragga zum Winkelschleifer und demonstriert uns, wie Lack und Spachtelmasse vom Deckshaus entfernt werden können. Es staubt fürchterlich. Wie in einem überdimensionalen Mehlbeutel. Ich sehe, wie Kerstin bleich wird. Ragga und ich schicken sie zurück in unsere Unterkunft, die wir zum Glück für die Zeit der Großbaustelle gemietet haben. Kerstin hat schon genug gelitten. Nun wird es deftig. Über Stunden stehen Ragga und ich – jeder mit einem Winkelschleifer bewaffnet – im dicken Staubnebel. Atmen ist kaum möglich. Die Augen unter unseren Schutzbrillen brennen. Bis in die frühen Morgenstunden dauern die Arbeiten an.

Am nächsten Morgen schlafe ich aus. Bis Kerstin ins Zimmer stürmt. Sie kann nicht fassen, was sie auf der Baustelle gesehen hat. Das Decks-

haus und die Fußreling sind komplett abgeschliffen. Ohne Raggas Tatkraft und Hilfe hätte ich Tage dafür gebraucht. Ragga fackelt nicht lange, er macht einfach.

Nachdem die Vorarbeit schneller als erwartet erledigt ist, kann der Lackaufbau beginnen. Das Aluminium muss zunächst mit einer Speziallösung abgewaschen und dann grundiert werden. Anschließend spachteln wir, was das Zeug hält, um wieder glatte Flächen zu haben. Auch das Spachteln bringt uns Ragga bei. Nach dem Durchtrocknen wird die Fläche mit einer speziellen Farbe vorbereitet, bevor mehrere Schichten Lack aufgetragen werden. Das Ganze zieht sich über Wochen. Immer wieder sorgen heftige Regenschauer für feuchte Luft, die das Lackieren unmöglich macht. Zudem sind weder das Fabrikat unseres Lacks noch der Farbton auf Trinidad erhältlich. Ärgerlich, weil der Rest des Bootes mit der alten Farbe lackiert ist. Wir müssen aus mehreren Farben mischen und brauchen einige Anläufe, bis es passt. Das Lackieren selbst gerät zur Zitterpartie. Über große Flächen muss der Lack einheitlich aussehen. Es dürfen weder Staubkörner noch Pinselhaare hineingelangen. Dank Youtube lernen wir die »Roll & Tip«-Technik kennen. Das Ergebnis sieht fast aus wie gesprüht.

Ragga steht uns in seiner knappen Freizeit immer wieder mit Rat und Tat zur Seite, ohne eine Gegenleistung zu verlangen. Er mag uns und möchte helfen. Ein echter Freundschaftsdienst. Wir lernen viel von ihm. Zugleich gelingt es ihm immer wieder, uns mit seiner fröhlichen, positiven Art aus den immer wieder aufziehenden Stimmungstiefs herauszulotsen.

An Heiligabend holt uns dennoch der Blues ein. Wir vermissen unsere Familien in Deutschland. Einsam arbeiten wir von frühmorgens bis in den späten Abend an unserem Schiff. Kurzerhand lädt uns Ragga auf sein Schiff ein und zaubert ein karibisches Weihnachtsdinner. Wir feiern mit ihm und einigen seiner Freunde bis tief in die Nacht. Am nächsten Tag begleiten wir ihn zu einem traditionellen Trinidad-Christmas-Lunch bei Freunden auf eine Nachbarinsel. Ein unvergessliches Weihnachtsfest. Wir sind demütig und dankbar.

Von nun an kocht Ragga jeden Abend für uns auf seinem Boot. Nach dem Essen entführt er uns mit Gitarre und Gesang in eine andere Welt. Wir sind umgeben von einer wechselnden Community an Weltenbummlern, Einheimischen und internationalen Fahrtenseglern. Obwohl Ragga kaum Geld hat, ist er großzügig und lebt aus dem Vollen. Das Leben ist zu kurz, um es nicht zu genießen.

Die kleinen Auszeiten vom harten Arbeitsalltag auf der Baustelle tun uns gut. Langsam beginnt sich unsere Sicht auf die Welt zu verändern. Verzweiflung weicht einem offenen Blick auf Neues, Unbekanntes. Selbst das vorher eher feindselig anmutende Trinidad verändert sich plötzlich. Wir entdecken die faszinierenden Seiten dieses Landes. Einen nur wenige Kilometer von unserem Arbeitslager entfernten wildromantischen Wasserfall mit Badesee mitten im Dschungel. Einsame Badebuchten. Wir waschen uns die Großbaustelle von Körper und Seele.

Ragga bringt uns auch das Angeln näher. Seit drei Jahren schleppen Kerstin und ich eine professionelle Ausrüstung mit, die wir noch kein einziges Mal benutzt haben. Wir haben Probleme mit dem Töten. Auch der Gedanke, einen unserer »Nachbarn« zu killen, bereitet uns Unbehagen. In Trinidad lernen wir, welcher Köder welche Fische anzieht. Für Ragga, der schon als Kleinkind mit dem Angeln begonnen hat, ist das so selbstverständlich wie Zähneputzen. Als wir das erste Mal zum Angeln aufs Meer rausfahren, ziehe ich in wenigen Minuten zwei Zehn-Kilo-Prachtstücke aus dem Meer. Mein karibischer Spitzname ist geboren: »Two Fish«.

Wieder einmal sind es die Menschen, die einen anfangs eher abschreckenden, uncharmanten Ort so besonders machen und uns eine neue Seite des Lebens zeigen. Zu Ragga entwickelt sich im Laufe der Zeit eine tiefe Freundschaft.

Durchatmen

Mit zweimonatiger Verspätung ist Trinity bereit für die Rückkehr in ihr Element. Euphorisch und mächtig stolz begleiten Kerstin und ich den Truck, der unser Boot vom Landliegeplatz zum Kran transportiert. Der riesige Travellift hebt unsere Lady sanft ins Wasser. Jede Menge Felsbrocken fallen uns vom Herzen. Und sofort packt uns wieder die Faszination des Lebens auf dem Wasser. Das sanfte Schaukeln des Bootes fühlt sich wunderbar an.

Zudem wartet die ultimative Belohnung für die vielen Mühen. Der Trinidad-Karneval ist nach Rio de Janeiro die zweitgrößte Karnevalsparty der Welt. Er ist das Highlight des Jahres im Kalender und sogar Schulfach. Die Einheimischen und zahllose Plakate versprechen »The Wildest Party On Earth«. Wir sind mehr als gespannt und freuen uns auf ausgelassenes Feiern, bevor wir weiterziehen. Von überall her reisen die Partyverrückten an, um entfesselt mitzufeiern. Wenn der Karneval auf den Höhepunkt zusteuert, ist keiner mehr zu halten.

Wir haben schon viele Partys in unserem Leben gefeiert. Aber das hier ist die Krönung. Die spannendsten Events wie Insomnia und J'Ouvert beginnen spät nachts und gehen bis in den Vormittag. Wenn dann gnadenlos die Sonne aufgeht, rächt sie sich unbarmherzig an allen, die ihre Sonnenbrille vergessen haben. Der J'Ouvert wächst sich im Laufe der Nacht zu einer exzessiven Straßenparty aus. Musiktrucks fahren im Konvoi durch Port of Spain, begleitet von einer pulsierenden Masse. Das Ganze mündet in eine wüste Schlamm- und Farbschlacht. Nach kurzer Zeit sind auch wir über und über mit Farbe und Schlamm bedeckt. Unser Ticket in die enthemmte Unkontrolliertheit des Seins. Wild und ausgelassen tanzen wir in der entfesselten Menge durch den jungen Morgen. Der Verstand hat Pause.

Inzwischen heißt unser Motto »Work hard, play hard«. Die Fun-Liste wird kürzer. Um größere Besorgungen zu machen oder entlegene Ecken zu erkunden, mieten wir ab und zu ein Auto. Die einzige Autovermietung vor Ort könnte »Rent-A-Wreck« heißen: Sämtliche Autos sind zerbeult und in einem miserablen Zustand. Herabfallende Türverkleidungen gehören zu den kleineren Mängeln. Richtig brenzlig wird es, als wir im dichten Verkehr auf der Überholspur einer sechsspurigen Autobahn unterwegs sind. Plötzlich fällt die gesamte Elektronik des Wagens aus. Nichts geht mehr. Irgendwie schaffen wir es, durch den dichten Verkehr auf dem Seitenstreifen auszurollen. Zum Glück springt der Wagen später wieder an. Doch selbst das lässt uns schmunzeln. Wir haben es geschafft, wir haben den Beat der Karibik in uns aufgenommen. Die neue Gelassenheit erleichtert vieles und lässt uns entspannt in die Zukunft schauen.

Anfang März ist es dann so weit. Trinity ist klar für neue Abenteuer. Nach mehr als drei Monaten Trinidad nähert sich der Abschied. Der fällt uns wieder schwer. Völlig unerwartet wurde die lange Zeit von der düsteren Hölle zu einer aufregenden Erfahrung. Hätte uns Trinity nicht gezwungen, viel länger als geplant zu bleiben, wäre uns so vieles entgangen. Das Ungeplante, Unerwartete erweist sich als großes Geschenk.

Wieder stellt sich die Frage nach dem Wohin. Als wir Ende November mit neuer Motivation aus Deutschland zurückkehrten, war unser Ziel

der Panamakanal. Das Zeitfenster schließt sich gerade. Wir müssten loshetzen und hätten viel zu wenig Zeit für die Inseln des Pazifiks. Also entscheiden wir uns dagegen. Kein Stress. Das haben wir gerade gelernt.

Wir überlegen hin und her und ändern immer wieder unsere Pläne. Bis sich die Route ganz von selbst ergibt. Eines Morgens beobachten wir fasziniert, wie eine stattliche historische Motoryacht zu Wasser gelassen wird. Sie gehört dem Werftbesitzer und wird in Kürze Kurs auf die Bahamas nehmen, wo er mehrere Monate an Bord verbringen möchte. Ragga wird als Bootsmann mit von der Partie sein. Als der Werftbesitzer unsere bewundernden Blicke bemerkt, sagt er: »Kommt doch einfach mit auf die Bahamas.« Kerstin und ich schauen uns an. Die Bahamas sind unser nächstes Ziel. Und dann werden wir weitersehen.

Wir können es kaum erwarten, loszusegeln. Doch unsere neuen Freunde machen uns den Abschied schwer: »Ihr könnt hier nicht mehr weg. Ihr seid inzwischen zu echten Trinis geworden!« Ragga findet die richtigen Worte: »Sagt nicht ›Goodbye‹, sondern ›See you soon‹.« In seinem Fall entspricht es der Realität. Wir werden uns in ein paar Wochen auf den Bahamas wiedersehen.

Dann zeichnet sich ein passendes Wetterfenster für den Aufbruch ab. Im Morgengrauen geht es mitten durch Piratengebiet nach Grenada. Nach langer Ozean-Abstinenz sind wir endlich wieder unterwegs. Starker Wind und hohe Wellen sorgen dafür, dass Trinity über das Wasser fliegt. Wir werden mit einem grandiosen Segeltag für die viele Arbeit belohnt. Die 86 Seemeilen zu unserem ersten Etappenziel sind bereits am frühen Nachmittag geschafft.

Da wir nun schon viel von der Karibik kennen und lieber Neues entdecken wollen, segeln wir immer längere Strecken. Auf unserer Lieblingsinsel Bequia legen wir einen Stopp ein, um uns von ihr und liebgewonnenen Freunden zu verabschieden.

Auf Martinique bunkern wir Proviant für die nächsten Monate, vor allem Milch, Käse, Wasser, Bier und Wein, die in der übrigen Karibik fast schon Luxusgüter sind. Außerdem bekommen wir Ersatzteile fürs Boot, die es auf Trinidad nicht gab. Diesmal mieten wir ein Auto und machen eine ausgedehnte Inseltour. Auf einer Wanderung entlang des Canal des Esclaves werden wir mit spektakulären Ausblicken belohnt.

Vor der Weiterreise fährt Kerstin mit dem Dinghy für letzte Einkäufe an Land und kommt tief bewegt zurück. Mit Tränen in den Augen
erzählt sie von einem Mann, der unter Mühen seine Einkäufe in Richtung Dinghy-Steg schiebt. Er bewegt sich auf eine wackelige Art, wirkt
unsicher und unbeholfen. Als sie ihm beim Beladen seines Dinghys
helfen will, bricht es aus ihm heraus. Unter Tränen bedankt er
sich und erzählt, dass ihm nie jemand Hilfe anböte, sondern ihn alle nur
befremdlich mustern würden. Er wohne auf einem Boot und hätte vor
einiger Zeit einen Schlaganfall erlitten. Alles falle ihm schwer, aber er
wolle an Bord bleiben und würde sein Leben schon meistern. Nur die
Reaktionen der anderen und die ausbleibende Hilfe machten ihm sehr
zu schaffen. Er bedankt sich überschwänglich für Kerstins Beistand,
lehnt aber weitere Unterstützung ab. Er wolle sein Leben weiterleben
wie bisher und so lange wie möglich unabhängig bleiben. Wieder
werden wir daran erinnert, wie dankbar wir sein können. Wir sind
gesund. Trotz des vielen Ärgers mit Trinity geht es uns rundherum
gut.

Von Martinique haben wir noch 1000 Seemeilen bis zu den Bahamas vor
uns. Das Nonstop-Segeln macht richtig Spaß und der Wind ist nahezu
perfekt. Bei sternenklarem Nachthimmel dient mir der Abendstern als
Navigationshilfe. Die Nächte auf See sind wieder ein magisches Erlebnis.
Wie in einem anderen Universum und mit nichts zu vergleichen. Wir sind
hier draußen allein auf unserer kleinen, schwimmenden Insel. Kein Schiff
weit und breit. Keine Menschenseele. Um uns der weite Ozean. Über uns
eine wild funkelnde Sternenorgie. Unter uns der kilometertiefe Salzwas-
serpool voller geheimnisvoller Lebewesen. Beim Vorbeirauschen des Wassers an der Bordwand leuchtet grünes Plankton in der Gischt, als würden
sich die Sterne darin spiegeln. Um halb sechs taucht ein feiner oranger
Streifen am Horizont auf. Ein wunderschöner Sonnenaufgang bildet den
krönenden Abschluss der Nacht.

Nach sechs Tagen erreichen wir die Bahamas. Beim Einchecken in Mayaguana hoffen wir inständig, dass der seit Martinique stotternde Außenbordmotor durchhält. Zurückrudern wäre bei den großen Entfernungen
mit Wind gegenan eine Tortur.

Bei unserem Zwischenstopp auf Conception Island, der menschenleeren Bilderbuch-Insel, muss das ersehnte Entspannen leider ausfallen. Das Radargerät funktioniert nicht mehr. Und nun gibt auch der Außenborder endgültig den Geist auf.

In George Town, Exumas, treffen wir Ragga und die Motoryacht-Crew aus Trinidad. Wir verbringen viel Zeit zusammen, kochen, chillen und feiern. Ankern nebeneinander in der Schweinebucht bei Staniel Cay. Vor vielen Jahren hatte ein Franzose eine Population Hausschweine auf einer kleinen Insel ausgesetzt, um eine Nahrungsquelle zu haben. Der Mann ist Geschichte. Die Schweine sind geblieben und zur Touristenattraktion geworden. Wir füttern sie mit Möhren und Salat. Als die Vorräte erschöpft sind, bringen die ungehaltenen Kolosse beinahe unser Dinghy zum Kentern.

Während wir vor zwei Jahren nur so durch die Bahamas gejagt waren, lassen wir uns diesmal jede Menge Zeit für ausgiebige Inselerkundungen. Vor allem die Exumas begeistern uns: kristallklares Wasser, einsame Ankerbuchten. Eine Inselbewohnerin erzählt uns, dass sie jeden Morgen nach dem Aufwachen aus dem Fenster schaut und sich freut, auf dem schönsten Platz der Erde zu leben. So ging es schon ihren Vorfahren. Obwohl die Wohnverhältnisse mehr als einfach sind und jeden Sommer gewaltige Hurrikans drohen. Das ist Dankbarkeit.

Aus dem türkisen Inselidyll werden wir bald wieder unsanft auf den Boden der Tatsachen geholt. Der Außenbordmotor gibt keine Ruhe. Wir hatten kurzzeitig auf Rudern umgestellt, denn Bewegung kommt an Bord eindeutig zu kurz. Doch wegen Trinitys Tiefgang können wir nur weit vor den Inseln ankern, die Wege sind vor allem bei Gegenwind und -welle endlos und feucht. Bei einem Reparaturversuch fliegt ein mikroskopischer Stopfen über Bord. Auf den Bahamas gibt es keinen Ersatz. Zähneknirschend bestellen wir das Zwei-Dollar-Teil in den USA – plus 100 US-Dollar extra für Transport und Zoll. Wir müssen eine Woche warten. Der Stopfen trifft ein, der Motor springt dennoch nicht an. »Trial and Error« und weitere Bestellungen halten uns auf Trapp. Bis der Motor endlich wieder läuft, vergehen Wochen.

Von den Exumas aus erkunden wir Long Island, Cat Island, Eleuthera und die Abacos. Wir sind überrascht, wie vielfältig die Bahamas sind.

Manche Inselgruppen sind einsam und unberührt, andere strotzen nur so vor Ferienresorts, Strandbars und Urlaubern. Auch die Farben des Wassers variieren, genauso wie die Vegetation.

Inzwischen ist es Juni, wir befinden uns wieder offiziell in der Hurrikansaison. Ausgewachsene Stürme drohen laut einheimischen Freunden erst ab September, doch wir spüren die ersten Vorboten. In den Abacos zieht nur 100 Meter entfernt ein Tornado an uns vorbei.

Eigentlich hatten wir vor, im Sommer die uns unbekannte Westseite der Karibik zu erkunden: Mexiko, Belize, Costa Rica und Guatemala. Doch Berichte über Bürokratiehürden und schwül-heiße Monate in moskitoverseuchten Flussgewässern halten uns ab. Wir entscheiden uns, wieder in die USA zu segeln. Bei unseren Freunden in Annapolis können wir den Sommer und die perfekte Infrastruktur nutzen, um Trinity weiter auf Vordermann zu bringen. Immer noch träumen wir vom Pazifik.

Mit knapp 20 000 Seemeilen im Kielwasser blicken wir dem bevorstehenden 1000-Meilen-Trip nicht mehr mit Anspannung, sondern einer angenehmen Aufgeregtheit entgegen. Zwar brauchen wir immer noch ein, zwei Tage, um uns auf Bordroutine, Wachwechsel und unruhigen Schlaf einzustellen. Doch dann ist es wunderbar, wieder unterwegs zu sein.

Durchziehende starke Gewitter peitschen den Atlantik auf sechs Meter Welle auf. Ich starte meinen täglichen Kontrollrundgang an Deck. Kerstin schmiert unten in der Pantry ein paar Sandwiches. Ganz kurz blickt sie durch die großen Salonfenster nach oben an Deck, wo ich gerade etwas an der Reling festzurre. Entsetzt muss sie zusehen, wie sich in Sekundenbruchteilen der massive Spinnakerbaum aus seiner Halterung am Mast löst. Die obere Aufhängung ist gebrochen. Der fünf Meter lange Baum kippt kopfüber herunter, knapp an meinem Kopf vorbei. Mit einer Seite ist er immer noch am Fall befestigt. Wie ein riesiges Pendel schwingt er vor und zurück und kippt schließlich über die Reling. Dort bleibt er hängen und schlägt bei jeder Schiffsbewegung heftig gegen den Rumpf. Zusammen hieven wir den Baum an Bord und zurren ihn auf dem Deck fest.

Schlimmer geht immer

Nach fünf Tagen auf See erreichen wir den Eingang der Chesapeake Bay und gönnen uns in Little Creek bei Norfolk erst einmal Erholung. Ausschlafen, ausgiebig einkaufen in den riesigen amerikanischen Supermärkten. Unsere Stegnachbarn sind hilfsbereit, leihen uns ihr Auto und stellen uns Freunden vor.

Als wir aufbrechen wollen, streikt der Motor. Nichts tut sich. Auch viele Versuche später nicht. Wir verlängern den Liegeplatz. Erst der erfahrene Motorenflüsterer Lonnie, der Jahrzehnte für Navy und Coast Guard gearbeitet hat, bringt den Motor wieder zum Laufen.

In Annapolis fühlen wir uns sofort wieder zu Hause. Alles ist genau so, wie wir es vor zwei Jahren verlassen haben. Dafür ist die Fun-Liste länger denn je. Nur ein paar Monate nach der Zwangspause in Trinidad stehen wieder mehrere Großprojekte an.

Eine Komplettreinigung der beiden 500-Liter-Dieseltanks ist fällig. Womöglich lauern dort noch Rückstände der Dieselpest, die uns in Gibraltar heimgesucht hatte. Damit wagen wir uns nicht in den Pazifik. Nach ausgiebiger Recherche müssen wir einsehen, dass kein Weg an einer Reinigung per Hand vorbeiführt.

Um die Tanks unter den Bodenbrettern öffnen zu können, muss ein Großteil der Inneneinrichtung zerlegt werden. Möbel ausgebaut, die sperrige Klimaanlage herausgehievt werden. Hunderte Liter Diesel gefiltert und umgepumpt werden. Überall wabern Dieseldämpfe. Wir ziehen in das Haus unserer Freunde.

Ich bin zu groß für die Tankreinigung, Kerstin muss ran. Mit Gasmaske und Handschuhen hängt sie sich kopfüber in die Tanks und macht sich daran, eine rote, schleimige Masse von Böden und Wänden zu kratzen. Sie muss aufpassen, nicht in den Tank zu rutschen. Falls ich sie nicht rechtzeitig finden würde, könnte sie ersticken. Ich reinige parallel die riesigen Tankdeckel und 168 Bolzen und kaufe in einem Spezialgeschäft in Baltimore neue Dichtungen. Wir versiegeln die Tanks aufs Neue. Bauen Klimaanlage, Bodenplatten und Inneneinrichtung wieder ein. Und können endlich einen Haken an das Damoklesschwert machen, das seit Reisebeginn über uns hing.

Auch die Toilettentanks müssen dringend gereinigt werden – das übernehme ich. Ich beginne damit, die Inspektionsdeckel zu öffnen. Einer der Tanks steht unter enormem Druck. Plötzlich spritzt mir die braune Masse ins Gesicht. Eine Wartungsklappe geht zu Bruch, nur unter Mühen können wir Ersatz auftreiben. Und da wir nun einmal dabei sind, tauschen wir auch die alten Fäkalienschläuche aus.

Mit Unterstützung unseres Freundes Marshall und seiner gut ausgerüsteten Schreinerwerkstatt wagen wir uns an ein Optimierungsprojekt für den Salon. Trinity hat zwei Sitzecken mit Tisch, doch nur eine davon nutzen wir. Die andere wird in eine gemütliche Lounge-Ecke mit integrierten Staufächern verwandelt. Unser Zuhause gewinnt deutlich an Wohnqualität.

Die Neulackierung des Cockpits ist fällig. Wieder schleifen und spachteln wir und bauen dann Schicht für Schicht den Speziallack auf. Das Projekt zieht sich, weil es immer wieder regnet.

Wir bestellen weitere Solarpaneele. Da wir für die Aufhängung an der Reling kein fertiges System finden können, entwickeln wir eine eigene Rahmenkonstruktion und lassen sie von einem Schweißer anfertigen.

Wir bauen einen Regler ein, ziehen Kabel durchs Schiff und verbinden die neue Anlage mit unserem Energiesystem.

Der Warmwasserboiler fällt aus und benötigt ein neues Heizelement. Die Klimaanlage muss gewartet werden. Dann gibt plötzlich unsere bislang perfekt funktionierende Dieselheizung den Geist auf. Im Keller eingezwängt baut Kerstin die Heizung aus, bringt sie zum Laufen und baut sie später wieder ein. Solche Arbeiten sind inzwischen Routine für sie. Wer hätte das gedacht?

Da wir unserem Motor nicht mehr so richtig trauen, unterziehen wir ihn mithilfe von Lonnie, der extra anreist, einer Komplettüberholung. Installieren neue Schläuche, Kabel und Filter. Tauschen zum x-ten Mal die Starterbatterien aus. Wechseln die Dieselinjektoren und stellen die Ventile neu ein. Die uralte, schwarze Schaumisolierung des engen, verwinkelten Motorraumes bröckelt davon. Wir tauschen sie gegen moderne silberne Matten aus, was ewig dauert, aber ein großer Gewinn ist.

Der Schiffspropeller muss justiert werden. Trinity ist trotz des großen Motors viel zu langsam, was zu einem Sicherheitsrisiko werden kann. Doch in den riesigen USA will uns kein Propellerexperte helfen – der Propeller sei zu speziell. Wir müssen ihn nach Deutschland zum Hersteller schicken. Das geht erst, nachdem wir dort ein passendes Instrument bestellt haben, mit dessen Hilfe ein Taucher den Propeller abziehen kann. Ein weiteres Projekt, das wir uns deutlich unkomplizierter vorgestellt haben.

So ziehen die Monate vorbei. Mittlerweile ist es Herbst. Wir kämpfen mit stürmischen, regnerischen Tagen, die die Außenarbeiten immer wieder verzögern. Die vielen freiwilligen und unfreiwilligen Projekte brauchen ihre Zeit. Obwohl wir rund um die Uhr arbeiten. Wenn wir eine Baustelle beenden, sind wir voller Hoffnung, bald fertig zu sein. Immer wieder kommt es anders. Ungeplant befinden wir uns mitten in einem ausgedehnten Refit-Programm. Nach und nach bricht ein System nach dem anderen zusammen. Einen Schritt vor, zwei zurück. Von Tag zu Tag fällt es uns schwerer, uns gegenseitig zum Weitermachen zu motivieren. Zum Glück werden wir von Freunden aufgefangen und unterstützt. Auch dadurch, dass sie Kaffee vorbeibringen und mit einem Plausch den Frust lindern.

Wieder muss das Antifouling erneuert, der überarbeitete Propeller installiert und ein paar weitere Arbeiten am Unterwasserschiff erledigt werden. Trinity kommt auf die Werft. Wir arbeiten eine Woche lang täglich bis spät in die Nacht. In Anerkennung unserer harten, unermüdlichen Arbeit gewährt uns der Werftchef, der unsere Vorbildfunktion für sein eigenes Team lobt, einen satten Rabatt. Stolz lassen wir unser Boot zurück ins Wasser kranen.

Um den justierten Propeller zu testen, fahren wir auf die Chesapeake Bay hinaus. Trinity nimmt ordentlich Fahrt auf – Ziel erreicht. Nach wenigen Minuten plötzlich Alarm: Irgendwo muss ein Wassereinbruch sein! Fast zeitgleich dringt Qualm aus dem Schiffsinneren. Kerstin stoppt den Motor. Ich eile die Treppe hinunter und kann kaum die Hand vor Augen sehen. Was ist passiert? Feuer im Schiff? Sinken wir? Wir sind inzwischen weit draußen über tiefem Wasser.

Verzweifelt rufen wir Freunde an, die nicht lange fackeln und uns mit einer Motoryacht zu Hilfe eilen. Sie nehmen uns in Schlepptau. Gar nicht so einfach, denn Trinity ist viel größer als das andere Boot. Wir schaffen es mit Mühe in die Marina. Dort machen wir uns sofort in Motorraum und Achterkabine auf Spurensuche. Der Wassersammler zwischen Motor und Auspuff hat sich wegen Überhitzung aufgelöst. So konnte Wasser eindringen, die Auspuffgase breiteten sich aus. Statt Aufbruch gen Süden wartet ein neues Projekt. Wir beißen die Zähne zusammen und erneuern die defekten Teile. Bauen einen Überhitzungsalarm ein, damit so etwas nicht wieder passiert.

Als wir hoffnungsvoll den Aufbruch vorbereiten, quittiert unsere Heizung erneut den Dienst. Problemsuche und Ersatzteilbeschaffung werden zum Rennen gegen die Zeit. Wintereinbruch droht. Für Weihnachten sind wir eigentlich im Tausende von Seemeilen entfernten Kolumbien verabredet. Wir sagen schweren Herzens ab.

Dann bricht der Kühlschrank zusammen. Das gleiche Modell hat mehrere Monate Lieferzeit. Wir müssen Ersatz bestellen, der natürlich nicht in den Einbauschrank passt. Also muss dieser großflächig überarbeitet und der darunterliegende Boden abgesenkt werden. Der endlich eintreffende neue Kühlschrank ist beschädigt. Zurück damit und wieder warten, denn das Modell muss erst wieder bestellt werden.

Nichts geht auf unserem Schiff mal einfach so. Dank unserer Freunde, bei denen wir mittlerweile wieder wohnen, drehen wir nicht durch.

Mitte Dezember ist es so weit. Wir brechen endlich auf. Unser Etappenziel ist Charleston, North Carolina, das als Weihnachtsersatz für Kolumbien herhalten soll.

In einem Rutsch geht es die vertraute Chesapeake Bay hinunter. Im Schiffsbauch wummert sonor der frisch überholte Motor.

Kerstin macht sich fertig, um mich bei der Nachtwache abzulösen. Als ich mir gerade die Zähne putze, hören wir, wie der Motor abrupt stoppt. Ohne jede Vorwarnung. Wir setzen sofort Segel, doch bei wenig Wind treiben wir mit der Strömung flussaufwärts zurück nach Norden. Sechs Stunden lang versuchen wir erfolglos, den Motor wieder zum Laufen zu bringen. Selbst der aus dem Bett geklingelte Lonnie weiß keinen Rat mehr. Immerhin können wir das Problem eingrenzen. Die Einspritzpumpe hat den Geist aufgegeben.

Wir wollen die vertraute Marina in Little Creek ansteuern. Ein Anlegemanöver nur unter Segeln ist mit einer großen Yacht ein Novum für uns. Als der Wind endlich auffrischt, geht bereits die Sonne unter. Wir beschließen, in der Nähe des Hafens zu ankern, um bei Tageslicht die Ansteuerung zu wagen. Der Wetterbericht für die Nacht sieht gut aus. Nach 36 Stunden auf den Beinen kann ich endlich schlafen.

Am nächsten Morgen werden wir durch heftige Schiffsbewegungen geweckt. Heulender Wind! In der flachen Chesapeake Bay hat sich eine steile See aufgebaut. Trinity stampft in den Wellen. Plötzlich bricht die Kettensicherung, 100 Meter Kette rauschen lärmend aus. Wir versuchen, so schnell wie möglich den Anker aufzuholen. Doch ohne Motorunterstützung ist die Ankerwinsch machtlos. Erneut quillt das Hydrauliköl aus ihr heraus. Inzwischen hören wir, dass noch mehr Wind erwartet wird. Wir müssen dringend handeln und rufen ein Abschleppboot zu Hilfe. Dessen Kapitän kündigt an, sich auf den Weg zu machen. Bis er uns 30 Minuten später anfunkt: Wegen der heftigen Bedingungen können sie uns heute leider nicht helfen. Nach einem hysterischen Lachanfall entscheiden wir, alles auf eine Karte zu setzen. Vor Anker bleiben ist keine Option.

Als sich der Wind am Nachmittag etwas beruhigt, geben wir uns einen Versuch, den Anker aufzuholen. Wir setzen etwas Großsegel, um Fahrt ins Schiff zu bekommen und die Ankerwinsch zu entlasten. Und siehe da, es klappt!

Mit starker Gegenströmung segeln wir in die Hafeneinfahrt. Plötzlich ist der Wind weg, die zu beiden Seiten der Einfahrt stehenden Häuser schirmen ihn ab. Trinity lässt sich nicht mehr steuern. Wir treiben rückwärts, mitten in ein militärisches Sperrgebiet hinein. Schon werden wir von einem Boot mit Maschinengewehr im Anschlag lautstark aufgefordert, das Gebiet sofort zu verlassen.

Im letzten Moment erreichen wir per Handy unsere alten Stegnachbarn in der Marina. Sie lösen kurz entschlossen die Leinen ihres Segelbootes und halten auf uns zu – mit voller, typisch amerikanischer Weihnachtsbeleuchtung samt Rentier auf dem Bugkorb. Dann werfen sie eine Leine hinüber und ziehen uns in Richtung Liegeplatz. Kurz vor der Box löse ich die Schleppleine. Mit langsamer Fahrt gelingt es Kerstin, Trinity in die enge Box hineinzusteuern. Ich springe auf den Steg und werfe eine Leine um den Poller, um die 21 Tonnen Gewicht abzubremsen. Wenige Zentimeter vor dem Steg kommt unser Schiff zum Stehen. Mission geglückt. 60 Stunden nervenaufreibende Rettungsaktion finden ein gutes Ende. Merry Christmas!

Weihnachten und Silvester verbringen wir in Norfolk, inmitten von Stripmalls, Pick-up-Trucks, Fast-Food-Ketten und Militärzonen. Als wir die reparierte Einspritzpumpe abholen, kann uns niemand sagen, was genau sie zum Aufgeben gezwungen hat. Lonnie hilft uns mit dem komplizierten Einbau. Viele kleine Dieselleitungen müssen zerlegt und präzise montiert werden.

Unser nächstes Ziel ist Beaufort, eine Tagestour entfernt hinter Cape Hatteras gelegen. Wir möchten ausgiebig den Motor testen, bevor wir uns weiter wagen. Zudem ist ein Schneesturm im Anmarsch, den wir im Hafen abwettern wollen.

Das berüchtigte Cape Hatteras zeigt sich heute von seiner sanften Seite. In der Ferne sehen wir den gestreiften Leuchtturm auf der Spitze. Wir freuen uns über das gleichmäßige Brummen des Motors. Bis er wieder abrupt stoppt. Erneut ohne jedes Vorzeichen. Ein niederschmetterndes Déjà-vu. Dafür also haben wir die letzten Wochen in Norfolk festgesessen?

Wir setzen Segel und machen uns auf Ursachensuche. Die notwendigen Schritte sind uns inzwischen vertraut. Das Problem lässt sich abermals auf die Einspritzpumpe eingrenzen. Da kann nur eine Fachwerkstatt helfen.

Am nächsten Tag soll deutlich stärkerer Wind einsetzen, begleitet von einem massiven Wintereinbruch. Nur unter Segeln ist die Ansteuerung einer kleinen Marina in Beaufort keine Option. Wir diskutieren verzweifelt, was zu tun ist. Und beschließen, Kurs auf Florida zu nehmen. Hunderte von Meilen entfernt, aber genau auf unserem Weg, deutlich wärmer als hier und mit perfekter Infrastruktur für Reparaturen.

Nach der Kap-Umrundung trifft uns der Sturm mit voller Härte. Ohne Motor, den wir für schnelle Reffmanöver bräuchten. Wir minimieren sofort die Segelfläche.

Mit dem erneuten Ausfall des Motors sind unsere Träume endgültig zerplatzt. Panamakanal, Südsee, Neuseeland und Australien rücken in unerreichbare Ferne. Mit diesem Schiff ist eine Tour in die entlegendsten Winkel der Welt nicht zu machen. Trinity lässt uns wieder im Stich. Nachdem wir den Tiefpunkt in Trinidad glaubten überwunden zu haben, mussten wir uns gerade wieder durch mehrere Monate harte Arbeit kämpfen. Wofür?

Mitten auf der stürmischen See hat Kerstin Geburtstag. Ihr ist nicht nach Feiern zumute. Ich versuche, sie aufzumuntern. Doch es gelingt mir kaum. Auch kulinarisch nicht, denn wir hatten Proviant nur für zwei Tage besorgt.

Auf mehrere Sturmtage folgt eine lähmende Flaute. Weit draußen vor der Küste dümpeln wir im spiegelglatten Ozean. Nun auch noch ohne Motor. Es ist zum Verzweifeln.

Tiefer und tiefer versinken wir in unserem Frust. Bislang hatten wir es in harten Situationen immer wieder geschafft, uns gegenseitig aufzumuntern. In einem von uns keimte immer noch ein Funke Optimismus. Jetzt sind wir beide am Boden. Die nagende Leere, die uns vor zwei Jahren überfallen hatte und die wir überwunden glaubten, kehrt wie ein Bumerang mit voller Wucht zurück.

Nägel mit Köpfen

Sechs Tage nach Ausfall des Motors erreichen wir im Morgengrauen West Palm Beach. Hier wollen wir den herbeigesehnten Landfall wagen. An Hineinsegeln in die enge Einfahrt ist nicht zu denken. Bei starkem Gegenstrom würden wir schnell zu einem Schifffahrtshindernis werden. Zumal hier große Kreuzfahrtschiffe ein- und ausfahren.

Wir bitten einen Seenotretter um Schlepphilfe. Der Kapitän muss Vollgas geben, um die Strömung zu überwinden. In einer vorab gebuchten Marina schiebt er uns mit geschickten Manövern sanft in eine freie Box.

Dort werden wir von Lonnie begrüßt, den wir per Satellitentelefon über den erneuten Totalausfall informiert hatten. Kurz entschlossen fuhr er von Virginia hierher, um uns zu helfen. Wieder bauen wir die Einspritzpumpe aus und bringen sie in eine Fachwerkstatt. Lonnie muss nach wenigen Tagen wieder abreisen, er hat Termine im Norden. Nun sind wir mit dem komplizierten Thema auf uns allein gestellt. Einbau und Justierung der Pumpe sind komplex. Wir versuchen, vor Ort Unterstützung zu finden. Niemand hat Zeit oder kennt sich mit unserem Motor aus.

Eine neue Baustelle wartet. Die stark beanspruchte hydraulische Ankerwinsch muss in einer Spezialwerkstatt überholt werden. Nachdem wir sie wieder eingebaut haben und testen wollen, fällt uns auf, dass die Metallplatte darunter eingerissen ist. Ein Schweißer kann die Platte wieder richten. Doch nun müssen wir feststellen, dass sie zu dick für den Winschkolben ist. Also wieder ausbauen und zurück zum Schweißer. Nach erneutem Einbau der Ankerwinsch streikt diese beim ersten Test. Trotz Komplettüberholung. Nach stundenlanger Problemsuche finden wir heraus, dass ein Elektroventil den Geist aufgegeben hat. Als das Ersatzteil endlich eintrifft, passt es erst mal nicht. Neue Bolzen müssen her.

Endlich ist auch die Einspritzpumpe fertig. Die Reparatur verschlingt erneut mehrere Tausend Dollar. Die Ursache der Misere bleibt wiederum ein Rätsel. Da wir niemanden für den komplizierten Einbau finden können, müssen wir es selbst versuchen. Ich habe Lonnie beim letzten Mal assistiert. Vielleicht bekomme ich es hin. Und siehe da, die Pumpe arbeitet wieder. Der Motor schnurrt. Erleichtertes Aufatmen. Zur Sicherheit lassen wir 500 Liter Diesel abpumpen und die Tanks durchspülen.

Ende Januar. Nachdem unsere Pläne wiederholt über den Haufen geworfen wurden, sind wir ratlos, wie es weitergehen soll. Den Pazifik aufgeben? Oder so schnell wie möglich nach Panama segeln, damit wir es dieses Jahr schaffen? Inzwischen sind wir offensichtlich geübt darin, negative Erlebnisse zu verdrängen. Wir schöpfen wieder Hoffnung.

Als wir auf der Überfahrt zu den Bahamas ordentlich durchgeschüttelt werden, bemerken wir strengen Dieselgeruch unter Deck. In der Bilge schwappt jede Menge Diesel herum. Beim nächsten Stopp machen wir uns auf Ursachensuche. Wir haben die reparierte Dieselpumpe in Verdacht. Doch dort ist alles trocken. Die Treibstoffleitungen zeigen ebenfalls keinerlei Lecks. Stattdessen entdecken wir eine Dieselspur aus Richtung des schweren Tankdeckels an Backbord. Ein Stück der Dichtung ist herausgebrochen. Wir schließen das Loch mit einem speziellen Dichtmittel und hoffen inständig, dass das Problem damit beseitigt ist.

Auf dem Weg nach George Town, wo sichere Ankerplätze und Freunde auf uns warten, entdecken wir wieder Diesel in der Bilge. Oh no, was ist da bloß los? Wieder vor Anker liegend inspizieren wir sofort die Deckel der beiden Dieseltanks. Jetzt erst können wir erkennen, dass die neue Gummidichtung an mehreren Stellen undicht ist. Für eine genauere Prüfung müssen wir allerdings einen Tankdeckel öffnen. Und dafür erneut in mühsamer Kleinarbeit das komplette Mobiliar zerlegen.

Dann endlich gelingt es uns, die Nuss zu knacken, die uns monatelang gequält hat. Der wahre Grund, warum die Einspritzpumpe zweimal den Dienst quittiert hat. Das Spezialgeschäft in den USA hat uns das falsche Dichtungsmaterial verkauft. Es ist völlig ungeeignet und zersetzt sich bei Kontakt mit Diesel. Wir hatten den »Experten« vertraut. Und sind böse reingefallen.

Die richtigen Dichtungen sind auf den Bahamas natürlich nicht zu bekommen. Glücklicherweise sind Freunde gerade im Begriff, von Florida aus nach George Town zu segeln. Unsere Bestellung erreicht sie gerade noch rechtzeitig.

Das Spiel beginnt von vorne. Bevor die Dieseltanks neu versiegelt werden können, müssen sie gereinigt werden. Zu allem Überfluss sind beide Tanks randvoll. Wir müssen einen Teil des Diesels auspumpen, um die Tanks öffnen und die genaue Situation überblicken zu können. In der morgendlichen Funkrunde fragen wir nach Dieselkanistern. Schon nach kurzer Zeit bekommen wir jede Menge Leihangebote und freuen uns über die große Hilfsbereitschaft.

Beim Öffnen der Tankdeckel verschlägt es uns beiden dann die Sprache. Die Gummidichtung sieht aus wie weggefressen. Im stinkenden Diesel schwimmen Dichtungsstücke in allen Größen. Das zersetzte Gummi hat sich in einen schwarzen, klebrigen Schleim verwandelt, der im Takt der Wellen schwappt. An ein schnelles Herausfischen ist nicht zu denken. Die Tanks müssen komplett abgepumpt und erneut bis in die kleinste Ecke gereinigt werden. Wieder per Hand. Und täglich grüßt das Murmeltier.

Trotz allem gelingt es uns, das Leben in der quirligen Segler-Community von George Town zu genießen. Hier erfüllt sich sogar mein großer Traum, mit Delfinen zu schwimmen – unmittelbar vom Boot aus.

Beflügelt vom schönen Yachtie-Leben und der Aufklärung des absurden Motorrätsels schmieden wir neue Pläne. Unser Traum vom Pazifik rückt wieder in greifbare Nähe. Es ist Anfang März und damit gerade noch Zeit für die Passage durch den Panamakanal.

Wir treffen eine richtungsweisende Entscheidung: Wenn Trinity es schafft, ohne weitere technische Zusammenbrüche nonstop von hier bis zum Panamakanal zu segeln, werden wir die Reise fortsetzen. Wenn nicht, brechen wir ab.

Kaum steht der Plan, bietet sich auch schon das perfekte Wetterfenster. Wir verabschieden uns von unseren Freunden. Ich mache mich noch schnell im Dinghy auf den Weg zum Supermarkt, um die frischen Vorräte aufzufüllen. Kurz vor dem Steg werde ich aus voller Fahrt abgebremst. Der Motor streikt, diesmal endgültig. Kolbenfresser.

Zurück an Bord halten wir Kriegsrat. Ich bin skeptisch, ob wir die Reise nach Panama wirklich wagen sollen. Kerstin argumentiert, dass dieser technische Zusammenbruch nicht das Hauptschiff, sondern nur das Dinghy betrifft. Der Mut der Verzweiflung gewinnt die Oberhand. In Panama werden wir uns einen neuen Außenborder zulegen. Und los!

Unter Motor fahren wir durch die Riffe hindurch auf den offenen Ozean hinaus, wo wir Segel setzen und den Autopiloten einschalten. Dann machen wir es uns im Cockpit gemütlich. Fünf Stunden später läuft Trinity plötzlich aus dem Ruder, die Segel schlagen wild umher. Der Autopilot ist ausgefallen. Nach einem Neustart kann er zunächst den Kurs halten. Bis das Boot erneut aus dem Ruder läuft.

Kurzerhand beschließen wir, auf Conception Island vor Anker zu gehen. Kerstin zwängt sich in unsere vollgepackte Heckgarage und inspiziert den Autopiloten. Der Fehler ist schnell gefunden. Und im Verhältnis zu unseren sonstigen Problemen recht überschaubar. Doch ich vertraue dem Schiff nicht mehr. Was, wenn der Autopilot in den Weiten des Pazifiks den Dienst quittiert? Und das Postschiff mit Ersatzteilen nur zweimal im Jahr die Insel ansteuert, auf die wir uns gerettet hätten?

Außerdem ist ein Deal ein Deal. Trinity hat entschieden. Wir brechen ab. Wir haben endgültig genug davon, von Tiefschlag zu Tiefschlag immer wieder aufzustehen, uns zu motivieren, neue Pläne zu schmieden, nur um dann das nächste Desaster zu erleben. Unsere Segelfreunde wundern sich seit Langem, warum wir das überhaupt noch mitmachen. Der Moment ist gekommen. Wir können und wollen nicht mehr.

Nachdem die Entscheidung getroffen ist, unserem Leben eine neue Richtung zu geben, fühlen wir uns erstaunlicherweise nicht am Boden zerstört. Sondern vielmehr deutlich erleichtert. Es ist, als sei uns eine tonnenschwere Last von den Schultern genommen worden. Viel zu lange haben wir die Entscheidung hinausgezögert und ihre Konsequenzen gefürchtet. Wir leben auf. Alle Zweifel haben sich verflüchtigt. Ein neuer Anfang steht bevor.

Wir gönnen uns ein paar Tage auf Conception Island und segeln dann nach George Town zurück. Nun wollen wir den Verkauf des Schiffes angehen. Die nächsten Tage verbringen wir damit, Fotos zu schießen und Kontakt zu Schiffsmaklern aufzunehmen. Es zieht uns zurück nach Europa. Einerseits würden wir unser Aluminiumboot in den USA nur deutlich unter Wert verkaufen können. Andererseits wollen wir zumindest die Atlantikrunde beenden, um den Kreis zu schließen. Ein Schiffsmakler in den Niederlanden meldet großes Interesse an unserem Einzelstück an und wir werden uns einig.

Vor der erneuten Atlantiküberquerung – wie sollte es anders sein – warten einige größere und kleinere Reparaturprojekte auf uns. Dafür segeln wir noch einmal zurück in die USA. Nach unserer Entscheidung haben wir sarkastisch gewitzelt, dass jetzt wohl nie wieder Probleme am Schiff auftauchen würden. Weit gefehlt.

In den nächsten vier Wochen sind wir damit beschäftigt, Trinity für die Atlantikpassage seeklar zu machen. Jede Stunde Arbeit und jeder ausgegebene Dollar bestärken uns darin, die richtige Entscheidung getroffen zu haben.

Anfang Juni ist es so weit. Ich steuere unser Schiff hinaus auf den offenen Atlantik. Eigentlich wollten wir nonstop von Florida zu den Azoren segeln, unserer Zwischenstation auf dem Weg zum europäischen Festland. Doch hinter uns zieht ein Sturm mit über 100 km/h Geschwindigkeit auf. Wir wollen ihn in Beaufort vor Cape Hatteras abwettern. Immerhin kommen wir so doch noch dorthin.

Unversehens ist ein neues Tief im Anmarsch, das genau unsere Route zu den Azoren einschlagen und Böen in Orkanstärke mit sich bringen soll. Wir steuern wieder Little Creek bei Norfolk an. Beobachten die Witterungslage und buchen einen Wetter-Guru für die Routenberatung. Wir freuen uns auf ein entspanntes letztes Wochenende an Land, als er sich per Telefon meldet. Entweder müssen wir sofort aufbrechen oder weitere zwei Wochen warten. Die Entscheidung fällt uns leicht.

Unsere zweite große Atlantiküberquerung kann beginnen. 2300 Seemeilen liegen bis Horta auf der Azoreninsel Faial vor uns.

Mit einer leichten Brise segeln wir bei wolkenlosem Himmel aus der Chesapeake Bay hinaus in den ungewöhnlich ruhigen Atlantik. Bei der Querung des Golfstroms ändern sich die Bedingungen rapide. Wind steht gegen Strom, das Wasser brodelt nur so. Dazu ziehen Gewitter mit Winden in Sturmstärke über uns hinweg. Immer wieder schlagen Blitze senkrecht in den dunklen Ozean neben uns ein und jagen Wasserfontänen in die Luft. Wir müssen mehrfach reffen. An Schlaf ist kaum zu denken, so sehr rüttelt es das Schiff hin und her.

Dann liegt die Waschküche hinter uns. Trinity pflügt durch die endlose blaue Weite, sanft vorwärtsgeschoben von einer achterlichen Welle. Wir lassen uns davon nicht täuschen. Über dem Atlantik toben mehrere Tiefs, aus denen sich Stürme oder sogar Hurrikans entwickeln können. Und schon weht es wieder mit 40 Knoten. Haushohe Wellen bauen sich auf. Nach ein paar Tagen verwandelt sich der »wilde Tiger« – wie wir die Wettersituation inzwischen nennen – in eine faule Hauskatze. Bei leichter Brise segeln wir hoch am Wind durch den tiefblauen Ozean.

Die Hydraulik macht wieder Ärger. Der neue Druckmesser ist geplatzt. Wir schließen das Leck und füllen Öl auf. Zum Glück bei moderaten Bedingungen.

Nun holt uns auch noch eine Flaute ein. Eigentlich sind wir beide viel zu ungeduldig, um in der Gegend herumzudümpeln. Aber es liegen noch über 1400 Seemeilen vor uns, für die nächsten Tage ist kaum Wind zu erwarten. Deshalb müssen wir mit dem Diesel haushalten. Und dabei wollte ich doch auf den Azoren die Fußballeuropameisterschaft mitbekommen. Das wird eng. Ich werde unruhig.

Am Boot ist ausnahmsweise mal nicht viel zu tun. Wir widmen uns den vielen Büchern an Bord. Zum ersten Mal seit Beginn unserer Reise haben wir wirklich Muße dazu. So machen wir aus der Not eine Tugend und verschlingen ein Buch nach dem anderen.

Im mondbeschienenen Ozean taucht ein Wal neben uns auf. Wir sehen zuerst eine Fontäne und dann den schwarzen Rücken, bevor er wieder in die Tiefe hinabtaucht.

Endlich kommt der Wind zurück. Wir können segeln. Doch wieder werden unsere Nerven auf eine Zerreißprobe gestellt. Wir müssen hart am Wind kreuzen. Die verbleibende Strecke droht sich zu verdoppeln. Dazu nun tiefgrauer Himmel, Kälte und Regen mit heftigen Böen. Jede der noch vor uns liegenden 600 Seemeilen wird hart erkämpft. Wir sehnen uns nach Landgang.

Nach 19 Tagen ist es schließlich so weit: Land in Sicht! Und in der Nase – es riecht intensiv nach Grün. Die ersten Seevögel umfliegen unser Schiff. An Backbord liegt Faial mit der Seglerhochburg Horta. In schneller Fahrt fliegen wir darauf zu. Auch Trinity kann es offensichtlich nicht abwarten, endlich anzukommen.

Nach 3500 Seemeilen auf See werden wir von unserer Segelfreundin Mareike in Empfang genommen. Das herzliche Willkommen nach zweieinhalb Wochen Einsamkeit tut gut.

Ursprünglich waren die zu Portugal gehörenden Azoren für uns nur eine Station auf dem Weg nach Europa. Wir hatten keinerlei Erwartungen. Doch die Inseln sind ein unentdecktes Juwel. Üppige Natur, zauberhafte Städtchen und vom Tourismus nahezu unberührt. In der weltberühmten Seglerkneipe Peters Bar Sport treffen wir alte Freunde wieder und gewinnen neue.

Der Hafen von Horta ist berühmt für seine Segler-Graffitis, mit denen sich Seeleute aus aller Welt auf der Hafenmole verewigen. Der immer wieder einsetzende Regen kann uns nicht davon abhalten. Der Brauch verspricht Glück und guten Wind. Und beides können wir auf unserer letzten Etappe gut gebrauchen.

Nach reiflicher Überlegung haben wir uns entschieden, das Boot in Amsterdam zu verkaufen. Dort werden sich zwei Kreise schließen: Trinity wurde in Holland gebaut und kehrt nun in ihre Heimat zurück. Und wir in die Stadt unserer Verlobung: Ich hatte Kerstin vor vielen Jahren in Amsterdam den Heiratsantrag gemacht und ihr ein spannendes, abwechslungsreiches Leben versprochen. Versprechen eingelöst.

Widerstrebend und niedergeschlagen lösen wir nach zwei Wochen die Leinen. Horta und die Azoren haben es uns angetan. Wir haben wieder Wurzeln geschlagen.

Vor den Hafenmauern setzen wir Segel. 2000 Seemeilen liegen bis nach Amsterdam vor uns. Der Wind ist deutlich stärker als erwartet. Immerhin kommen wir schnell voran. Extreme Bewölkung und viel Regen bilden die perfekte Untermalung für unsere gedrückte Stimmung. In Skiunterwäsche und Schlechtwetterkleidung kauern wir im Schutz des Cockpits. Mitten im Juli.

Wir leiden vor uns hin, harren der Dinge und reden nur das Nötigste. Anders als bei der ersten Atlantiküberquerung wird die Gefühlsachterbahn diesmal nicht von der Vorfreude auf karibische Trauminseln gemildert. Beide brauchen wir Zeit, uns mit dem Abschluss der Reise und dem, was kommen wird, auseinanderzusetzen. Die Zukunft ist ungewiss. Ein Weg ohne Ziel ist wie ein Schiff ohne Segel.

Es ist eine dunkle Nacht. Während Kerstin unter Deck im Schlaf Zuflucht vor den düsteren Gedanken sucht, stehe ich am Steuer. Bei gutem Wind machen wir schnelle Fahrt. Plötzlich wird Trinity aus voller Fahrt heraus aufgestoppt. Das schwere Boot zittert. Der Mast scheppert. Als wären wir gegen eine Mauer geprallt. Ich schaue nach vorne. In der schwarzen See ist nichts zu erkennen.

Während Trinity langsam wieder Fahrt aufnimmt, sehe ich mit Entsetzen, dass nahe an der Bordwand langsam ein Wal vorbeizieht. Meine Gefühle sind in Aufruhr.

Neben Freakwaves, Piraten und Monsterstürmen lauern auf hoher See zwei elementare Gefahren: die Kollision mit einem Container oder mit einem Wal. Beide treiben meist knapp unter der Wasseroberfläche, unsichtbar für Augen und Instrumente. Beide können Yachten zum Kentern bringen. Letztere ist für uns nun zur erschreckenden Realität geworden.

Kerstin hechtet ins Cockpit, mit verschlafenem und panischem Gesicht: »Was ist passiert? Mastbruch?« Wir hoffen beide, dass dem Wal nichts Schlimmes passiert ist.

Kollisionen zwischen Yachten und Walen sind äußerst selten. Doch wenn sie passieren, haben sie oft fatale Konsequenzen. Wir mögen uns kaum ausmalen, welche Folgen eine solch massive Kollision für eine dünnhäutige GFK-Yacht gehabt hätte. Der Rumpf hätte bersten, das Boot sinken können. Zum Glück ist Trinity aus Metall. Ihr mehrfach verstärkter Aluminiumbug hat nicht die kleinste Delle. Er ist vollkommen unbeschädigt. Die Sorge um Container- und Walkollisionen war einer der Hauptgründe für unsere Entscheidung für dieses Boot. Während der Reise scherzten wir, dass die so selten wie ein Sechser im Lotto seien. Unsere intuitive, überstürzte Kaufentscheidung hat uns womöglich das Leben gerettet.

Zu Kälte und Nässe gesellt sich nun auch noch dichter Nebel. Die Sichtweite ist gleich null. Mit einer Tasse Tee in den Händen halten wir angestrengt Ausguck und konzentrieren uns auf jedes fremde Geräusch.

Nach einigen Tagen in dichtem Grau verzieht sich der Nebel. Der Himmel wird blau. Von jetzt auf gleich sieht die Welt anders aus. Doch es ist nur eine Verschnaufpause. Am nächsten Tag zieht es sich wieder zu.

Inzwischen kreuzen wir vor dem Wind in Richtung Englischer Kanal. Hohe, störrische Wellen. Squalls in Sturmstärke.

Ich habe Geburtstag, der diesmal ähnlich trübe wie Kerstins Geburtstag nach dem Motorausfall ist. Bis sich der Atlantik unvermittelt noch einmal von seiner allerbesten Seite präsentiert. Mittags reißt die Wolkendecke auf, Himmel und Wasser sind nicht länger grau. Die Sonne bricht durch, es wird sofort spürbar wärmer. Als Krönung gibt es den ersten sichtbaren Sonnenuntergang seit Wochen. Am späten Abend erreichen wir den Englischen Kanal. Der Leuchtturm von Bishops Rock blinzelt uns zu, wir haben Land in Sicht. Der offene Atlantik liegt hinter uns. Unerwartet kommt Wehmut auf.

Parallel zu den Schifffahrtswegen, auf denen unzählige Tanker und Frachter ihre Bahn ziehen, steuern wir auf die Straße von Dover zu. Die Meerenge wirkt wie ein Nadelöhr, durch das sich die Schiffe hindurchzwängen müssen. Nachts schalten wir zusätzlich das Radargerät ein, um den Überblick zu behalten.

Die hin- und herrasenden Schnellfähren zwischen Calais und Dover machen die Passage noch herausfordernder. Dann umkreist uns ein Boot der britischen Border Force, die per Funk Fragen zu unserem Woher und Wohin stellt. Besonders interessiert sie unser Karibikaufenthalt. Offensichtlich werden hier öfters Drogenyachten hochgenommen.

Dann liegt der berüchtigte Kanal hinter uns, wir sind in der Nordsee. In Ijmuiden tuckern wir durch den Noordzeekanaal durch Amsterdam hindurch bis nach Monnickendamm, unserem finalen Ziel. Trinity ist in ihrer Heimat angekommen und wir am Ende unserer Reise.

Der Yachtmakler erwartet uns. Bis zum Verkauf dürfen wir kostenlos in seiner idyllisch gelegenen Marina liegen, umgeben von Schilf, Deichen, Kühen und rot-weißen Häuschen. Unsere Ankunft feiern wir mit holländischen Segelfreunden.

Der Makler ist begeistert: Obwohl wir ihm viele Fotos geschickt haben, überzeugt ihn Trinity in natura noch mehr. Damit geben wir uns jedoch nicht zufrieden und machen uns ein letztes Mal an die Arbeit. Mehrere Wochen schrauben, lackieren und reparieren wir. Wir möchten Trinity mit einem guten Gefühl in neue Hände geben.

Dann bangen wir, wie lange es bis dahin wohl dauern wird. Wenn eine Yacht nicht innerhalb von wenigen Wochen verkauft wird, dauert es meist Jahre. Der Erlös für Trinity wird das Startkapital für unser neues Leben.

Einen Monat nach Ankunft in Amsterdam unterschreiben wir den Kaufvertrag. Am 3. Oktober 2016 übergeben wir Trinity an die neuen Eigner. Der Tag, an dem wir selbst vor fünf Jahren als Käufer unterschrieben haben. Nach 30 Ländern, 30 000 Seemeilen und exakt fünf Jahren schließt sich der Kreis.

Zehn Erkenntnisse

Übergreifende Erkenntnisse

Roberts und meine Auszeit unter Segeln verlief ganz anders als erwartet. Ich hatte den Ausstieg aus dem Alltag und den Wechsel ins Blauwasserleben hoffnungslos romantisiert und fast schon als Antwort auf alle Fragen gesehen. Nur, um mich unvermittelt in der unerbittlichen Schule des Lebens wiederzufinden. Ich wurde gezwungen, meine Komfortzone zu verlassen, umzudenken, neu zu denken. Die eigentliche Reflexion begann nach dem Verkauf von Trinity. Es gab so viel zu verarbeiten, einzuordnen, zu überdenken. Ein großer Teil davon bestand in intensiver Selbstreflexion.

Aus der Vogelperspektive betrachtet, ergab plötzlich vieles von dem, was wir erlebt hatten, einen Sinn. Nach und nach wurde immer deutlicher, dass unsere Reise mit all ihren Aufs und Abs nichts anderes als eine Metapher für die Reise durchs Leben ist. Trinity hat uns gezeigt, worauf es ankommt. Wie wir zufriedener und glücklicher sein können, unabhängig von den äußeren Umständen. Diese Geheimnisse möchten wir mit dir teilen.

Eine allgemeingültige Formel für ein glückliches und erfülltes Leben gibt es nicht. Für jeden von uns ist der Weg ein anderer. Es gibt jedoch Denkansätze, Methoden und Techniken, die Bausteine für ein glücklicheres Leben bilden. Wir haben sie nicht erfunden, sondern erlebt.

Mit unseren Erlebnissen im Gepäck sind wir tief in Literatur und Wissenschaft eingetaucht, um unsere Erkenntnisse mit aktuellen Forschungsergebnissen zu untermauern. Fündig geworden sind wir insbesondere in der noch recht jungen Disziplin der Positiven Psychologie. Bis weit in die 1990er-Jahre hinein fokussierte sich die Forschung fast ausschließlich auf negative Emotionen. Mit der Verschiebung zur Positiven Psychologie scheint die Forschungslust so richtig entfesselt worden zu sein.

Auf der Reise durch die zehn Erkenntnisse werden uns Themen wie Dankbarkeit oder Achtsamkeit begegnen. Diese standen lange fast ausschließlich im Fokus religiöser Betrachtungen, allem voran im Buddhismus. Obwohl fernöstliche Traditionen auch in unserer Kultur immer breiteren Anklang finden, haben viele Menschen Vorbehalte. Und ignorieren Themen, die nachweislich positive Wirkungen auf das Wohlbefinden haben. Mit der zunehmenden Popularität der Glücksforschung sind sie zu spannenden, »weltlichen« Forschungsfeldern geworden. Sie sind zu wichtig, um weiter von vielen übersehen zu werden.

Während unserer Beschäftigung mit den Geheimnissen eines glücklicheren Lebens kristallisierten sich vier übergreifende Gedanken heraus. Sie bilden so etwas wie eine Gebrauchsanleitung für die zehn Erkenntnisse:

Glück lässt sich lernen

Ich wurde auf der Butterseite des Lebens geboren, wie es eine Freundin ausdrückt. Außerdem habe ich einen positiven Grundspirit – selbst im grauesten Himmel entdecke ich noch das Fitzelchen Blau. Eine Gabe, für die ich dankbar bin.

Es ist wissenschaftlich nachgewiesen, dass die Fähigkeit, Glück und Zufriedenheit zu empfinden, zum großen Teil angeboren ist. Für diejenigen, für die das Glas bislang eher halb leer als halb voll war, ist das allerdings kein Grund, den Kopf in den Sand zu stecken. Glück beruht auf unseren eigenen Handlungen. Wir können unser Glück, Wohlbefinden und unsere Lebenszufriedenheit aktiv beeinflussen.

Wir können lernen, glücklich zu sein. Inzwischen ist erwiesen, dass sich unser Gehirn lebenslang entwickelt und verändert. Diese Eigenschaft nennt sich Neuroplastizität. Was wir praktizieren und denken, wird gestärkt. Wir haben in der Hand, wie sich unser Geist und unser mentales Befinden entwickeln. Mut, Selbstbewusstsein, Optimismus sind keine angeborenen Charaktereigenschaften, die wir haben oder nicht. Wir können mutiger, selbstbewusster, optimistischer werden. Wir müssen uns nur dafür entscheiden, es zu wollen. Es liegt an uns, welche Reaktionsmuster das Gehirn für bestimmte Situationen abspeichert. Vieles von dem, was unserem Glück im Weg steht, findet in unserem Kopf statt. Unser größter Feind sind wir selbst.

Glück will kultiviert werden

Auf unserer Reise kamen wir uns manchmal vor wie im Film »Und täglich grüßt das Murmeltier«. Immer wieder durften wir die gleichen Lektionen lernen. Jedes Mal kamen sie uns neu und einleuchtend vor – wie das Thema »Leben im Hier und Jetzt«. Wir nahmen uns fest vor, sie nicht wieder zu vergessen. Doch Monate oder Jahre später fanden wir uns an der gleichen Stelle wieder. Wieder haben wir etwas »neu« gelernt, was einfach nur im Trubel des Bootsalltags abhandenkam. Meine positive Grundeinstellung wurde immer wieder von Grübeln und Zweifeln überlagert.

Glücklichsein ist kein Zustand, der erreicht und gehalten wird. Der menschliche Geist ist wie der Körper – wenn wir nichts für ihn tun, erschlafft er. Wichtig ist, die Zügel aktiv in die Hand zu nehmen und dann am Ball zu bleiben. In Bezug auf meinen Körper habe ich schon lange das Motto »Turne bis zur Urne«.

Ebenso dürfen wir nie aufhören, etwas für unseren Geist zu tun, ihn zu fordern und zu trainieren. Haben wir eine Lektion gelernt, dann ist das kein Zustand, den wir im Autopilot-Modus beherrschen. Wir müssen ein Leben lang daran arbeiten. Wie es die tibetischen Mönche tun, die täglich meditieren. Stete Übung trainiert das Gehirn. Nur durch Wiederholungen können wir lernen und unsere Gedanken und unser Verhalten ändern.

Das Leben ist wie ein Ozean

Alles ist im Fluss. Das einzig Sichere im Leben ist die Veränderung. Robert und ich haben uns während der Reise schwergetan, zu akzeptieren, dass auch ein gelebter Traum aus Hochs und Tiefs besteht. Sich gegen diese Tatsache zu wehren bedeutet nur, sich das Leben schwer zu machen. Statt zu kämpfen, Widerstand zu leisten oder andere dafür verantwortlich zu machen, können wir diese Gewissheit akzeptieren. Wenn wir etwas nicht ändern können, können wir zumindest lernen, es zu nehmen, wie es kommt. Uns Denk- und Verhaltensweisen antrainieren, die uns widerstandsfähiger – resilienter – machen und dabei helfen, den Ozean des Lebens zu navigieren. Das kann den großen Unterschied darin ausmachen, wie und wo wir auf unserer Lebensreise landen. Ob wir ein glückliches Leben führen. Oder dem Glück ewig nur hinterherrennen.

Alle Erkenntnisse hängen miteinander zusammen

Auch wenn wir im Folgenden die verschiedenen Bausteine für ein glücklicheres Leben einzeln beleuchten, sind diese immer miteinander verbunden. Bei der ausführlichen Beschäftigung mit Themen wie Dankbarkeit und Bewusstheit konnten wir immer deutlicher Zusammenhänge, Ergänzungen und Überschneidungen erkennen. Das eine geht nicht ohne das andere. Mehr Bewusstheit führt in der Regel zu mehr Dankbarkeit. Wer dankbarer ist, lebt und denkt häufig bewusster. Eine dankbarere Haltung bedeutet, die Dinge aus einer positiveren Sicht zu sehen. Die Fähigkeit, eine Situation aus unterschiedlichen Perspektiven zu beleuchten, geht wiederum mit einer bewussteren Wahrnehmung einher.

Es ist kaum möglich, die nun folgenden Erkenntnisse getrennt voneinander zu betrachten. Sie werden dir auf unserer gemeinsamen Reise wie alte Bekannte – oder Segelfreunde auf anderen Yachten – immer wieder begegnen.

Man kann keine
neuen Ozeane
entdecken,
wenn man nicht
den Mut hat,
die Küste
aus den Augen
zu verlieren.

ANDRÉ GIDE

Mut zu Veränderung

Vielleicht kennst du das: Dieses unbestimmte, aber anhaltende Gefühl, eine Veränderung im Leben zu brauchen. Es kann verschiedenste Ursachen haben. Eine diffuse Sehnsucht, einen unerfüllten Herzenswunsch oder unbefriedigte Abenteuerlust. Eine bohrende Unzufriedenheit oder auch existenzielle Erfahrungen wie eine schwere Krankheit oder Burn-out. Speziell Letztere zwingen uns dazu, uns intensiver mit uns selbst und unserer Situation zu beschäftigen. Und möglicherweise radikal etwas zu verändern. So wie bei Robert.

Wir möchten hier keinesfalls jeden dazu animieren, ein Segelboot zu kaufen und um die Welt zu segeln. Wenngleich wir das als prägende und transformierende Erfahrung sehr empfehlen können. Vielmehr möchten wir motivieren, sich mit nichts weniger als einem glücklichen, erfüllten, körperlich und mental gesunden Leben zufriedenzugeben. Auch wenn es zu dessen Verwirklichung immer mal wieder neuer Weichenstellungen bedarf. Mit einer einzigen Veränderung ist es in der Regel nicht getan. Es ist nötig, das eigene Schicksal aktiv zu lenken und Entscheidungen zu treffen, die das Leben dauerhaft positiv beeinflussen.

Nimm das Steuer deines Lebens fest in die Hände. Halte den Kurs, wenn dein Leben dich erfüllt. Verändere deinen Kurs, wenn es Dinge gibt, die dich unzufrieden, unglücklich oder sogar krank machen. Steuere ein neues Ziel an, wenn du der Erfüllung mit einer bloßen Kursänderung nicht näher kommst.

Das ist einfacher gesagt als getan. Der Weg zu dem, was uns glücklich macht, ist selten leicht. Er führt in der Regel aus unserer Komfortzone heraus. Die wird durch Gewohnheiten definiert, wir fühlen uns dort wohl und sicher. Das Verlassen der Komfortzone stresst und erzeugt Furcht. Die Angst vor Veränderung liegt in der menschlichen Natur. Wir sind biologisch darauf programmiert, Risiken schneller zu erkennen als Chancen. Unser Gehirn kann schlecht mit Unsicherheit und Überraschung umgehen. Wir lieben Routine und haben wenig Lust auf Neues. Deshalb schrecken wir vor Ungewohntem zurück. Obwohl der menschliche Körper permanent Hunderttausende neuer Zellen produziert – sich also ständig verändert –, haben wir von Natur aus die Tendenz, das fortzusetzen, was wir kennen. Zusätzlich werden wir darin von unserem Umfeld bestärkt, denn Gruppen versuchen, zusammenzuhalten, Schafe sollen schön bei der Herde bleiben. Sonst wird die Gruppe geschwächt.

Besonders deutlich wird diese einprogrammierte Veränderungsresistenz in einer Studie mit Herzpatienten. Sie hatten lebensrettende Maßnahmen oder sogar Nahtoderlebnisse hinter sich und wurden von ihren Ärzten vor die Entscheidung gestellt, ihr Leben zu ändern oder zu sterben. 70 Prozent von ihnen machten trotz allem einfach so weiter wie bisher. Sie nahmen lieber den Tod in Kauf, als das Steuer herumzureißen.

Es reicht also keineswegs aus, zu wissen, was richtig ist. Es ist genauso wichtig, sich aufzuraffen, gegen zementierte Gewohnheiten und den lieb gewonnenen inneren Schweinehund zu kämpfen. Das Wissen umzusetzen. Das gilt nicht nur für die Veränderung von Gewohnheiten, sondern auch für Weichenstellungen zur Erfüllung der eigenen Lebensträume.

Viele Menschen schieben ihre Herzenswünsche auf ein unbestimmtes »Später« auf. Dafür lassen sich jede Menge Argumente finden: Erst mal die Schäfchen ins Trockene bringen, die Altersvorsorge sichern, die Kinder durch das Gröbste begleiten, noch den nächsten Karriereschritt machen. Oft

jagen gerade wir, die in westlichen Industrieländern soziali-
siert wurden, ein Leben lang der finanziellen Sicherheit hinterher und stellen alles andere dahinter zurück.

Wir haben nur dieses eine Leben. Was, wenn das plötzlich
vorbei ist, ohne dass wir einen Bruchteil unserer Herzenswünsche in Angriff genommen haben? Es gibt unzählige
Geschichten von passionierten Menschen, die viele Jahre ihren
Traum vom Segeln, Motorradfahren oder der großen Fahrrad-
tour bis ins kleinste Detail planten und ihn dann nie verwirklichen konnten.

»Erst rennen wir mit unserer Gesundheit dem Geld hinterher,
dann rennen wir mit unserem Geld der Gesundheit hinterher«,
beobachtet der Dalai Lama treffend. Geld allein macht nicht
glücklich. Warum sonst sind so viele Menschen, die scheinbar
alles haben – viel Geld, viel Ruhm – unglücklich, depressiv,
krank oder ausgebrannt? Wer von dem Ziel »viel Geld verdienen« getrieben wird, wird letztlich nie genug verdienen und
nie mit dem zufrieden sein, was er hat.

Studien legen nahe, dass es für unser Wohlbefinden gar
nicht so wichtig ist, wie viel Geld wir besitzen, sondern wofür
wir es ausgeben. Und da sind sich die Experten einig: Wir sollten Geld statt in materielle Dinge besser in Erlebnisse investieren. Oder in andere Menschen. Indem wir versuchen, sie
glücklich zu machen. Manche Eltern träumen von einer Auszeit, sind aber der Meinung, sie könnten sie wegen der »viel
zu hohen Fixkosten für die Familie« nicht verwirklichen.
Wir haben Familien mit sehr unterschiedlichen finanziellen
Voraussetzungen getroffen, die sich genau dasselbe sagten
wie wir: Jetzt oder nie! Und mit ihren Kindern für einige
Monate oder sogar Jahre um die Welt gezogen sind. Wovon
nicht zuletzt die Kinder profitierten, die Neugier, Weltoffen-
heit, Empathie und Sprachgewandtheit entwickelt haben,
wie sie auf dem heimischen Schulhof oder Spielplatz kaum
hätten entstehen können.

Die Herausforderung liegt nicht nur darin, neu zu denken, sondern vor allem darin, sich von den tief in uns verankerten alten Gedanken zu befreien. Es geht darum, die Denkmuster loszuwerden, die wir von Geburt an gelernt haben und die sich nun unserer Entfaltung in den Weg stellen. Wie das Streben nach einer vermeintlichen Sicherheit. Oder das Höher, Schneller, Weiter unserer westlichen Gesellschaft. Das ewige Schielen auf das, was die anderen haben. Es liegt in der Natur des Menschen, sich ständig mit anderen zu vergleichen. Es ist nachgewiesen, dass es das Glücksempfinden negativ beeinflusst, wenn die Nachbarn mehr Geld verdienen, ein größeres Haus oder ein dickeres Auto haben als wir. In einem Experiment wurden Menschen vor die Wahl gestellt, für 100 000 Euro bei einer Firma zu arbeiten, in der alle anderen 130 000 erhalten, oder aber für 80 000 Euro bei einem Unternehmen, in dem alle anderen 60 000 bekommen. Die meisten entschieden sich für die zweite Option, obwohl sie im Endeffekt deutlich weniger verdienen würden. Hauptsache, ich habe mehr als die anderen. Facebook, Instagram und Co. heizen das verhängnisvolle Vergleichen noch zusätzlich an, denn auf unserer Timeline ziehen ständig Beweise des vermeintlich tollen, glücklichen Lebens der anderen vorbei. Das macht es immer schwerer, auf die eigene Intuition zu hören und das zu tun, was einen mit Sinn erfüllt.

Wenn wir keinen Mut zu neuen Erfahrungen haben und immer den ausgetretenen Pfaden folgen, werden wir höchstwahrscheinlich nicht von unseren eigenen Vorstellungen und Wünschen, sondern von den Erwartungen anderer gelenkt. Vielleicht wurzelt der mangelnde Mut gar nicht in unserer eigenen Angst, sondern in der tief verwurzelten Sehnsucht nach Liebe und Anerkennung. Dem Streben nach Gemeinschaft und Schutz.[1]

Nach dem *Zürcher Modell der sozialen Motivation* steuern uns drei Motivationssysteme: der Wunsch nach Sicherheit und Geborgenheit, der Wunsch nach Abwechslung und neuen

Erfahrungen sowie der Wunsch nach Status und Autonomie im sozialen Gefüge. Die Ausprägungen dieser drei Komponenten beeinflussen im Zusammenspiel unseren Mut zur Veränderung. Ist das Sicherheitssystem zu stark, bleiben wir auf gewohnten Pfaden. Nur wenn wir es aktiv herunterfahren, können wir offen für Neues sein. Dazu müssen wir in uns hineinhorchen, uns unserer tieferen Wünsche und Sehnsüchte bewusst werden.

Den meisten Menschen wird erst viel zu spät klar, dass sie ihre Prioritäten im Leben falsch gesetzt haben. Dass sie Geld und Karriere ihr Leben haben bestimmen lassen.

Zu diesem Ergebnis kommt auch eine Studie von John Izzo. Seine mehr als 200 Interviewpartner zwischen 60 und 106 Jahren bereuten nicht das, was sie gemacht, sondern das, was sie nicht gemacht hatten. Dass sie keine Wagnisse eingegangen waren.

Mark Twain bringt es auf den Punkt: »In zwanzig Jahren wirst du enttäuschter sein über die Dinge, die du nicht getan hast, als über die Dinge, die du getan hast. Also wirf die Leinen los. Segele fort aus deinem sicheren Hafen. Fange den Passatwind in deinen Segeln. Forsche. Träume. Entdecke.«

Wir sollten unsere Altersvorsorge nicht auf das Finanzielle beschränken. Es ist mindestens genauso wichtig, ein ordentliches Guthaben auf dem Erlebniskonto anzusammeln. »Schafft euch Erinnerungen!«, sagte meine Großmutter. »Von ihnen werdet ihr zehren, wenn ihr einmal alt seid.«

Denkanstöße
zur ersten Erkenntnis

Lass dich nicht von den Umständen vereinnahmen –
nimm das Steuer deines Lebens selbst in die Hände.

Orientierungshilfe bietet die Formel »Kurs halten,
wenn dein Leben dich erfüllt. Tut es das nicht:
Kurs verändern oder ein neues Ziel anlegen.«

Schiebe deine Träume nicht auf später auf –
bis die Schäfchen im Trockenen sind, kann es
zu spät sein.

Hinterfrage deine Denkmuster und richte dein
Leben nach deinen Werten, Wünschen und Träumen
aus, nicht nach denen anderer. Lasse dich nicht
von den Ängsten anderer limitieren.

Es ist unmöglich, dem Leben mehr Tage zu geben.
Es liegt jedoch in deiner Hand, den Tagen mehr
Leben zu geben.

Angst liegt nie in den Dingen selbst, sondern darin, wie man sie betrachtet.

ANTHONY DE MELLO

Erkenntnis 2

Furcht und Ängste überwinden

Immer wieder werden wir gefragt: »Hattet ihr nicht Angst da draußen auf dem Ozean?« Vor allem diejenigen, die noch nie gesegelt sind, finden die Vorstellung bedrohlich, allein auf einem Segelboot die unendlichen dunklen Weiten des Ozeans zu durchqueren. Zum Spielball der Naturgewalten zu werden. Immer in Alarmbereitschaft zu sein, weil jederzeit etwas zu Bruch gehen kann. 5000 Meter schwarze, unbekannte Tiefe unter dem Boot zu haben. Nein, Angst hatten wir nicht, aber unendlich viel Respekt. »Die letzte Angst schwindet mit dem Tun.« (Reinhold Messner)

Angst ist ein tief in unserem Organismus verankertes, überlebenswichtiges Muster, das aus biologischer Sicht sehr sinnvoll ist. Sobald unser Leben bedroht ist, gerät alles andere in den Hintergrund. Der Organismus konzentriert seine Energie darauf, das eigene Leben in Sicherheit zu bringen. Da wir allerdings in der Regel nur selten von Säbelzahntigern in der freien Steppe bedroht werden, führen Angstreaktionen heute eher zu Fehlfunktionen. Sie lähmen uns und hindern uns daran, Dinge zu tun, die sinnvoll und notwendig sind oder uns Freude und Erfüllung versprechen. Ängste blockieren uns.

Allerdings gibt es Situationen im Leben, da kennen wir keine Angst. Wir wachsen über uns hinaus und mobilisieren Kräfte, von denen wir gar nicht wussten, dass sie in uns schlummern. Oft sind dies Extremsituationen, wie der Totalausfall der kompletten Elektrik mitten auf dem Atlantik. Was hat uns dazu befähigt, trotz all der frustrierenden Erlebnisse Tausende von Seemeilen weiterzusegeln, zu zweit, ohne jegliche technische Unterstützung? Ganz einfach: Uns blieb keine andere Wahl. »Du weißt nie, wie stark du wirklich bist, bis ›stark sein‹ die einzige Wahl ist, die du hast.« (Bob Marley)

In solchen Momenten schüttet unser Gehirn das Glückshormon Dopamin aus, das nahezu übermenschliche Kräfte verleihen und sogar starke Schmerzen unterdrücken kann. Der Überlebenswille ist stärker als Angst und Verzweiflung.

Meist jedoch schlagen wir Menschen uns mit Ängsten herum, ohne Extremsituationen ausgesetzt zu sein. Die meisten Ängste finden ausschließlich im Kopf statt. Sie ergeben absolut keinen Sinn.

Viele von uns lassen sich von Phobien blockieren, einer Art von Angststörung. Eine übersteigerte Furcht, die dem Gegenstand oder der Situation unangemessen ist. Objektiv besteht keine oder nur eine geringe Gefahr. Besonders weit verbreitet sind soziale Phobien wie die Angst davor, öffentlich zu reden.

Wie schaffen wir es, Ängste zu überwinden?

Wir selbst sind der Schlüssel dazu. Indem wir uns der zugrunde liegenden Mechanismen bewusst werden und sie durchbrechen. Wovor haben wir eigentlich Angst? Und warum? Ist die Angst der Situation gegenüber angemessen, besteht wirklich eine Gefahr? Oder spielt unsere Psyche uns einen Streich?

Bei allen Strategien, die die Wissenschaft zur Überwindung von Ängsten vorschlägt, geht es letzten Endes darum, Denken und automatische Reaktionen auf Reize umzuprogrammieren.

Durch mentales Training können wir das Gehirn auf Mut programmieren. Mut ist nichts anderes als eine Fähigkeit, besser mit Schwierigkeiten und Stress umgehen zu können und angesichts herausfordernder Situationen widerstandsfähiger zu sein. Dank der Neuroplastizität des Gehirns lässt sich Mut erlernen. Mut kann zur Gewohnheit werden, indem wir furchtbasierte durch mutsteigernde Reaktionen ersetzen. Indem wir uns unseren Ängsten stellen und bewusst mit den gewohnten Reaktionsmustern brechen, vergrößern wir unser Mutdepot. Deshalb beinhalten die größten Ängste gleichzeitig das größte Potenzial für Wachstum.

Starke Angstsymptome verschwinden nach etwa 5 bis 30 Minuten. Das können wir uns zunutze machen. Indem wir zum Beispiel bei akuter Prüfungsangst so lange sitzen bleiben und das leere Blatt anstarren, bis sich die Angstsymptome auflösen.[2] So können wir verhindern, dass das Reiz-Reaktions-Muster »Angst – Weglaufen – Misserfolg« im Gehirn abgespeichert wird. Das würde uns bei weit mehr als nur der akuten Prüfungssituation blockieren.

Letztendlich geht es darum, in uns hineinzuhören und auf Körpersignale zu achten, die bei Furchtreaktionen auftreten. Dabei können Techniken wie fokussierte Atmung oder Bodyscans aus der Achtsamkeitsmeditation helfen.[3] Indem wir Entspannungsübungen lernen, können wir uns besser auf angsteinflößende Situationen vorbereiten.

Sinnvoll ist es auch, die eigene Sicht auf das Leben zu hinterfragen. Nehmen wir Herausforderungen eher als Gefahr oder als Möglichkeit wahr? Sehen wir uns als Opfer oder als Macher? Halten wir das Universum für einen freundlichen oder einen feindlichen Ort? Albert Einstein hielt dies für die wichtigste Entscheidung im Leben eines Menschen.

Eine angstdominierte, negative Brille blockiert uns in allem, was wir tun. Verändern können wir das, indem wir herausfordernde Situationen aus der Perspektive eines Außenstehenden betrachten. Und uns mit Menschen umgeben, die uns Mut machen.

Bei Angststörungen ist es sinnvoll, am Verhalten anzusetzen, anstatt nach Ursachen zu suchen.[4] In sogenannten Expositionstherapien setzen sich Patienten den Situationen aus, vor denen sie sich fürchten. Sie lernen, was passiert, wenn sie sich ihrer Angst stellen. Und dass sie diese überleben werden.

Angst entsteht oft aus Unwissenheit. Dann hilft es, sich ein Worst-Case-Szenario vorzustellen und im Detail auszumalen. Was ist, wenn sich meine Ängste bewahrheiten sollten? Was wäre das Schlimmste, was passieren kann? Transparenz zu schaffen und sich mit Szenarien auseinanderzusetzen hilft, sich mental gegen Widrigkeiten zu wappnen. Vor allem bei eher unspezifischen Ängsten.

Auch Robert und ich hatten immer wieder damit zu kämpfen. »Was, wenn in einer kritischen Situation der Motor nicht anspringt? Oder ganz ausfällt?«, »Was, wenn uns das Geld ausgeht?«, »Was wird nach der Reise kommen?«. Die meisten Grübeleien waren Energieverschwendung. Ein Kampf gegen gedankliche Windmühlen. Wir Menschen sind fast 50 Prozent unserer Zeit gedanklich nicht bei der Sache.[5] Oft sinnen wir dann über Ängste nach.

Robert und mir half es, uns zu fragen, wie realistisch das angstbehaftete Thema ist. Und wie gangbare Lösungswege aussehen könnten. Oft tritt bei wiederholter Beschäftigung mit einem angstbehafteten Thema ein Gewöhnungseffekt ein. Die Habituation ist eine Form des Lernens, wir gewöhnen uns an einen wiederholt auftretenden Reiz. Und das nimmt diesem sein Angstpotenzial. Was uns vertraut ist, fürchten wir nicht mehr.

Je mehr wir mit Gewohnheiten brechen und furchtbasierte durch mutsteigernde Reaktionen ersetzen, desto mehr arbeiten wir auf eine Mutgewohnheit hin.

Wie etwa ein Drittel aller Deutschen[6] litt ich unter Höhenangst. Während der Zeit auf Trinity wurde ich von den Umständen gezwungen, die Angst bei den Hörnern zu packen. Als wir uns von Zakynthos in Griechenland aus auf den langen Weg nach Sizilien machten, baumelte plötzlich eine wichtige Mastleuchte an ihrem Kabel. Die Halterung war gebrochen. Im wilden Meer schlug die Glühbirne gegen den Mast. Es bestand die Gefahr, dass sie zerschmettern und das Deck voller Splitter sein würde. Zudem würde das Licht fehlen. So war die Überfahrt nicht möglich.

Da ich kleiner und leichter bin als Robert, war klar, dass ich den Mast erklimmen – beziehungsweise von Robert mit Muskelkraft hinaufgezogen werden – würde. Die Lampe befand sich zwar »nur« auf halber Masthöhe von etwa 10 Metern. Doch für mich war schon die Vorstellung, in der rauen See da raufzumüssen, der blanke Horror. Die Einhandseglerin Denise Caffari sagte einmal, in den Mast zu klettern sei »wie in den Krieg zu ziehen«[7]. So in etwa fühlte ich mich. Heulend legte ich mir den Bootsmannsstuhl an. Robert begann, mich hochzuwinschen. Krampfhaft krallte ich mich am Mast fest, das Boot schlug in den Wellen hin und her. Ohne Umklammerung würde ich gegen den Mast geschleudert. Meter für Meter ging es nach oben. Ein Sturz aus dieser Höhe könnte übel ausgehen. Ich vermied, nach unten zu schauen, und konzentrierte mich auf meine Aufgabe. Bei der Lampe angekommen, gelang es mir nur mit Mühe, die Hände vom Mast zu lösen, ihn mit den Knien weiter zu umklammern und die Lampe provisorisch zu fixieren. Wieder unten angekommen, war ich ziemlich stolz auf mich. Während der Reise ging es für mich immer wieder in den Mast, bis rauf auf die Mastspitze in 22 Metern Höhe. Zu Beginn konnte ich dort oben weder arbeiten noch Fotos machen, die Hände brauchte ich zum Festklammern. Mit der Zeit ging es immer besser. Irgendwann konnte ich sogar die Aussicht genießen. Stete Übung trainiert unser Gehirn!

Das ging schließlich so weit, dass ich nach dieser Lektion ein altes Versprechen einlöste, das ich mir selbst vor vielen Jahren gegeben hatte: Sollte ich jemals nach Neuseeland kommen, würde ich trotz meiner Höhenangst aus einem Flugzeug springen. Als ich dann eines Tages dort ankam, wurde ich mit dem kühnen Versprechen aus ferner Vergangenheit konfrontiert. Nach anfänglichem Zögern buchte ich – von Robert ermuntert – einen Tandemsprung. 45 Sekunden freier Fall aus 4000 Metern Höhe. Eine unglaubliche Achterbahn, physisch und psychisch. Ich war voller Adrenalin. Als ich wieder sicher auf der Erde gelandet war, wich mein breites Grinsen den ganzen Tag über nicht aus dem Gesicht. Ich hatte meinen Dämon besiegt.

Denkanstöße
zur zweiten Erkenntnis

Nur wenn du dir deiner Ängste bewusst wirst, kannst du die negative Konditionierung durchbrechen.

Ersetze furchtbasierte durch mutsteigernde Reaktionen.

Stelle dich bewusst deinen Ängsten. Gib dir kleine Mutproben auf, das steigert dein Mutdepot.

Die meisten Ängste finden nur in deinem Kopf statt. Schaffe Transparenz, sammle Informationen und stelle dir das Worst-Case-Szenario vor. Gewöhnung nimmt Reizen das Angstpotenzial.

Schaffe dir ein Umfeld, das Mut honoriert und dich ermutigt, statt dich zu bremsen.

Ob du denkst,
du kannst es
oder du kannst
es nicht:
In beiden Fällen
hast du Recht.

HENRY FORD

Mehr Selbstvertrauen

Henry Ford beschreibt nichts anderes als die selbsterfüllende Prophezeiung. Es trifft ein, was wir vorher in unseren Köpfen konstruiert haben. Erfolg – ob körperlich oder geistig – entsteht im Kopf. Misserfolg auch!

Unser Leben besteht aus einer endlosen Aneinanderreihung von Entscheidungen. Wir haben die Wahl, Herausforderungen anzunehmen oder es bleiben zu lassen. Ob es darum geht, endlich den ungeliebten Job zu kündigen, etwas Neues zu wagen oder jemandem die Liebe zu gestehen. Wagnisse verlangen das Heraustreten aus dem Gewohnten, aus unserer Komfortzone. Das empfinden wir als bedrohlich. Es mangelt an Selbstvertrauen. Wir trauen uns selbst etwas nicht zu.

Unser Gehirn mag Vorhersagbarkeit und spielt durch, welche Konsequenzen eine Handlung haben könnte. Vor neuen, ungewohnten Situationen schrecken wir zurück und wählen den vermeintlich bequemeren Weg, das Bekannte und Sichere. Das Gehirn entspannt sich. Das führt dazu, dass wir Dinge gar nicht erst angehen oder so lange wie möglich vor uns herschieben. Doch erst Herausforderungen ermöglichen persönliches Wachstum.

Laufen wir vor etwas weg, verstärken wir durch dieses Verhalten die Gefahr von Scheitern und Misserfolg. Wir konditionieren uns selbst negativ. Durch bequeme Lösungen, die in der Vergangenheit kurzfristig Stress abgebaut haben, konditionieren wir uns langsam, aber sicher darauf, auf ausgetretenen Pfaden zu bleiben und nicht von der Stelle zu kommen.

Selbstvertrauen wird uns nicht in die Wiege gelegt. Wir können und müssen es uns erarbeiten – durch konkrete Taten. You can't win if you don't play. Wir füllen das Konto, von dem wir bei ähnlich gelagerten Projekten zehren können. Am stärksten ist dieser Effekt, wenn wir uns Dingen annehmen, die wir vorher noch nie gemacht haben und vor denen wir uns richtig fürchten.

Robert und ich hatten zu Beginn unserer Reise wenig Selbstvertrauen in Sachen Handwerk. Als wir das Schiff übernommen und in der Werft zur Abfahrt bereit machen wollten, stellte uns das zerschossene Unterwasserschiff auf eine harte Probe. Die Mammutaufgabe trieb uns an den Rand der Verzweiflung. Doch es half nichts, wir mussten ran. Aufgeben war keine Option. Das Erfolgserlebnis war eine prägende positive Erfahrung, die unser handwerkliches Selbstvertrauen Stück für Stück aufgebaut hat.

Genau darum dreht sich die *Aufwärtsspirale des Selbstvertrauens*. Der US-Psychologe James Laird wies nach, dass Selbstvertrauen dann entsteht, wenn wir die reale Erfahrung machen, dass unser Tun etwas bringt und unser Handeln Wirkung hat. Wenn wir uns selbst zeigen, dass wir etwas erreichen, bewegen und verändern können. Wir können unser Selbstvertrauen stetig steigern, indem wir uns gezielt Dinge vornehmen und sie erfolgreich umsetzen. Uns zeigen, dass wir etwas erreichen können. Unser Gehirn signalisiert dann: »Du schaffst das.«

Die positive Selbstkonditionierung könnte damit beginnen, dass wir nicht mehr sagen »Ich kann das nicht«, sondern »Ich habe das noch nie gemacht, bin aber bereit, es zu versuchen«. Schon das Herangehen an eine Aufgabe ist ein klarer Gewinn gegenüber Grübeln, Wegducken und Nichtstun.

Das Durchziehen einer Entscheidung gibt uns ein Gefühl der Kontrolle, Effektivität und Verantwortung und ist damit nicht nur wichtig für die Stärkung unseres Selbstvertrauens, sondern sogar eine Quelle von Glück.[8]

Uns selbst vertrauen lernen wir, indem wir Abkommen mit uns selbst treffen, die wir um keinen Preis brechen dürfen. Das kann sich auf Kleinigkeiten beziehen: jeden Morgen nach dem Duschen das Bett machen. Jeden Tag zehn Minuten meditieren. Besonderen Nachdruck verleihen wir dem, wenn wir mit uns selbst einen schriftlichen Vertrag schließen.[9] Mein Vertrag mit mir lautet: »Ich werde mich jeden Morgen vor dem Frühstück mindestens eine halbe Stunde an der frischen Luft bewegen.« Joggen oder spazieren gehen. Jeden Morgen. Selbst, wenn es in Strömen gießt und meine innere Stimme inständig um eine Ausnahme fleht. Oder ich einen frühen Termin habe – dann muss ich eben früher aufstehen. Wenn ich dann von draußen wieder reinkomme, feiere ich den Sieg über mich selbst. Ich habe das Abkommen nicht gebrochen. Ich habe aufs Neue bewiesen, dass ich mir selbst vertrauen kann. Auf diese Weise können wir unser Selbstvertrauen Schritt für Schritt stärken.

Ein weiterer Weg zum Aufbau von Selbstvertrauen lautet: »Fake it till you make it.«[10] Indem wir uns so geben, als seien wir voller Zuversicht, Selbstvertrauen, Kompetenz oder Optimismus, können wir diese Qualitäten im wahren Leben realisieren. Tu also einfach so, als hättest du alles im Griff. Die positiven Reaktionen der anderen stärken das eigene Mutdepot.

Ähnlich funktioniert die Visionstechnik, mit der wir unser Unterbewusstsein auf Vertrauen und Erfolg programmieren können.[11] Wir stellen uns eine Situation vor, die normalerweise eher unangenehm für uns ist. Darin verhalten wir uns so, wie wir gern sein würden. Das Gehirn unterscheidet nicht zwischen realer und gefühlter Situation.

Die positive Selbstkonditionierung ist bereits der halbe Weg zum Erfolg. Erst beim Sprung über unseren eigenen Schatten können wir erkennen, wozu wir wirklich fähig sind.

Die Befriedigung, die wir aus dem Erreichen eines großen persönlichen Zieles ziehen, zählt Glücksforschern zufolge übrigens zu den substanziellsten Befriedigungen des Lebens.[12]

Wir wollen, warum tun wir dann nicht? Was hält uns ab?

In vielen Fällen steht uns die Angst vor dem Versagen im Weg. Die Angst, zu scheitern, von anderen zurückgewiesen zu werden, eine persönliche Demütigung zu erfahren, die unser Selbstbild ins Wanken bringt. Sie hält uns davon ab, Möglichkeiten wahrzunehmen, die uns das Leben bietet, kleine wie große. Die Angst vor dem Versagen ist eine der häufigsten und eine der schädlichsten Ängste.[13] Und eines der größten Hindernisse auf dem Weg zu mehr Selbstvertrauen.

Auch ich kenne sie gut. Das mag sich merkwürdig anhören angesichts des entschlossenen Turnarounds, den Robert und ich vollzogen haben. Bei mir bezog sich die unterbewusste Angst vor dem Versagen vor allem auf den beruflichen Bereich. Anders kann ich mir mein Verhalten nicht erklären, denn ich wollte so viel und habe vieles einfach nicht gemacht. Ich hatte 1000 Ideen, habe aber nur wenige davon wirklich umgesetzt. Sehnsuchtsvoll verfolgte ich Storys von Unternehmern, die für ihre Ideen gekämpft und es geschafft hatten. Ganz im Sinne der Theorie des *sozialen Vergleichs*[14] holte ich mir Informationen über mein Selbst im Vergleich zu anderen – und schnitt dabei nicht so gut ab.

Der Begriff »Versagen« ist tückisch, denn alleine dadurch konditionieren wir uns schon negativ. »Versager« gilt als Schimpfwort. Ich spreche deshalb im Folgenden von Scheitern – der Begriff meint das Gleiche, ist jedoch weniger negativ behaftet.

Und bei genauerer Betrachtung hat Scheitern Vorteile: Es kann uns Dinge über uns selbst beibringen, die wir sonst nie erfahren hätten – zum Beispiel, wie stark wir wirklich sind. Oft stammen die wertvollsten Erkenntnisse aus unseren Misserfolgen. Das zu akzeptieren und aus den Erfahrungen zu lernen, ist einer der wichtigsten Faktoren für ein erfolgreiches Leben. Scheitern ist ein wichtiges Element großer Erfolgsgeschichten. Beispiele dafür gibt es viele:[15] So wurde der Basketballstar Michael Jordan aus seinem Schulteam ausgeschlossen, weil sein Trainer an seinem Talent zweifelte. Milliardär Warren Buffett wurde von der Harvard-Universität abgewiesen. Richard Branson verließ die Schule ohne Abschluss.

Die Angst vor dem Scheitern ist völlig normal. Wir sollten aufhören, gegen sie anzukämpfen oder sie zu unterdrücken. Und stattdessen versuchen, am Ball zu bleiben und unser Bestes zu geben. Obwohl und gerade, weil wir Angst haben. Mit der Angst vor dem Scheitern ist es wie mit den Wellen – wir können sie nicht stoppen, aber lernen, auf ihnen zu surfen.[16]

Im Rahmen der Selbstkonditionierung können wir lernen, positiv zu denken. Zum Beispiel, indem wir uns vor Augen halten, dass es beim Eingehen von Wagnissen unmöglich ist, zu verlieren. Jede Niederlage bietet die Chance, zu lernen und es beim nächsten Mal besser zu machen: »Entweder ich gewinne. Oder ich lerne!«

Auf diese Weise können wir unsere Ziele »reframen«, sie aus einer neuen, positiveren Perspektive betrachten. Hätten Robert und ich von Beginn unserer Reise an so gedacht, wäre uns vieles leichter gefallen.

Eine positive Denkhaltung ist natürlich nur möglich, wenn wir uns zugestehen, Fehler zu machen. Verbesserungen und Fortschritte beruhen auf dem Lernen aus Fehlern. Nicht dem Hinschmeißen, wenn etwas nicht sofort gelingt. Im Kleinkindalter ist das für uns alle selbstverständlich. Wenn Kinder mit dem Laufen anfangen, fallen sie immer wieder hin und tun sich auch mal weh. An keinem Punkt würde ihnen einfallen, die Laufversuche aufzugeben, weil sie sich für zu schlecht darin halten. Sie werden es unermüdlich weiter versuchen – so lange, bis sie laufen können. Anders als wir Erwachsenen stehen sie sich noch nicht selbst im Weg.

Studien zufolge werden die besten Ergebnisse zur Stärkung des eigenen Selbstvertrauens dann erreicht, wenn wir positives Denken mit der Visualisierung möglicher

Hindernisse und Probleme kombinieren. Indem wir uns Szenarien ausmalen, verliert das Ungewisse seinen Schrecken.

Wir können noch einen Schritt weiter gehen und uns willentlich dem Scheitern stellen. Sogar Spaß daran haben. »Fear of Failure« wird zu »Fun of Failure«[17]: Freue dich auf die Misserfolge, die du auf deinem Weg erleben wirst – im Wissen, dass sie lediglich deinen Erfolg in der Zukunft fördern werden. Gehen wir aktiv mit dem Thema Scheitern um, werden wir schnell lernen, dass es gar nicht so furchteinflößend ist. Wieder eine Art Expositionstherapie, die wir nutzen können, um die Auswirkungen der Angst auf unser Leben zu reduzieren. Wir sammeln Erfahrung im Umgang damit und erkennen, dass wir negative Emotionen überwinden können und danach Erfolg erleben. Dazu könnten wir uns zum Beispiel aktiv ein neues Hobby suchen, das wir noch nicht beherrschen, ein neues Instrument lernen oder wildfremde Menschen auf der Straße nach kleinen, einfachen Dingen fragen. Wenn wir uns einen Sport daraus machen und in Kauf nehmen, hier und da zu scheitern, werden wir nach und nach mehr neue Dinge wagen.

Indem wir nicht müde werden, die Fähigkeiten, die wir haben, zu verbessern, und neue zu entwickeln, können wir Stück für Stück unser Selbstvertrauen stärken.

Tatsächliche Misserfolge können wir als Rückenwind für unser Selbstvertrauen nutzen, indem wir sie in eine positive Erfahrung verwandeln. Dazu versuchen wir, die Situation aus einer neuen, positiveren Perspektive zu betrachten, indem wir uns drei Fragen stellen:

- Was habe ich aus der Situation gelernt?
- Wie kann ich persönlich an dieser Erfahrung wachsen?
- Welche drei positiven Aspekte kann ich der Situation abgewinnen?

Der konkrete Versuch, positive Aspekte zu sehen, kann zunächst schwierig sein. Bleiben wir jedoch am Ball, werden wir früher oder später neue Möglichkeiten erkennen, die sich aus dem vermeintlichen Scheitern ergeben.

Genau so erging es Robert und mir. Nachdem wir die Entscheidung getroffen hatten, die Reise zu beenden und nach Europa zurückzukehren, kamen wir uns wie Versager vor. Wir hatten weder die Welt umrundet noch den Pazifik erreicht. Doch je mehr wir reflektierten und uns die Fragen oben stellten, desto mehr wurde uns bewusst, was uns das Leben alles geschenkt hat. Dass wir nicht gescheitert sind, sondern unendlich viel erlebt und gelernt haben.

Die Lösungsformel für unsere Suche nach mehr Selbstvertrauen lautet: machen, immer machen. Werde aktiv, denn der einzige Misserfolg, den du dir vorwerfen könntest, wäre, dass du es gar nicht erst versucht hast. Das könntest du am Ende deines Lebens bereuen. Der Kurs eines Schiffes lässt sich immer korrigieren – Hauptsache, du traust dich, in See zu stechen!

Denkanstöße
zur dritten Erkenntnis

Never try, never win:
Selbstvertrauen kommt durch Machen.

Nur du selbst kannst die Aufwärtsspirale
des Selbstvertrauens in Bewegung setzen
und am Laufen halten.

Werde dir bewusst darüber, was dich am Machen
hindert. Akzeptiere die Angst vor dem Scheitern
als Teil von dir und gehe sie aktiv an.

Verlieren gibt es nicht:
Entweder du gewinnst oder du lernst.

Lerne
loszulassen,
das ist
der Schlüssel
zum Glück.

BUDDHA

Loslassen

Robert und ich mussten während der Reise mit Trinity auf die harte Tour lernen, dass Dinge viel leichter vonstatten gehen, wenn wir die Kontrolle abgeben. Wenn wir ihnen erlauben, zu passieren, statt sie krampfhaft steuern zu wollen.

Loslassen ist eine der wichtigsten Erkenntnisse. Und gleichzeitig eine der schwierigsten. Zumindest für mich. Ich verwende viel Energie darauf, Dinge durchzuplanen oder zu verhindern. Dinge, die sich eigentlich gar nicht planen oder verhindern lassen.

Auf der Reise wurde das immer dann zum Problem, wenn etwas Unvorhersehbares eintrat. Das war eine ganze Menge. Immer wieder wurde uns die Kontrolle von den Umständen aus der Hand genommen. Immer wieder wurden wir vom Schicksal zum Loslassen gezwungen. Immer wieder sträubten wir uns mit aller Kraft dagegen. Wir haben uns das Leben besonders schwer gemacht. Und hätten doch nur auf Kurt Tucholsky hören sollen: »Entspanne dich, lass' das Steuer los, trudle durch die Welt, sie ist so schön.«

Loslassen bedeutet Hingabe – das Gegenteil des in vielen von uns meist unbewusst vorhandenen Wunsches, Kontrolle über das Leben ausüben zu wollen. Unser Bedürfnis, das eigene Mikro-Universum zu kontrollieren, kann sich auf Situationen, Gedanken, Gefühle, den Körper, andere Menschen beziehen.

Warum fällt es uns so schwer, die Kontrolle aufzugeben und loszulassen? Die Dinge auf uns zukommen zu lassen, uns fallen zu lassen?

Wir haben über Ängste gesprochen, auch hier kommt wieder einmal das Thema Angst ins Spiel. Der Wunsch nach Kontrolle wurzelt in Ängsten. Die Angst vor Kontrollverlust ist für viele eines der größten Hindernisse im Leben. Wir haben Angst vor dem Ungewissen, vor möglichen negativen Konsequenzen, wollen verhindern, dass etwas schiefläuft. Wir versuchen, die Dinge zu kontrollieren, weil wir uns ausmalen, was passieren könnte, wenn wir das nicht tun. Wir haben bestimmte Erwartungen, hängen an einem bestimmten Ergebnis, von dem wir glauben, dass es das Beste für uns ist. Und verschließen uns neuen Möglichkeiten.

Nach der Theorie der *Kontrollillusion*[18] haben wir nur über wenige Bereiche unseres Lebens die Kontrolle. Wir glauben, Vorgänge kontrollieren zu können, die nachweislich nicht beeinflussbar sind. Ignorieren wir diesen Umstand, dann machen wir uns selbst das Leben unnötig schwer. Ein anschauliches Beispiel für den kräftezehrenden Kontrollmodus ist das Bild eines Ruderbootes, mit dem wir stromaufwärts rudern, gegen die Strömung.[19] Ein kräftezehrender Kampf, der unendlich viel Energie kostet. Entscheiden wir uns für Loslassen, so dreht sich das Boot um 180 Grad. Wir lassen die Ruder los und treiben mit dem Fluss des Lebens.

Loslassen bedeutet, sich hinzugeben und die Realität ohne Einschränkung zu akzeptieren. Darauf zu vertrauen, dass ohne unser Zutun alles in Ordnung kommt.[20] Es geht darum, das Kämpfen aufzugeben. Den Kampf gegen uns selbst. Gegen den natürlichen Lauf der Dinge. Sich nicht länger gegen die Realität zu wehren.

Das bedeutet keineswegs, inaktiv zu sein und nichts mehr zu tun. Sondern sich den Möglichkeiten des Lebens zu öffnen, neue Erfahrungen zuzulassen. Die sich eben nicht ergeben, wenn wir an dem einen vermeintlich richtigen Weg festhalten und nur das von uns Angedachte zulassen wollen. Roberts und mein langer Aufenthalt in Trinidad war nicht geplant. Anfangs haben wir uns heftig dagegen gewehrt. Was hätten wir alles verpasst und um wie viel schwerer hätten wir es uns gemacht, hätten wir nicht irgendwann losgelassen!

Gelingt das Loslassen, erkennen wir, dass sich viele Dinge von ganz alleine regeln. Letztendlich haben wir im krampfhaften Kontroll-Modus sogar weniger Kontrolle. Unser Sichtfeld fokussiert sich, der Herzschlag wird schneller. Unsere Gedanken springen von Thema zu Thema, die Konzentration schwächelt und wir nehmen das Jetzt gar nicht richtig wahr. Anders im Hingabe-Modus: Wir sind präsent im Moment, sehen klar und nehmen viel mehr um uns herum wahr. Was uns wiederum erlaubt, das größere Ganze zu sehen. Im Hingabe-Modus können wir also sehr viel mehr erreichen als im Kontroll-Modus.

Was passieren kann, wenn wir so richtig loslassen, beschreibt Alexandre Jardin in seinem Buch »Der kleine Wilde«. Ein erfolgreicher Unternehmer kehrt zurück in die Welt des fröhlichen, verträumten kleinen Jungen seiner Kindheit. Er wirft sein altes Leben in luxuriösen, aber öden Bahnen über den Haufen und lebt nur noch im Moment, aus dem Instinkt heraus. Er wird lebendig und überglücklich. Nicht ohne Grund empfehlen Glücksforscher immer wieder, das Kind in uns mehr auszuleben.

Was kann uns dabei helfen, loszulassen?

Loslassen zu können, aufnahmebereit für die Möglichkeiten des Lebens zu sein und den Dingen ihren Lauf zu lassen, ist eine Fähigkeit, die wir üben können.

Loslassen erfordert Flexibilität – in unserem Verhalten, unseren Reaktionen, Gefühlen und Gedanken. Sie ist nicht zuletzt ein Zeichen mentaler Gesundheit.[21] Und eine Fähigkeit, die in einer komplexen, sich ständig verändernden Arbeitswelt gute Führungskräfte auszeichnet. Manchmal reicht es schon aus, sich bewusst zu machen, dass wir uns gerade im Kontroll-Modus befinden. Indem wir dann gedanklich die Ruder loslassen und unsere Gedanken in eine andere Richtung bringen. Uns für den Augenblick öffnen, laufen lassen und entdecken.

Hilfreich sind auch Visualisierungen: Was könnte passieren, wenn wir die Kontrolle aufgeben? Würde sich die Zukunft auf drastische, negative Weise ändern? Was wäre der Worst-Case und wie realistisch ist er wirklich? Oft stellen sich die Ängste bei näherer Betrachtung als unbegründet heraus.

Bei Angst vor Kontrollverlust können wir hinterfragen, welche Dinge wir im Leben wirklich direkt beeinflussen können. Akzeptieren wir die Realität und beschränken unsere Gedanken und Handlungen auf das Machbare, merken wir, dass wir genug Kontrolle über unser Leben besitzen. Drei Dinge im Leben können wir immer kontrollieren: unsere Einstellung, unser Tun und den Einsatz, den wir bringen.[22]

Um unser Bedürfnis nach Kontrolle loszulassen, können wir an unserem *Selbstwertgefühl* arbeiten. Selbstwertgefühl entsteht aus der Interaktion mit den Menschen um uns herum. Zuspruch lässt unser Selbstwertgefühl steigen, Ablehnung oder Demütigung lässt es sinken. Es verändert sich abhängig von den Umständen. Bei vielen Menschen entsteht gefühlter Selbstwert vor allem dann, wenn sie gesellschaftliche Werte und Normen einhalten. Dadurch entgehen sie der Gefahr, von anderen entwertet zu werden.[23] Allerdings verhindert es auch, aus dem Gewohnten und der Masse auszuscheren. Im Idealfall werden wir uns dieser Mechanismen bewusst und schaffen es über Selbstwahrnehmung und Akzeptanz, unser Selbstwertgefühl von den Meinungen und Bewertungen anderer abzukoppeln.

Die Fähigkeit zum Loslassen basiert nicht zuletzt auf Vertrauen. Darauf, dass die Dinge gut werden. Dass das Universum ein freundlicher Ort ist. Menschen, denen das gelingt, nehmen das Auf und Ab des Lebens, wie es kommt. Sie sind überzeugt, dass es auch wieder bergauf gehen wird.

Ein weiterer Schlüssel zum Loslassen ist unsere *Intuition*. Wir lassen automatisch los, wenn wir stärker auf unser Bauchgefühl vertrauen. Entscheidungen treffen, ohne lange darüber nachzudenken. Machen statt Bedenken kultivieren. Je komplexer eine Situation ist, umso nachhaltiger verlieren wir uns im

Grübeln über die beste Entscheidung. Die menschliche Intuition ist so schnell, dass das bewusste Denken nicht mitkommt. Sie hilft, Schwerpunkte zu setzen. Den Zugang zu unserer Intuition können wir stärken, indem wir Fehler als Trainingseinheit nutzen (»Was hatte mir mein Bauchgefühl da geraten?«). Oder indem wir intuitiv getroffene Entscheidungen genauer analysieren, um mehr über unsere Motivationen zu erfahren. Kennen wir diese, können wir Herausforderungen im Vorhinein gedanklich durchspielen.

Ich möchte eine weitere Form von Loslassen beleuchten, die nichts mit »Zügel loslassen« zu tun hat. Es geht vielmehr darum, *Optionen loszulassen*, indem wir klare Entscheidungen treffen. Mir fiel es zum Beispiel lange schwer, ein klares Commitment für eine der vielen beruflichen Möglichkeiten einzugehen, die sich mir boten. Ich wollte mir weiter alle Optionen offenhalten.

Die Angst vor Entscheidungen ist eine der häufigsten menschlichen Blockaden. Sie führt oft dazu, dass wir gar keine Entscheidung treffen. Oder wichtige Entscheidungen vor uns herschieben. Die »Aufschieberitis« oder *Prokrastination* ist heute ein viel diskutiertes Phänomen,[24] das in der Konsequenz zu Stillstand in wichtigen Lebensbereichen führt.

Keine Entscheidung ist auch eine Entscheidung. Wenn wir nicht selbst entscheiden können oder wollen, entscheiden andere für uns – andere Menschen, das Schicksal oder schlicht die Zeit. Wie viele Frauen überlegen jahrelang »Kinder ja oder nein?« und treffen keine klare Entscheidung. Nur um schließlich von den biologischen Gegebenheiten ausgebremst zu werden. Und der Möglichkeit zum Mutterwerden beraubt zu sein. Wenn wir uns alle Türen offenhalten wollen, macht sie im Zweifel jemand anderes zu. Wir geben das Ruder unseres Schicksals aus der Hand. In der Folge quälen uns »Was wäre geworden, wenn ...«-Gedanken. Nur schwer kann sich dann das Gefühl einstellen, irgendwann im Leben anzukommen.

Worin könnte die Angst vor klaren Entscheidungen begründet liegen?

Hauptursache ist die Angst vor dem Scheitern, davor, einen Fehler zu machen. Wir fürchten, eine falsche Entscheidung zu treffen und dafür bestraft zu werden. Indem wir zum Beispiel soziale oder finanzielle Nachteile erleiden. Je wichtiger eine Entscheidung, desto größer die Angst. Oft haben Betroffene als Kinder die Erfahrung machen müssen, dass falsche Entscheidungen negative und sogar schmerzliche Konsequenzen nach sich ziehen, zum Beispiel in Form von seelischer Gewalt.

Auch *Perfektionismus* wurzelt in der Angst vor Fehlern. *Maximizer*[25] sind permanent auf der Suche nach etwas Besserem und können deshalb nichts so richtig genießen. Im Nachhinein sorgen sie sich, ob sie wirklich die beste Entscheidung getroffen haben. Das macht nicht glücklich, sondern unzufrieden und rastlos. Maximizer, die ohne festen Abgabetermin arbeiten – Kreative, Autoren, Studenten –, tendieren dazu, so lange weiterzuarbeiten, bis das Projekt vermeintlich perfekt ist. Und bringen es deshalb womöglich nie zu Ende.

Im Gegensatz dazu definieren *Satisficer* klare Erfolgskriterien. Sobald diese erfüllt sind, treffen sie eine Entscheidung. Sie geben sich mit etwas Gutem zufrieden, statt das Perfekte zu suchen. Satisficer sind deutlich entspannter – und Studien zufolge glücklicher.

Zur Überwindung der Angst vor Entscheidungen können wir nach konkreten »Vermeidungsgründen« suchen: Welche Sorgen, Probleme, Schmerzen ließen sich durch eine Entscheidung vermeiden? Gute Gründe für eine Entscheidung.

Nur durch klare Entscheidungen lernen wir, wer wir sind und was uns wichtig ist. Eine Entscheidung zu treffen heißt, mit aller Verbindlichkeit »Ja« zu etwas zu sagen und die anderen Möglichkeiten *loszulassen*.

Denkanstöße
zur vierten Erkenntnis

Angst vor Kontrollverlust verhindert Loslassen.
Überwinde den Kontrollfreak in dir, indem du
dir deine Ängste bewusst machst und sie gezielt
angehst.

Öffne dich den Möglichkeiten des Lebens und
lasse neue Erfahrungen zu.

Im Loslass-Modus können wir viel mehr erreichen
als im Kontroll-Modus.

Akzeptiere das Unabänderliche und fokussiere
dich auf die Bereiche, die du beeinflussen kannst.

Mehr Gelassenheit durch Vertrauen:
Nimm das Auf und Ab des Lebens, wie es kommt.
Vertraue darauf, dass es auch wieder bergauf
gehen wird. Arbeite an deiner Selbstwirksamkeit,
sei überzeugt davon, dass du Situationen aus
eigener Kraft meistern wirst.

Lerne, deiner Intuition zu vertrauen.

Entscheide dich, lasse Optionen los.
Vertage Entscheidungen nicht, sonst werden sie
für dich getroffen.

Was für
ein wundervolles
Leben ich hatte!
Ich wünschte
nur, ich hätte das
früher erkannt.

COLETTE

Erkenntnis 5

Dankbarkeit leben

Oft erkennen wir erst im Nachhinein – wenn wir härtere
Zeiten durchleben oder Dinge entbehren müssen –, wie gut
wir es eigentlich hatten. Und dass wir endlich anfangen sollten,
den Moment zu genießen.

So ging es auch Robert und mir. Vor unserer Reise mit
Trinity habe ich vieles als selbstverständlich genommen. Ich
habe mich oft nach mehr oder nach etwas anderem gesehnt.
Während der Reise haben wir beide viel mit dem Schicksal
gehadert. Und dadurch oft gar nicht mitbekommen, was uns
das Leben schenkt.

In einem der schwärzesten Momente stand Trinity in
Trinidad an Land. In sengender Hitze brachen alle unsere
Pläne zusammen, die Baustellen wurden wie Treibsand-
löcher immer größer. Wir ertranken fast in Selbstmit-
leid. Da rüttelte uns unser Rasta-Freund wach: »Hey, was
beschwert ihr euch? Ihr atmet, also lebt ihr. Ihr habt Arme
und Beine. Und jeden Tag geht die Sonne wieder auf!«
Kein neuer Gedanke, aber in dem Augenblick haben wir
wirklich verstanden. Unsere Perspektive hat sich verändert.
Weg von dem, was alles schieflief. Hin zu dem, was gut in
unserem Leben ist.

Dankbarkeit bedeutet, auf das zu schauen, was wir haben.
Statt auf das, was wir nicht haben oder was in unserem Leben
schiefläuft. Dankbarkeit ist eine Haltung, nicht ein einzelner
Akt. Im Idealfall schaffen wir es, Dankbarkeit so zu kultivieren,

dass wir alles im Leben, das Gute wie das Schlechte, als ein Geschenk betrachten.

Natürlich wurden Robert und ich vom Leben reich beschenkt. Die lange Auszeit, das Boot, die unzähligen wundervollen Erfahrungen und Begegnungen. Unsere Beziehung. Unsere Gesundheit. Viel zu oft konzentrierten wir uns jedoch auf das Negative. Kein Wunder, denn das menschliche Gehirn richtet sich instinktiv auf negative Ereignisse aus. Eine dankbare Haltung kommt deshalb nicht von ungefähr. Sie beinhaltet willentliche Handlungen, eine gezielte Lenkung unserer Gedanken. Dankbarkeit hängt nicht von bestimmten Ereignissen ab, sondern einzig und allein von der Art und Weise, wie wir diese wahrnehmen.

Im Zuge der Glücksforschung wurde auch Dankbarkeit als ergiebiges Forschungsfeld entdeckt.[26] Sie gilt mittlerweile als Schlüssel zu einem glücklichen Leben. Dankbare Menschen sind glücklicher und zufriedener als andere. Dankbarkeit setzt Endorphine frei, die unsere Stimmung aufhellen und uns glücklicher und gesünder machen. Unser Wohlbefinden steigt, je mehr Dankbarkeit wir empfinden.[27] So scheint unser jeweiliges Maß an Dankbarkeit für fast 20 Prozent unseres individuellen Glückslevels verantwortlich zu sein. Eine Meta-Studie ergab, dass Dankbarkeit von allen Persönlichkeitsmerkmalen am engsten mit mentaler Gesundheit und einem glücklichen Leben verbunden ist.[28] Andersherum betrachtet dürften Menschen mit einem höheren Grad an Wohlbefinden per se dankbarer sein.

Dankbarkeit ist ein Gegengift für Neid. Wenn wir dankbar sind für das, was wir haben, verschwenden wir weniger Gedanken daran, etwas anderes oder mehr von etwas zu wollen.

Dankbarkeit mildert unser Anspruchsdenken, auch in Bezug auf zwischenmenschliche Beziehungen. Mit einer dankbaren Haltung richten wir unsere Aufmerksamkeit eher darauf, was andere für uns getan haben, als auf das, was wir für sie getan haben. Indem sich unsere Aufmerksamkeit von einem inneren auf einen äußeren Fokus richtet, wirkt Dankbarkeit der Egozentriertheit entgegen. Dankbare Menschen sind großzügig, empathisch und hilfsbereit. Sie spenden durchschnittlich ein Fünftel mehr Zeit und Geld für gemeinnützige Projekte,[29] haben befriedigende soziale Beziehungen, sind stark in ihrem Umfeld verwurzelt und werden gemocht.

Dankbarkeit macht uns mental widerstandsfähig. Dankbare Menschen erholen sich schnell von Stress. Sie sehen eher das Positive und entdecken im Erlebten Möglichkeiten zur persönlichen Weiterentwicklung. Sie verlieren sich weniger in Schuldgefühlen und laufen weniger Gefahr, das Erlebte zu verdrängen. Das ist vorteilhaft für unsere Gesundheit, denn das Verdrängen von negativen Gefühlen und Erfahrungen macht krank. Darüber hinaus zeigt die Forschung, dass eine Zunahme an Dankbarkeit mit einem Push wichtiger Körperfunktionen einhergeht, unter anderem des Immunsystems und des Verdauungsapparates. Eine dankbare Haltung kann den Blutdruck senken und den Schlaf verbessern. Dankbarere Menschen leiden mit einer um zehn Prozent geringeren Wahrscheinlichkeit an stressbezogenen Krankheiten. Sie haben zudem mehr krankheitsabwehrende Zellen in ihren Körpern.[30] Sie ernähren sich fettärmer und verbringen mehr Zeit mit Sport.

Dankbarkeit verlängert das Leben: Forscher gehen davon aus, dass uns positive Emotionen bis zu sieben Jahre mehr Lebenszeit schenken können. Hier stellt sich wieder die Frage nach unserem Blick auf das Leben: Sehen wir die Welt als freundlichen oder feindlichen Ort? Ist sie voller Möglichkeiten oder Probleme? Geschenk oder Bürde? Sind wir zufrieden mit dem, was wir haben, oder entbehren wir etwas? Sind Herausforderungen eher Chancen oder Gefahren? Unsere Grundeinstellung hat weitreichende Folgen für unser Glück und unsere Gesundheit.

Eine dankbare Haltung scheint auch eine Frage des Alters zu sein: Studien zufolge nimmt Dankbarkeit mit dem Alter zu. Sie entsteht in einem komplexen Prozess in verschiedenen

Teilen des Gehirns, in den verschiedene Emotionen und Boten-
stoffe involviert sind.[31] Offensichtlich lernen wir mit dem Älter-
werden, Dinge in unserem Leben zu schätzen, die wir in jüngeren Jahren gar nicht wahrgenommen haben.

Wie so oft stehen wir uns auch in Hinblick auf Dankbarkeit
selbst im Weg. Zum Beispiel durch unseren eingebauten Vertei-
digungsmechanismus, die *selbstwertdienliche Verzerrung*. Erleben
wir Gutes, neigen wir dazu, dies uns selbst zuzuschreiben. Passiert etwas Schlechtes, machen wir andere oder die Umstände
dafür verantwortlich.

Ebenso hinderlich ist die *Asymmetrie von Rückenwind und
Gegenwind*: Wir konzentrieren uns auf Hindernisse, die wir
meistern müssen. Daran erinnern wir uns vorrangig, nicht an
die Chancen, die wir geboten bekommen haben.

Facebook, Instagram und andere zeigen uns permanent
das vermeintlich so viel bessere und schönere Leben der anderen – dem lästigen und giftigen *sozialen Vergleich* können wir uns
kaum entziehen.

Hinderlich ist auch der *Gerechte-Welt-Glaube*, wonach wir
erwarten, das zu bekommen, was uns zusteht. Dankbare Menschen haben hingegen das Gefühl, weit mehr zu bekommen.
»Das Leben ist ein Geschenk, für das wir dankbar sein sollten,
kein Recht, das wir einfordern können.«[32]

Dankbarkeit zu kultivieren ist eine bewusste Entscheidung.

Die Wirksamkeit gezielten *Dankbarkeitstrainings* wurde ins-
besondere von Glücksforscher Robert Emmons nachgewiesen.
Dass es möglich ist, unser Denken gezielt in eine dankbare
Richtung zu lenken, zeigt auch folgende Studie[33]: Die Proban-
den sollten Sätze beenden, die entweder aus einer dankbaren
Haltung heraus formuliert waren (»Ich bin froh, dass ...«) oder
aus einer verzichtsorientierten (»Ich wünschte, ich wäre ...«).
Am Schluss sollten sie einschätzen, wie zufrieden sie mit ihrem
Leben waren. Je nach vorgegebener Perspektive änderte sich
die angegebene Lebenszufriedenheit dramatisch.

Die US-Autorin Janice Kaplan lebte bewusst ein Jahr der Dankbarkeit und zeigt in ihrem Buch viele Ansätze dafür auf.[34] Zu den besonders wirksamen Methoden zur Kultivierung von Dankbarkeit zählt das Führen eines Tagebuchs. Ich nenne es *Logbuch der Dankbarkeit*. Darin werden regelmäßig bis zu fünf Dinge aufgeschrieben, für die wir an diesem Tag oder generell in unserem Leben dankbar sind. Von ganz kleinen Dingen wie dem köstlichen Sandwich in der Mittagspause bis hin zu großen wie der Geburt eines neuen Familienmitglieds. Dadurch zwingen wir uns, uns an gute Ereignisse, Erlebnisse, Personen oder Dinge im Leben zu erinnern. Wir konzentrieren uns auf das Gute im Leben und die damit verbundenen positiven Gefühle – ein Gegenmittel gegen die instinktive Ausrichtung unseres Gehirns auf negative Ereignisse. Die Ereignisse des Tages werden in einen neuen Zusammenhang gesetzt, was es uns erleichtert, sie in einem positiven Licht zu sehen. Das Wissen, dass wir abends noch etwas niederschreiben werden, kann unsere Stimmung während des gesamten Tages beeinflussen.

Aufschreiben zwingt uns, unsere Gedanken in konkrete Sprache zu übersetzen, wodurch wir sie bewusster wahrnehmen und fühlen. Worte schaffen Wirklichkeit. Dabei ist Studien zufolge weniger mehr: Nur ein- bis maximal dreimal pro Woche in das Dankbarkeits-Logbuch hineinzuschreiben, ist deutlich effektiver als jeden Tag.[35]

Die deutlichste Verstärkung positiver Gefühle erfahren wir, wenn wir an eine Person denken, der wir für etwas dankbar sind. In diesem Zusammenhang möchte ich den *Dankbarkeits-Brief* hervorheben. Wir richten ihn an jemanden, dem oder der gegenüber wir unsere Dankbarkeit nie richtig zum Ausdruck gebracht haben. Bei einem persönlichen Treffen lesen wir den Brief dann ohne Unterbrechung vor. Ein Dankbarkeits-Brief hilft nicht nur, uns die guten Dinge im Leben bewusst zu machen; er erinnert uns zudem daran, dass sich andere um uns sorgen und uns wertschätzen. Durch den Besuch stärken wir zudem unsere gegenseitige Verbindung.

Darüber hinaus gibt es eine Fülle weiterer Dankbarkeitsübungen, zum Beispiel die »Erinnerungen an das Schlechte«. Wir denken an die dunkelsten Zeiten in unserem Leben. Dann machen wir uns bewusst, dass wir jetzt in diesem Moment hier und in der Lage sind, uns daran zu erinnern. Dass wir es geschafft haben, die schweren Momente zu überstehen und wieder Licht zu sehen. Sich an das Schlechte erinnern hilft, das Gute wertzuschätzen.

Vergleichbar ist, sich mit der eigenen Sterblichkeit auseinanderzusetzen.[36] So wurden die Teilnehmer einer Studie gebeten, sich ein Szenario vorzustellen, in dem sie in einem brennenden Hochhaus eingeschlossen sterben würden. Die Forscher verglichen die Dankbarkeitswerte dieser Gruppe mit zwei Kontrollgruppen, die sich ihren eigenen Tod nicht vorgestellt hatten. Und stellten fest, dass die Konfrontation mit der eigenen Sterblichkeit zu einem substanziellen Anstieg an Dankbarkeit führte.

Ähnlich wirkt das Lesen von biografischen Schicksalsberichten.[37] Vergleichen wir unser eigenes Leben mit dem derer, die Schlimmes erlebt haben, fühlen wir uns nach der Theorie des sozialen Vergleichs automatisch besser. Darüber hinaus stellen viele dieser Biografien heraus, wie wichtig es ist, das Leben und das Zusammensein mit lieben Menschen intensiv zu genießen, so lange die Möglichkeit dazu besteht. Zu schnell gewöhnen wir uns an Menschen und Dinge, wodurch ihr Wert für uns sinkt.

Zu erkennen, wie gut wir es in diesem Moment unseres Lebens haben, führt dazu, ihn mehr zu genießen. Das bringt mich zum Konzept der *Achtsamkeit*, das untrennbar mit Dankbarkeit verbunden ist. Es geht dabei um das Kultivieren einer bewussten Aufmerksamkeit bei gleichzeitigem Verzicht, das Wahrgenommene zu bewerten. Die Aufmerksamkeit auf den Augenblick zu richten und Dankbarkeit zu empfinden sind zwei Seiten einer Medaille. Halten wir inne und wenden uns ganz dem zu, was gerade ist, so sind wir nahezu automatisch in der Lage, das Erlebte zu schätzen.

Ein Schlüssel zu mehr Achtsamkeit ist Meditation. In östlichen Kulturen zielt sie vor allem auf die Bewusstseinserweiterung ab. Der Geist soll beruhigt, die Gedankenflut eingedämmt werden. Das hörte sich für mich zu abgehoben an. Doch im Zuge der Recherchen für dieses Buch begriff ich, dass mir Meditieren im täglichen Leben helfen kann, mich zu fokussieren. Stundenlang zu meditieren ist nicht mein Ding, deshalb nutze ich die effizienten 5-Minuten-Einheiten einer Smartphone-App[38].

Um Dankbarkeit zu trainieren, können wir auf den reichhaltigen Fundus des *Achtsamkeitstrainings* zurückgreifen. Eine der grundlegenden Übungen entstammt der Zenpraxis. Wir widmen unsere komplette Aufmerksamkeit dem, was wir gerade tun: Zähne putzen, ohne in Gedanken die To-dos des Tages durchzugehen. Essen, ohne dabei Zeitung oder E-Mails zu lesen. Mit den Kindern spielen, ohne das Smartphone zu checken.

Weitere Praktiken sind Atemübungen, Achtsamkeitsmeditation und Yoga. Zunehmende Popularität gewinnt das MBSR-Programm (Mindfulness-Based Stress Reduction) von Jon Kabat-Zinn. Durch das gezielte Lenken von Aufmerksamkeit und Entwicklung von Achtsamkeit hilft es bei der Stressbewältigung.

Wenn wir *Ehrfurcht* empfinden, werden wir nahezu automatisch dankbarer und achtsamer. Das Gefühl von Ehrfurcht ist eine Reaktion auf etwas, das wir als enorm und überwältigend wahrnehmen und das unsere Sicht auf die Welt verändert.

Diese kraftvolle Emotion stärkt nicht nur unser Glücksempfinden und unsere Gesundheit, sondern reduziert das Anspruchsdenken und erhöht die Großzügigkeit. Das Gefühl größerer Verbundenheit mit den Dingen befreit von negativer Stimmung und erzeugt Glücksgefühle. Die eigene Wichtigkeit verliert gegenüber etwas, das größer und kraftvoller ist als wir selbst, an Bedeutung.

Bei Robert und mir hat das Meer diese Wirkung. Das unendliche und sich immer wieder neu zusammensetzende

Spiel der Wellen. Wolkenformationen, die über den Himmel jagen. Gewitterwolken, die sich plötzlich zusammenballen und in einem Energieausbruch Blitze auf das Wasser schleudern. Delfine, die aus dem Nichts auf uns zu jagen und um das Boot herumspielen. Das Meer hat uns immer wieder aufs Neue vor Augen geführt, dass wir nicht alles kontrollieren können. Dass wir nur ein winziger Teil eines großen Ganzen sind und uns selbst nicht so wichtig nehmen sollten. Es hat uns Respekt und Gelassenheit gelehrt.

Glücksforscher empfehlen, sich bewusst Momente der Ehrfurcht zu schaffen, zum Beispiel durch einen *ehrfurchtserzeugenden Spaziergang*[39]. Wir müssen nicht um die Welt reisen, wir können gezielt im Alltag Ausschau nach Möglichkeiten halten – nicht nur in der Natur, auch in Architektur, Kunst oder Musik.

Dankbarkeit zu kultivieren ist eine große Herausforderung. Trotz der intensiven Beschäftigung damit finde ich es nach wie vor schwer, eine dankbare Denkhaltung beizubehalten. Ich muss mich immer wieder selbst daran erinnern, dass sie wichtig ist und worin sie besteht. Wenn sich lästige Gedanken einschleichen wie »Hätte ich doch ...« oder »Ich wäre gerne schon so viel weiter«. Wenn ich nur an mich denke und mich selbst bemitleide. Ich rufe mir dann gezielt ins Bewusstsein: Lebe jetzt. Schau auf das, was du hast, und nicht auf das, was du nicht hast. Oder ich mache eine kleine Achtsamkeitsübung. Denn selbst in Zeiten, in denen ich an mir und allem zweifle, geht es mir objektiv gesehen ziemlich gut.

Denkanstöße
zur fünften Erkenntnis

Dankbarkeit ist ein willentlicher Akt –
wir selbst haben es in der Hand, eine dankbare
Denkhaltung zu kultivieren.

Schau auf das, was du hast, statt dich auf das
zu konzentrieren, was dir vermeintlich fehlt oder
was gerade schiefläuft.

Dankbarkeit bringt dich dazu, Dinge positiv zu
sehen und dich selbst nicht so wichtig zu nehmen.

Dankbarkeit stärkt das Selbstwertgefühl und
wirkt als Gegengift gegen den berüchtigten
Glücksfresser Neid.

Es gibt eine Fülle von Techniken, Dankbarkeit
zu trainieren. Zu den wirksamsten zählen das
Logbuch der Dankbarkeit und der Dankbarkeits-
Brief.

Leben ohne Liebe ist wie Segeln ohne Segel.

BHAJAN

Zusammen geht mehr

So schön die vielen Länder, Kontinente und Inseln sind, die Robert und ich mit Trinity bereisen durften: Es sind die Menschen, die unsere Reise zu etwas Besonderem gemacht haben. Sie haben die geografischen Orte mit Leben gefüllt und ihnen eine Seele gegeben.

Als soziale Wesen sehnen wir Menschen uns nach Zugehörigkeit, Anerkennung und Liebe. Unsere Bereitschaft, mit anderen Menschen zu kooperieren, entstammt vor allem unserem Bedürfnis nach Schutz und Sicherheit. In der Evolution war sie entscheidend für das Überleben der Spezies Mensch. Bindungen und Freundschaften sind wichtig für unser mentales und körperliches Wohlbefinden. Sie senken das Stresslevel und verlängern das Leben. Es mag Menschen geben, die die Einsamkeit bevorzugen – so wie Einhandsegler die Einsamkeit auf See schätzen. Doch auf Dauer macht Einsamkeit krank.

Emotionale Erfahrungen mit anderen formen unser Gehirn. In positiver Weise, wenn sie uns über längere Zeit emotionalen Halt und Ermutigung vermitteln. Negativ, wenn sie uns verletzen oder erniedrigen. Das Miteinander ist eine der größten Quellen des Glücks. Und durch Konflikte eine des Unglücks.

Das menschliche Miteinander ist herausfordernd und geheimnisvoll. Gerade für mich. Obwohl ich mit drei jüngeren Brüdern aufgewachsen bin und mich damit auskennen sollte, litt

ich manchmal an einer Art »Sozial-Legasthenie«. Eine Lese-
und Rechtschreibschwäche im Umgang mit anderen Menschen.
Als notorischer Schlaumeier und Besserwisser unterbrach ich
gerne und ließ anderen in Diskussionen häufig nicht allzu
viel Raum. Als Teenager war ich davon überzeugt, dass ich
das Leben alleine meistern könne. Dementsprechend hatte ich
nicht viele Freunde. Die wenigen Freundschaften waren dafür
umso intensiver. Auch heute bin ich kein Cliquenmensch.
Mir ist ein intensiver Abend mit wenigen Menschen lieber als
eine große Runde, wo Gespräche meist an der Oberfläche
bleiben. Immerhin bin ich ein Beziehungsmensch. Trotz
meiner erwähnten Probleme mit Commitment habe ich mich
vor zwei Jahrzehnten für Robert entschieden.

Zusammen geht mehr: die Paarbeziehung

Eine harmonische Paarbeziehung ist die hohe Schule des sozialen Miteinanders. Wie viele Menschen gehen aus Angst vor
zu viel Nähe oder Enttäuschungen enge Bindungen gar nicht
erst ein. In Deutschland wird jede dritte Ehe geschieden. Oft
schon nach wenigen Jahren. Immerhin ist die Zahl der Schei-
dungen nach einem Peak 2004 seit Jahren rückläufig. Obwohl
gleichzeitig die Ansprüche an Beziehungen steigen. Möglicherweise liegt das daran, dass früher eher aus Sicherheits-
gründen geheiratet wurde, heute aus emotionalen.[40]

Immer wieder werden Robert und ich gefragt, was das Geheim-
nis unserer Beziehung sei: »Fünf Jahre auf so engem Raum, 24/7.
Und immer noch zusammen?« »Ihr seid so lange verheiratet
und habt immer noch Spaß miteinander. Wie macht ihr das?«
　　Beim Kennenlernen waren vermutlich unsere Moleküle
positiv geladen – aus biologischer Sicht eine Grundvoraussetzung für die erfolgreiche Beziehungsanbahnung. Sympathie

lässt sich nicht erzwingen. Sie entsteht, wenn die Chemie stimmt.[41] So haben Studien ergeben, dass es bei harmonierenden Paaren zu einem spezifischen Zusammenspiel der Schweißproduktion kommt.[42] Die Partner können sich im wahrsten Sinne des Wortes gut riechen. Über den Geruch prüfen wir unbewusst das Immunsystem des anderen, das sich im Sinne gesunder Nachkommen möglichst stark von unserem unterscheiden soll.

Regelmäßig listen Studien den Sinn für Humor als einen der wichtigsten Erfolgsfaktoren für eine gelungene Beziehung auf. Humor ist zudem eine der wichtigsten Eigenschaften, die wir in einem potenziellen Partner suchen. Robert und ich lachen viel und gerne miteinander – zum Glück über dieselben Dinge. Victor Borge bezeichnete Lachen als »die kürzeste Distanz zwischen zwei Menschen«. Humor ist auch eine Deeskalationsstrategie in Konflikten, denn er signalisiert dem anderen eine Bereitschaft zum Einlenken. Natürlich nur, wenn er aufrichtig ist.

Als Schlüsselkomponente einer glücklichen Beziehung gilt auch die Fähigkeit, bei täglichen Aufgaben zusammenzuarbeiten. Ein eingespieltes, funktionierendes Team zu sein. Das kann profane Dinge wie die Haushaltsführung betreffen. Oder größere Herausforderungen wie gemeinsame berufliche Projekte oder eben eine Auszeit per Boot. Erfolgreiche Teams nutzen die individuellen Fähigkeiten ihrer Mitglieder. Robert und ich haben vor der Reise beruflich zusammengearbeitet und festgestellt, dass wir uns gut ergänzen. Zusammen können wir etwas viel Größeres schaffen, als jeder von uns allein in der Lage wäre. So war es auch während der Zeit auf Trinity. Nicht nur in brenzligen Situationen, wo sofortiges Hand-in-Hand-Arbeiten erforderlich ist. Auch bei komplizierten handwerklichen Problemstellungen. Im Team lösen wir die kniffeligsten Fälle.

Unsere Kräfte sind ausgewogen. Das ist oft von Vorteil – und manchmal auch von Nachteil. Leicht machen wir es uns gegenseitig nicht. Wir können beide nicht gut klein beigeben.

Sind wir nicht einer Meinung, versuchen wir leidenschaftlich, den anderen zu überzeugen. Doch in der Regel schaffen wir es, gemeinsam eine gute Lösung zu finden. Nur wo Reibung ist, kann Energie entstehen.

Uns war von Anfang an wichtig, dass jeder von uns alles kann. Und alles macht, inklusive Schrauben. Dass wir beide das Schiff voll und ganz beherrschen, auch in Hafenmanövern und Stürmen. Dabei war es hilfreich, dass wir das Segeln gemeinsam entdeckt und von Grund auf erlernt haben. Wir können uns hundertprozentig aufeinander verlassen und beruhigt schlafen, wenn der andere oben Wache schiebt.

Auf einem Boot werden Beziehungen auf eine harte Probe gestellt. Der Lebensraum an Bord ist begrenzt, es ist kaum möglich, sich aus dem Weg zu gehen. Wir müssen uns miteinander arrangieren und uns den Dingen stellen. Wege finden, um Konflikte auszutragen. Kompromisse schließen, auch wenn es schwerfällt. Dem anderen seinen Raum lassen. Paare merken da ziemlich schnell, ob sie es miteinander aushalten können, in guten wie in schlechten Zeiten. Deutlich schneller als im wahren Leben, denn das Paarleben an Bord ist konzentrierter und komprimierter. Der ultimative Stresstest für jede Beziehung. Unterwegs haben wir einige Trennungen mitbekommen. Oft hatte die Beziehung vorher schon einen Knacks, die Reise sollte sie wieder festigen. Doch diese Rechnung geht nicht auf.

Unabdingbar für das Gelingen einer Beziehung sind gemeinsame Ziele. Ob dies der Fall ist, zeigt sich leider häufig erst, wenn Paare eine Richtung eingeschlagen haben, die einer mehr wollte als der andere. Wie oft haben wir beobachtet, dass das Segeln der große Traum eines Partners ist, meist der des Mannes. Sie segelt mit, um ihm die Erfüllung seines Lebenstraums zu ermöglichen. Nicht aus Leidenschaft. Es fehlen die gemeinsamen Ziele und Visionen.

Studien zufolge liegen häufige Konfliktquellen von Paaren in Themen wie Geld, Kommunikation oder Anerkennung. In

Hinblick auf gegenseitige Anerkennung entstehen Konflikte häufig aus dem Phänomen des *Unbewussten Überbeanspruchens*. Wir Menschen neigen dazu, unseren eigenen Beitrag und unsere Fähigkeiten im Vergleich mit dem Partner deutlich zu überschätzen. Und regen uns über jedes vermeintliche Ungleichgewicht auf. Wie bei der Hausarbeit.

Zudem unterliegen wir einer *Negativitätsverzerrung*: Weil die menschlichen Reaktionen auf negative Ereignisse schneller und intensiver als Reaktionen auf gute Ereignisse sind, fokussieren wir uns vor allem auf Fehler und Unzulänglichkeiten des anderen. Und nehmen im Gegenzug Tugenden als selbstverständlich hin.

Ein besonderer Beziehungskiller ist *Eifersucht*, die nichts weiter als eine Mischung aus Selbstzweifeln und mangelndem Vertrauen ist. Wie wir lieben, wird unter anderem von der Qualität unserer frühkindlichen familiären Bindungen beeinflusst: sicher, ängstlich oder gar vermeidend.

Schleichen sich in Diskussionen zwischen Partnern hässliche Verhaltensweisen wie Missbilligung, destruktive Kritik, Verteidigungshaltung oder Abwimmeln ein, dann steht es nicht gut um die Beziehung. Der US-Psychologe John Gottman nennt sie deswegen *»die apokalyptischen Reiter«*. Tauchen alle gleichzeitig in einer Paar-Interaktion auf, so liegt die Wahrscheinlichkeit einer bevorstehenden Scheidung bei über 90 Prozent.[43]

213

Der Schlüssel zu einer gelingenden Paarbeziehung liegt darin, uns unserer eigenen Handlungen, Gedanken und Gefühle sowie der unseres Partners bewusster zu werden. Die Beziehung sollte nicht als »Erlösungsstätte«, sondern als Wachstumsort betrachtet werden.[44] Wir sollten nicht versuchen, den anderen zu ändern. Aus Erwartungen an den anderen entstehen häufig Machtkämpfe.[45] Doch der andere ist, wie er ist, und muss nicht sein, wie wir ihn uns wünschen. Zunächst dienen Kritik und Nörgelei als wichtige Infos und Veränderungsmotor. Doch als Dauerzustand machen sie den anderen aggressiv und werden zum Beziehungskiller.

In Auseinandersetzungen sollten auf keinen Fall die eigenen Gefühle unterdrückt, sondern Ärger und Wut herausgelassen werden. Alles andere ist ungesund. Nur wenn heftigen Empfindungen Ausdruck verliehen wird, können sie sich auflösen. Jedoch nicht vor den Augen unseres Partners – das würde dessen Ärger nur verstärken. Zudem sollten wir den Ausbruch zeitlich begrenzen: Üblicherweise ist nach fünf Minuten die erste Welle heftiger Empfindungen abgeebbt. Sonst werden Mücken zu Elefanten. Wir verschwenden Energie und werden handlungsunfähig. Unter Anspannung sind wir nicht in der Lage, neue Lösungen zu finden.[46]

Es kommt auf die Wahrnehmung an: Welche Liebe wir auch immer im Herzen fühlen – der andere hat nur die Möglichkeit, das wahrzunehmen, was wir tatsächlich sagen, tun oder an »Schwingungen« aussenden. Unser Partner muss unsere Liebesbotschaften sinnlich erfassen und richtig interpretieren können. Dasselbe gilt für Bedürfnisse oder Wünsche, die wir selbst an unseren Partner haben. Wir müssen diese irgendwie äußern, damit er sie wahrnehmen kann. Ihm intuitiv die Wünsche von den Lippen abzulesen ist eine Kunst, die ausgeprägte empathische Fähigkeiten erfordert.

Es sind die kleinen Gesten, die zählen. Eine aktuelle Studie zeigt, dass die meisten Deutschen zärtliche Berührungen im Alltag und gegenseitige Neckereien als größere Liebesbeweise deuten als zum Beispiel teure Geschenke oder inszenierte Romantik.[47] Zärtliche Umarmungen sollten übrigens mindestens sechs Sekunden dauern. Das ist die Minimalzeit, die das Gehirn benötigt, um den Fluss von Oxytocin und Serotonin anzuregen, den bindungsstärkenden Substanzen.

US-Psychologe Gottman rät zudem zur Glücksformel »5:1«: In einer Beziehung sollte es fünfmal mehr positive als negative Interaktionen geben. Auf ein böses Wort sollten also mindestens fünf liebe Worte folgen. Je höher der Quotient zwischen positiv und negativ, desto glücklicher ist die Beziehung.

Zusammen geht mehr:
Miteinander und Freundschaften

Wir sind von Natur aus auf Bindungen und Freundschaften programmiert. Durchschnittlich haben wir ein bis zwei richtig enge Freunde und bis zu fünf beste drum herum.[48] Freunde geben sich gegenseitig praktische Hilfe und emotionale Unterstützung. Die Möglichkeit, sich jemandem anzuvertrauen und Erfahrungen zu teilen, ist eine wichtige Verarbeitungsstrategie. Hätten Robert und ich nicht immer wieder die Möglichkeit gehabt, uns mit alten und neuen Freunden über unsere Probleme auszutauschen, wären wir wohl verzweifelt.

Unterwegs waren wir immer wieder überwältigt von der Hilfsbereitschaft und Großzügigkeit, die uns entgegengebracht wurde. Ein unbekannter Ruderer bot uns sein Auto an, um einkaufen zu fahren. Marshall beherbergte uns in seiner Marina, stellte uns seine Werkstatt zur Verfügung und half mit viel Know-how aus. Er und Alice nahmen uns in ihr Haus auf, als Trinity bei Minusgraden an Land stand. Unser Rasta-Freund in Trinidad opferte seine wenige Freizeit, um uns tatkräftig auf der Riesenbaustelle zu helfen. Und so viele mehr. Gegenseitiges Helfen bringt uns einander näher und festigt Bindungen. Experimente mit Kleinkindern beweisen, dass Hilfsbereitschaft in der Natur des Menschen liegt.

Geben macht uns glücklicher als Nehmen. Indem sich Geben und Glück gegenseitig verstärken, entsteht eine positive Feedback-Schleife. Geben beschränkt sich nicht auf Materielles: Oft ist es viel wichtiger, Aufmerksamkeit und Zeit mit jemandem zu teilen, ihm Gehör zu schenken und Hilfe anzubieten.

Geben muss freiwillig geschehen. Sobald wir Druck von außen spüren, sinkt unsere Bereitschaft zu geben. Unfreiwillig teilen wir nur, wenn wir schlechte Stimmung vermeiden wollen. Bleibt die Harmonie-Belohnung aus, stellen wir das Teilen sofort ein.

Großzügigkeit und Hilfsbereitschaft heben die Stimmung. Übrigens nicht nur dann, wenn wir sie selbst ausüben, sondern auch, wenn wir nur Zeuge davon werden.[49]

Robert und ich sind hilfsbereiter und großzügiger als früher. Wir wollen möglichst viel zurückgeben.

Leider stehen wir Menschen uns in Hinblick auf ein harmonischeres Miteinander immer wieder selbst im Weg. Treffen wir Unbekannte, entscheiden wir uns unbewusst in Millisekunden für »Freund oder Feind«. Vom Gesicht schließen wir automatisch auf Persönlichkeits- und Charaktermerkmale.[50]

Unsere visuelle Wahrnehmung wird ergänzt durch den *fatalen Bestätigungsfehler*: Wir können den anderen nur so sehen, wie wir ihn sehen wollen.[51] Denn nach der unbewussten Bewertung konzentrieren wir uns auf das, was unsere erste Meinung bestätigt. Und ignorieren alles, was das Bild ins Wanken bringen könnte.

Gegenüber unseren Mitmenschen neigen wir dazu, *Stereotype* zu bilden: eine Strategie des Gehirns, um die Fülle der Wahrnehmungen einordnen und verarbeiten zu können. Negative Folge dieses Schubladendenkens sind Vorurteile, die uns davon abhalten, über Gruppengrenzen hinweg auf andere zuzugehen.

Zudem sind wir bestrebt, unser *Selbstwertgefühl* zu schützen und zu maximieren.[52] Gerade unter Freunden kann das problematisch werden. Die Freude über einen Erfolg des anderen hält sich in Grenzen, wenn der Erfolg auf einem für uns selbst wichtigen Gebiet eintritt und die Freundschaft sehr eng ist. Dann ist unser Ego bedroht. Mit der Folge, dass wir uns distanzieren oder den Freund sogar sabotieren.

Einem harmonischen Miteinander steht auch die Neigung zum *sozialen Vergleich* im Weg. Vergleichen wir uns mit Menschen, die vermeintlich unter uns stehen, so wollen wir unser Selbstbild aufwerten, um unser Selbst zu schützen und unsere Laune zu verbessern. Leider geht diese Selbstaufwertung mit einer Abwertung der anderen einher, was auf Dauer unbeliebt macht. Außerdem zeugen ständige Abwärtsvergleiche von Schwäche und Unsicherheit.

Weiteres Beziehungsgift ist *Rechthaberei.* Wir entwerten andere, um Macht auszuüben. Wollen ihnen unser Denk- und Wertesystem aufdrängen und sie unserer Meinung unterwerfen. Das kostet Zeit und Nerven und führt zu nichts.

Kontraproduktiv ist auch *Jammern.* Wir sprechen dann nicht über Gefühle, sondern bewerten unsere »ungünstige« Lebenslage. Mit der Folge, dass andere uns meiden. Das haben auch Robert und ich zu spüren bekommen, wenn wir uns zu viel über Missgeschicke beklagt haben.

Zu wenig Schlaf kann dazu führen, dass wir soziale Kontakte vermeiden, distanzierter und unempathischer werden.[53] Wir werden aggressiver und haben uns weniger gut unter Kontrolle. Wenn Robert und ich auf den langen, schlaflosen Ozeanpassagen solche Tendenzen spürten, sind wir instinktiv wortkarg geblieben.

Wie kann ein harmonischeres Miteinander gelingen?

Unser Verhalten gegenüber anderen wird wesentlich von unserer eigenen *Stimmung* geprägt.[54] Sie spiegelt unsere Einstellung zu uns selbst und zum Leben. Nur in positiver Stimmung kann ein auf Harmonie ausgerichtetes Verhalten gelingen. Ein harmonisches Miteinander beginnt mit uns selbst. Der erste Schritt liegt in der Bewusstwerdung. *Selbstwahrnehmung* gilt deshalb auch als Grundprinzip der emotionalen Intelligenz. Sie gelingt durch Selbstbeobachtung: So können wir zum Beispiel Vorurteile oder automatische Abwertungen aufschreiben, um uns unserer unbewussten Bewertungen klar zu werden. Grundvoraussetzung für jede Verhaltensveränderung sind reflektierte Erfahrungen.

Wir begegnen nicht anderen Menschen, sondern immer nur uns selbst und unseren eigenen Vorstellungen. Auf dieser Basis formulieren wir unbewusst Erwartungen an andere. Wir können von anderen alles erwarten, nicht jedoch, dass sich unsere Erwartungen erfüllen. Aufrichtige Wertschätzung bedeutet, andere nicht verändern zu wollen, sondern ihre Einzigartigkeit anzuerkennen.

Eine solche Haltung können wir nur entwickeln, wenn wir uns selbst lieben, bedingungslos mit allen Schwächen. Ein erster Schritt dahin ist, *Selbstmitgefühl*[55] zu praktizieren. Das bedeutet, uns selbst in der gleichen verständnisvollen und unterstützenden Art und Weise wie einem guten Freund zu begegnen. Selbstmitgefühl umfasst Achtsamkeit gegenüber allen Gedanken und Gefühlen (keine Verdrängung), gemeinsame menschliche Erfahrung (wir sind nicht allein, Schmerz ist Teil des Lebens) und Selbstfreundlichkeit (Wohlwollen, kein Verurteilen). Es lässt sich zum Beispiel durch das Schreiben eines *Selbstmitfühlenden Briefes* trainieren.

Ein harmonisches Miteinander wird leichter, wenn wir uns eine unsichtbare Vernetzung zwischen den Menschen vorstellen.[56] Eine solche bilden die *Spiegelneuronen*, die uns in die Lage versetzen, uns in andere einfühlen und mit ihnen fühlen zu können. Sie werden auch Dalai-Lama-Neuronen[57] genannt, weil sie die Grenze zwischen uns und anderen auflösen.

Nachdem das zwanzigste Jahrhundert unter Psychologen als Zeitalter der Introspektion galt – der nach innen, auf die eigene Psyche gerichteten Beobachtung –, wurde das einundzwanzigste Jahrhundert zum Zeitalter der Empathie ausgerufen. Sie ist der Schlüssel zu einem gelungenen Miteinander: die Fähigkeit und Bereitschaft, Empfindungen, Emotionen, Gedanken und Persönlichkeitsmerkmale anderer Menschen zu erkennen, zu verstehen und nachzuempfinden. Unsere empathischen Fähigkeiten sind unterschiedlich stark ausgeprägt. Wir können sie jedoch gezielt trainieren.[58]

Zum Beispiel, indem wir uns verdeutlichen, dass das Verhalten jedes Menschen durch seine bisher gemachten Erfahrungen und seine Persönlichkeit bestimmt wird, er oder sie quasi darin gefangen ist. Wir sollten nicht von uns selbst auf andere schließen. Was ich mir wünsche, ist für den anderen vielleicht unwichtig – und umgekehrt.

Um unser Verständnis und Mitgefühl für andere zu stärken, könnten wir uns täglich folgenden Text vorlesen: »Wir alle sind die Summe unserer bisherigen Erfahrungen. Jeder hat recht in dem, was er denkt und fühlt.« Selbstgewählte, wiederholte Übungen wie diese führen zu Verhaltensänderungen.

Oder wir spielen »Stimmungskaraoke«: Wenn wir einen Film schauen, wählen wir einen Protagonisten und versuchen, dessen Empfindungen zu erkennen und mitzuempfinden. Am effektivsten ist es, wenn wir die Gesichtsregungen nachahmen.

Empathie lässt sich auch durch das Lesen von Romanen steigern.[59]

Entspannungsübungen wie Meditation stärken ebenfalls unsere empathischen Fähigkeiten. Studien zufolge verändert regelmäßige Meditation die für Empathie zuständigen Hirnregionen.

Eine weitere Methode ist das *aktive Zuhören*.[60] Wir signalisieren unserem Gegenüber Akzeptanz und positive Aufmerksamkeit, indem wir folgende Grundregeln beachten: Das Gehörte in eigenen Worten wiederholen, um sicherzustellen, dass wir verstanden haben. Fragen stellen, ohne sofort Schlussfolgerungen zu ziehen. Empathie ausdrücken, ohne auf negative Gefühlsäußerungen einzusteigen. Wertung und kluge Ratschläge vermeiden. Später können wir anbieten, unsere Perspektive auf die Dinge zu teilen. Dabei sollten wir ausschließlich »Ich«-Botschaften verwenden. So schaffen wir mehr Vertrauen, weniger Missverständnisse und bessere Problemlösungen. Das klingt einfacher, als es ist.

Einem harmonischen Miteinander dient auch die *gewaltfreie Kommunikation* nach Marshall Rosenberg. Es geht darum, eine auf Kooperation und gemeinsamer Kreativität basierende Beziehung zu entwickeln, statt andere zu einem bestimmten Handeln zu drängen. Der verbesserte Kommunikationsfluss ermöglicht eine friedliche Konfliktlösung.

Aus der Paarforschung ist bekannt, dass Bindungen umso länger halten, je empathischer Konflikte ausgetragen werden. Die Fortdauer einer Beziehung wird nicht gefährdet, solange wir dem anderen durch kleine Signale, Gesten, Worte zu verstehen geben, dass wir trotz der Auseinandersetzung mit ihm mitfühlen.

Kritik sollten wir nie an einer Person, sondern immer nur an ihrem *Verhalten* festmachen. Wir sollten über Taten oder Vorwürfe diskutieren, nie über die Person selbst. Indem wir Person und Verhalten voneinander trennen, machen wir das Verhalten besprechbar.

Konfliktsituationen können wir gezielt positiv umdeuten, indem wir sie als Lerneinheiten betrachten, die uns stärker machen. Wenn zum Beispiel jemand über uns tratscht, könnten wir uns bewusst in Gelassenheit üben.

Eine der wichtigsten Lektionen, die Robert und ich aus den vielen Erlebnissen mit den Menschen auf unserer Reise mitgenommen haben, ist, offen und vorurteilsfrei auf andere zuzugehen. Gerade auf die, mit denen es auf den ersten Blick keine Gemeinsamkeiten gibt und die deshalb nicht in unser »Komfortschema« passen. Es kostet Kraft, sich von den einprogrammierten Stereotypen zu lösen – aber es lohnt sich. Studien zeigen, dass es uns besonders glücklich macht, wenn wir über die Grenzen unserer eigenen Gruppe hinweg Freundschaften schließen – vermeintlichen Grenzen wie Hautfarbe, kulturellem Hintergrund, Alter, sozialer Schicht und so weiter. Solche Beziehungen helfen uns, andere Perspektiven besser verstehen zu lernen. Und geben unserem Glück einen besonders starken Push. Das haben Robert und ich nicht zuletzt in der Chatham Bay auf Union Island erfahren. Pleasure und seine Familie nahmen uns mit offenen Armen und ohne Vorbehalte auf. So bekamen wir Einblick in ein Leben mit einfachsten Mitteln, ohne Elektrizität und fließendem Wasser. Und doch voller Lebensfreude. Das hat uns nicht nur Demut gelehrt, sondern darin bestärkt, dass wir Menschen über alle Grenzen hinweg Teil einer Welt und miteinander verbunden sind.

Eine weitere Lektion: Jeder Mensch hat dir etwas zu sagen. Wie bei meiner Begegnung mit dem Mann, der einen Schlaganfall erlitten hatte. Er hat uns an Dankbarkeit und Demut erinnert. Und daran, nicht achtlos an Menschen vorbeizugehen, die unsere Unterstützung brauchen.

Das Glück der anderen und unser eigenes Glück sind untrennbar miteinander verwoben. Einer der besten Wege zum Glück ist, andere glücklich zu machen. Andere glücklich machen können wir wiederum am besten, wenn wir selbst glücklich sind. Das Streben nach Glück ist also weit davon entfernt, ein egoistisches Ziel zu sein.

Denkanstöße
zur sechsten Erkenntnis

Freundschaften und enge Bindungen sind
unabdingbar für unser Glück und unsere
Gesundheit.

Harmonische Beziehungen beginnen bei uns
selbst. Am Anfang stehen Bewusstwerdung
und Selbstbeobachtung:
Wie verhalten wir uns gegenüber anderen?
Wo haben wir Entwicklungspotenzial?

Die Stärkung von Selbstmitgefühl und Empathie
sind der Schlüssel zu einem besseren Miteinander.

Das Verhalten jedes Menschen wird von der Summe seiner Erfahrungen und seiner Persönlichkeit bestimmt. Wir können von anderen alles erwarten – nicht jedoch, dass sich unsere Erwartungen erfüllen. Schließen wir stets von uns auf andere, werden wir enttäuscht.

Freundschaften über Gruppengrenzen hinweg machen besonders glücklich.

Egal, wie sehr wir unseren Partner lieben: Der andere muss unsere Liebe(sbeweise) wahrnehmen können. Gleiches gilt für unsere Wünsche und Bedürfnisse.

You can't fight the ocean – you can only navigate it.

Sich für die Unwetter des Lebens wappnen

Oft machen wir uns selbst das Leben schwer, indem wir über Dinge jammern, die wir nicht ändern können. Oder uns diffusen Zukunftsängsten hingeben. Wie oft fokussieren wir uns auf Negatives und übersehen, was das Leben gerade an Schönem zu bieten hat.

Wie Robert und ich. Häufig haderten wir mit dem Schicksal. Oft auch mit der vermeintlichen Wurzel allen Übels, unserer Trinity (»Warum haben wir uns bloß für dieses Schiff entschieden? Viel zu teuer, viel zu viel Technik und viel zu alt!«). Wie oft warfen uns unvorhergesehene Ereignisse aus der Bahn. Wenn wir uns durch ein Missgeschick hindurchgekämpft und wieder aufgerappelt hatten, passierte ein noch größeres. Wie vor Cape Hatteras, als wir nach vielen Wochen harter Arbeit endlich wieder davon träumen konnten, doch noch in den Pazifik zu segeln. Und dann zum zweiten Mal innerhalb von zwei Wochen der Motor versagte. Unser Traum platzte.

Wir sind in eine menschliche Falle getappt. Durch die einprogrammierte Negativitätsverzerrung überschatten negative Ereignisse das Positive. Wir haben die Tendenz, Fehler und Negatives im Leben überzubewerten und uns leichter an negative Informationen zu erinnern. Evolutionär gesehen ist das sinnvoll – einst ging es darum, das menschliche Überleben zu sichern. Zum Beispiel, indem sich unsere Vorfahren Geschmack und Aussehen einer giftigen Beere einprägten. Auch heute ist der Fokus auf Negatives nicht per se verkehrt:

Indem wir uns an Probleme und Fehler erinnern, können wir zu besseren Lösungen gelangen.

Paradoxerweise ist es gerade die intensive Beschäftigung mit der Vergangenheit oder Zukunft, die uns Menschen die Ruhe raubt.[61] Allzu oft machen wir uns wegen unserer Fehler selbst fertig oder grübeln über deprimierende und schmerzvolle Ereignisse der Vergangenheit nach. Kauen wir auf negativen Gedanken herum, so werden sie immer größer. Viele wählen deshalb den scheinbar einfacheren Weg der Verdrängung. Doch Ängste, Sorgen und Verletzungen treiben im Unterbewusstsein weiter ihr Unwesen. Negative Gefühle intensivieren sich.

Oder wir sorgen uns um Dinge, die die Zukunft bringen könnte. Kultivieren Ängste. Im Vorhinein stellen wir uns negative Ereignisse belastender vor, als sie de facto werden. Denn nach der Adaptionstheorie passen wir uns viel schneller an veränderte Umstände an, als wir denken. Mark Twain bringt es auf den Punkt: »Die schlimmsten Dinge in meinem Leben haben niemals stattgefunden«.

Inzwischen ist nachgewiesen, dass negative Gedanken unsere Gesundheit gefährden. Viele Krankheiten, insbesondere chronische, gehen mit einem erhöhten Stresslevel einher.[62] Stress wird durch einen *Zustand seelischer Aufruhr* verursacht: durch Sorgen, Ängste, unbefriedigende oder ärgerliche Situationen, chronische Überlastung und negative Emotionen wie Rachegelüste oder Wut. Bei Erkrankungen wie Herzleiden, Krebs, Diabetes oder Alzheimer spielen *Entzündungen* eine zentrale Rolle. Sie sind nichts anderes als Stressreaktionen des Immunsystems. Ausgelöst werden sie durch die weißen Blutkörperchen, die ein Problem entdecken und bekämpfen. Diese reagieren nicht nur auf körperliche Phänomene, sondern auch auf Sorgen, Ärger, Ängste. Mit der Folge, dass Entzündungen im Körper verursacht werden, ohne dass die Leukozyten etwas Konkretes bekämpfen.

Wird das Immunsystem durch dauerhaften Stress geschwächt, wird auch die Aktivität der »Killerzellen« reduziert.[63] Deren Aufgabe ist das Erkennen und Abtöten von tumor- und virusinfizierten Zellen.

Auf Dauer können uns negative und destruktive Gedanken also die Gesundheit kosten. Denselben Effekt haben unangenehme Erinnerungen. Jedes Mal, wenn sie aktiviert werden, speichert sie das Gehirn aufs Neue und verankert sie so nach und nach immer fester. Kein Wunder, dass Menschen, die häufig über negative Erlebnisse nachdenken, ein höheres Risiko für Herzerkrankungen haben.[64] Die negative Erinnerung treibt jedes Mal Blutdruck und Herzschlag in die Höhe.

Auch wenn ich geahnt habe, dass negative Gedankenenergie krank macht – diese eindeutigen Zusammenhänge haben mich schockiert. Dass Gedanken, die zu nichts führen, eine so verheerende Wirkung in unserem Körper haben können. Psychische Erkrankungen sind heute einer der wichtigsten Gründe für Berufsunfähigkeit.

Mit diesem Wissen müsste doch eigentlich jeder von uns sofort anfangen, negative Gedanken zu boykottieren. Und sich an unverarbeitete Themen heranwagen, die im Unterbewusstsein ihr Unwesen treiben. Statt Symptome behandeln zu lassen, wäre es besser, sich mit den wahren Ursachen auseinanderzusetzen – so schmerzhaft sie auch sein mögen.

Das ist leichter gesagt als getan. Wie schaffen wir es, uns von negativen Emotionen, Sorgen, Ängsten und schlimmen Erlebnissen nicht länger das Leben schwer machen zu lassen? Wie und wo sollen wir anfangen?

Grundvoraussetzung ist, zu akzeptieren, dass wir negative Gedanken haben. Erst dann können wir uns sinnvoll mit ihnen auseinandersetzen. Nur dann verlieren sie ihre Macht.

Therapeuten empfehlen die Methode der *Selbstdistanzierung*[65]: Am Anfang steht der feste Wille, Emotionen anzunehmen, egal, wie sie aussehen. Wir identifizieren uns nicht weiter mit ihnen, sondern sehen sie als etwas von uns Losgelöstes (»Ich bin nicht meine Angst – ich habe Angst«). Statt mit Furcht oder Ablehnung betrachten wir die Emotionen mit Neugier, was ihr Verstehen erleichtert. Dann benennen wir sie, wodurch innere Erlebnisse validiert und ihre Intensität verringert wird. Unser Gehirn wird beruhigt, wir fühlen uns besser und denken klarer.[66] Wichtig ist, die Emotionen als vorübergehend wahrzunehmen (»*In diesem Moment* fühle ich mich ärgerlich, verletzt, ...«).

Wir können uns die Selbstdistanzierung als Standardreaktion auf negative Gedanken angewöhnen. Dadurch verringern wir nicht nur unsere negativen Emotionen, sondern stärken zugleich das Vertrauen in die eigenen Fähigkeiten.

Liegen negative Gedanken in traumatischen Erfahrungen begründet, ist es ratsam, sie mit therapeutischer Hilfe als Teil der eigenen Geschichte annehmen zu lernen.

Geschehnisse der Vergangenheit können wir nicht ändern. Aber wir selbst entscheiden, wie viel Raum wir ihnen in unseren Gedanken zugestehen.

Shakespeare schreibt: »An sich ist nichts weder gut noch böse. Das Denken macht es erst dazu.« Es sind unsere *Bewertungen*, die Dinge zu etwas Negativem machen. Nicht die realen Gegebenheiten beeinflussen unsere Gedanken, sondern unsere Beurteilung. Sie bestimmt unser Erleben.

Wir haben es also in der Hand, wie wir einen Moment beurteilen. Wenn wir das verinnerlichen, fühlen wir uns nicht länger als Opfer der Umstände, sondern erlangen Macht über Situationen. Eigenmacht statt Ohnmacht.[67]

Hier kommt die Strategie des Perspektivwechsels – das *Reframing* – ins Spiel. Reframing bezeichnet die Fähigkeit, ein Verhalten oder eine Situation aus unterschiedlichen Blickwinkeln zu beleuchten, sie in Perspektive zu rücken und neu zu interpretieren. Auf diese Weise können wir ein vermeintliches Scheitern in eine positive Erfahrung verwandeln. Ganz im Sinne von »Beschwere dich nicht über die Dornen am Rosenstrauch. Freue dich über die Rosen am Dornenstrauch«.

Wir können nicht verhindern, dass in unserem Leben ärgerliche, traurige, tragische Dinge passieren. Wir haben nicht immer unter Kontrolle, was geschieht. Aber wir entscheiden, wie wir darauf reagieren. Zwischen einem äußeren Reiz und unserer Reaktion besteht ein Handlungsspielraum.

Eine Quelle der Inspiration ist Viktor Frankl. Der österreichische Neurologe und Psychiater überlebte im Zweiten Weltkrieg die Gräuel von Auschwitz und anderen Konzentrationslagern und verarbeitete diese Erfahrungen in einem Buch.[68] Frankl versuchte, die positiven Seiten seiner schrecklichen Erlebnisse zu sehen. Er betrachtete das existenzielle Streben nach Sinn im Leben als primäre Motivationskraft des Menschen und entwickelte eine darauf basierende Therapieform, die Logotherapie. Sie hilft Menschen dabei, die Sinnpotenziale, die in jeder Lebenssituation verborgen liegen, aufzuspüren und zu nutzen.

Für Frankl ist die Wahl unserer Einstellung in jeder Situation des Lebens »die letzte der menschlichen Freiheiten«[69]. Alles andere kann einem Menschen genommen werden. Wenn wir nicht länger in der Lage sind, eine Situation zu ändern, sind wir gefordert, uns selbst – unsere Einstellung – zu ändern. Menschen, die vor der Realität flüchten, übersehen die Chancen, etwas Positives aus einer Situation zu machen. Und scheine sie noch so hoffnungslos. Wir entscheiden, wie sich Umstände auf uns auswirken. Denn wir gestalten unser Erleben von Sekunde zu Sekunde selbst.[70]

»Niemand kann einem ohne die eigene Zustimmung wehtun«, so Eleanor Roosevelt. Uns verletzt nicht etwas, das uns geschieht, sondern allein die Art, wie wir darauf reagieren.

Frankl berichtet von der Begegnung mit einem älteren Arzt, der sehr unter dem Tod seiner Frau leidet. Er fragt den Arzt, was passiert wäre, wenn er vor seiner Frau gestorben wäre und sie ihn überlebt hätte. »Das wäre schrecklich für sie gewesen, sie hätte furchtbar gelitten!« Daraufhin antwortet Frankl, dass der Frau dieses Leiden erspart geblieben sei, weil er, ihr Ehemann, sich aufgeopfert und sie überlebt habe. Natürlich zu dem Preis, dass er nun trauern müsse. Wortlos schüttelt der Mann Frankls Hand und verlässt die Praxis. Leiden hört in dem

Moment auf, Leiden zu sein, in dem es eine *Bedeutung* erfährt. Die Perspektive sich ändert. Das Leiden erhält hier Bedeutung in Form von Selbstaufopferung.

Von allen menschlichen Fähigkeiten ist die Fähigkeit, Widrigkeiten in positive Herausforderungen zu transformieren, die nützlichste und die Lebensqualität am meisten fördernde.[71] Indem wir in einer belastenden Situation aktiv nach dem Positiven – nach einem möglichen Sinn – suchen, übernehmen wir Verantwortung für unser eigenes Leben.

Allerdings ist der Perspektivwechsel nicht in jeder Situation die beste Strategie, um mit Widrigkeiten umzugehen. Er ist sinnvoll, wenn wir die Umstände nicht ändern können. Andernfalls sollten wir handeln und die Situation unter Kontrolle bringen.

Die Fähigkeit zum Reframing lässt sich gezielt trainieren. Zum Beispiel in positiven *Selbstgesprächen*. Statt »Das ist viel zu viel, das macht mich fertig« können wir in Zukunft sagen: »Ich gehe die Sache langsamer an, einen Schritt nach dem anderen.«

In Trinidad gelang Robert und mir irgendwann der Perspektivwechsel von »Das Boot hält uns an einem trostlosen Ort gefangen, hoffentlich ist das bald vorbei« zu »Wenn wir schon so hart arbeiten, sollten wir auch die vielen Schönheiten dieses Landes genießen. Wir leben jetzt!«.

Unsere lange, lähmende To-do-Liste benannten wir in Fun-Liste um. Wenn sich die Perspektive von »Muss ich machen« zu »Will ich machen« verändert, verwandeln sich Gefühle von Verpflichtung und Stress in Gefühle von Leidenschaft und Sinn.[72]

Je häufiger wir eine Botschaft hören, desto eher glauben wir sie. Wiederholen wir zum Beispiel jeden Morgen positive Affirmationen, trainieren wir unser Gehirn, ihnen zu glauben. Über die Zeit werden sie internalisiert. Für Robert und mich waren es Sätze wie »No risk, no fun« oder »Immer wieder geht die Sonne auf – auch nach dem schlimmsten Sturm«. Wiederholung beeinflusst die Art, wie negative Ereignisse interpretiert werden, und macht den Geist widerstandsfähiger. Vor allem bei denjenigen, für die das Glas per se eher halb leer ist. Ein Perspektivwechsel kann durch die Technik der *Zeitreise* unterstützt werden. Dabei hören wir in uns hinein, identifizieren belastende Gedanken und bewerten sie auf einer Skala von 1=wenig schlimm bis 10=äußerst schlimm. Nun reisen wir eine Woche in die Zukunft und bewerten, wie schmerzvoll das Problem dann sein wird. Wie fällt die Bewertung nach einem Jahr aus? Nach zehn Jahren? Am Ende unseres Lebens? Zuletzt fühlen wir in uns hinein, wie sich die Zeitreise auf die ursprüngliche Einschätzung des Problems ausgewirkt hat.

Quälen uns immer wieder die gleichen Gedanken, könnten wir hinterfragen, worin das Negative eigentlich besteht. Und was das Schlimmste wäre, das passieren könnte. Beunruhigende mögliche Ereignisse werden transparent und verlieren ihren Schrecken. So haben Robert und ich uns auf die Ozeanpassagen vorbereitet. Je besser wir wussten, was passieren könnte und wie wir darauf reagieren könnten, desto souveräner konnten wir mit dem Druck umgehen.

231

Reframing hängt eng mit dem Konzept der Dankbarkeit zusammen, das als Gegenstrategie gegen die krank machenden Wirkungen negativer Emotionen empfohlen wird.[73] Öfter an das Gute im Leben zu denken hilft, den menschlichen Hang zum Negativen auszubalancieren und dem Gehirn Zeit zu geben, positive Erinnerungen zu verarbeiten.

Hilfreich ist zudem eine Regel des Zenbuddhismus: »Nichts persönlich nehmen«.[74] Wir nehmen uns selbst viel zu wichtig. Oft beziehen wir Ereignisse auf uns, die überhaupt nichts mit uns zu tun haben. Fällt zum Beispiel auf der Fahrt zu einem wichtigen Termin unser Anschlusszug aus, dann fühlen wir uns, als würde die Bahn uns persönlich eins auswischen wollen. In unserer ichzentrierten Gesellschaft unterliegen wir allzu leicht dem Trugschluss, Mittelpunkt des

Universums zu sein. Die Zeit alleine mitten auf dem Ozean hat Robert und mir vor Augen geführt, wie klein und unbedeutend wir als einzelne Individuen sind.

Statt unangenehme Vorkommnisse als persönlichen Angriff zu werten, sollten wir sie als das nehmen, was sie sind: externe Ereignisse. Sie haben genauso viel mit uns zu tun wie eine Wolke, die am Himmel vorbeizieht. Oder eine Welle, die an den Strand schwappt. Wir können auf sie reagieren, müssen aber nicht. Wut und Ärger führen zu nichts – außer zu schädlichen Reaktionen unseres Immunsystems.

Diese Denkhaltung lässt sich mit dem *Learned-Optimism-Konzept*[75] trainieren. Dabei führen wir zwei Tage lang ein Logbuch mit alltäglichen Widrigkeiten, denen wir begegnen, und den durch sie verursachten Gedanken und Gefühlen. Dann durchsuchen wir unsere Aufzeichnungen gezielt nach Anzeichen von Pessimismus. Nun werden negative Annahmen mit Gegenbeweisen konfrontiert. Beispiel: Jemand hat uns beim Fahren geschnitten. Wir machen uns klar: Das war nicht gegen uns gerichtet. Die Gründe suchen wir außerhalb von uns, zum Beispiel: »Er war gestresst und hat mich übersehen. Das kann jedem passieren.«

Sich gegen negative Gedanken wappnen ist das eine. Doch wie können wir uns besser auf unvorhergesehene Ereignisse und Widrigkeiten vorbereiten, die wie ein Sturm aus heiterem Himmel über uns hereinbrechen?

Wir können den Lauf der Dinge nicht ändern. Neben der Akzeptanz unserer Emotionen ist die Annahme der *externen Umstände* essenziell. Wir müssen einsehen, dass das Leben wie ein Ozean ist: ein unaufhörliches Auf und Ab. Wir verschwenden unsere Energie, wenn wir uns darüber aufregen, dass die Dinge nicht so sind, wie wir sie gerne hätten. Wir können den Ozean des Lebens navigieren lernen. Widrigkeiten die Kraft nehmen, indem wir uns besser gegen sie wappnen. Auch die negativen Dinge akzeptieren und sie für positive Impulse nutzen.

Der Schlüssel dazu liegt in der Resilienz, der seelischen Widerstandsfähigkeit. Sie bezeichnet die Fähigkeit, schlechte Zeiten zu überstehen und Probleme zu überwinden. Die Geschwindigkeit, in der wir uns nach einem Rückschlag wieder erholen. Die Stärke, sich durch einen heftigen Sturm hindurchzukämpfen und das Boot unbeirrt auf Kurs zu halten.

Resilienz versetzt uns in die Lage, besser mit der heutigen Komplexität umgehen zu können. In Zeiten technologischer Umbrüche müssen wir uns alle zehn Jahre an Herausforderungen anpassen, die nie zuvor existierten. Unsicherheit und Instabilität prägen unser Leben. Überall lauert emotionale Überforderung. Menschen, die Widrigkeiten und stressige Zeiten – wie Kündigungen, Trennungen, Zeitdruck, Konflikte – gut überstehen, sind nicht nur widerstandsfähig. Sie schaffen es, an Krisen zu wachsen.

Menschen sind von Geburt an unterschiedlich resilient.[76] Zudem wird die seelische Widerstandsfähigkeit in der frühen Kindheit geprägt. Sie ändert sich im Laufe unseres Lebens. Deshalb reagiert jeder von uns unterschiedlich auf ein Ereignis. Was für mich Katastrophen waren, hätte bei anderen nur Schulterzucken hervorgerufen.

Die seelische Widerstandskraft lässt sich gezielt durch mentale »Sturmtaktiken« stärken. Voraussetzung ist, dass wir bereit sind, uns mit unseren Emotionen auseinanderzusetzen, sie zu benennen und zu interpretieren. Fragebögen im Internet ermöglichen es, unseren persönlichen Resilienzfaktor zu bestimmen.[77]

Resilienz setzt sich aus verschiedenen Faktoren zusammen. Hierzu existieren unterschiedliche Modelle, die sich letzten Endes immer um bestimmte Fähigkeiten drehen, an denen wir gezielt arbeiten können: Akzeptanz, Optimismus, Selbstwirksamkeit, Eigenverantwortung sowie Netzwerk- und Lösungsorientierung.

Eine der elementaren Sturmtaktiken ist Akzeptanz. Oft bringen uns zu hohe oder unrealistische Erwartungen an unsere Frustgrenzen. Ein erster Schritt besteht deshalb darin, uns gezielt unsere eigenen Erwartungen bewusst zu machen. Der nächste, meist schwerere Schritt ist dann, Enttäuschung zu akzeptieren. Es hilft, sich die eigenen Grenzen einzugestehen und unsere menschlichen Reaktionen wertzuschätzen. Indem wir akzeptieren, dass das Leben kein Wunschkonzert ist, verringern wir den Druck, den wir uns selbst machen.

Frust schaut immer nach hinten und sucht einen Schuldigen. Oft halten wir uns selbst für schuldig und versinken in Selbstzweifeln. Durch eine *optimistischere Perspektive* lernen wir, Hindernisse als Gelegenheiten zum Wachsen zu begreifen, Handlungsspielräume zu erkennen und so auch unsere Selbstwirksamkeit zu stärken.

Zudem können wir uns bewusst machen, dass wir uns mit der Wahl unserer Worte selbst konditionieren. Sehen wir problematische Situationen als »Mega-Pleite«, »katastrophale Zahlen«, »furchtbare Ergebnisse«, »Mammut-Aufgaben«? So ein Wording führt automatisch dazu, dass wir uns überfordert fühlen. Worte haben eine enorme Wirkung. Katastrophen-Sprecher sind oft auch Katastrophen-Denker.[78]

Unsere Frustrationstoleranz erhöhen wir, indem wir unsere *Beharrlichkeit* trainieren. Ist die Schwelle zu niedrig, entsteht schnell eine Spirale aus Anfangen – Aufgeben – Scheitern. Das führt zu einem Haufen angefangener Projekte, die uns nur unser Versagen vor Augen führen – ein Killer für Selbstvertrauen und Selbstwirksamkeit. Anstelle von Intelligenz betrachten Psychologen inzwischen Beharrlichkeit als Basis für akademischen und beruflichen Erfolg. Sie ist nicht angeboren. Im Kleinkindalter werden die Weichen dafür gestellt, bei Schwierigkeiten nicht gleich die Flinte ins Korn zu werfen. Eltern fördern die Beharrlichkeit ihrer Kinder, indem sie: 1. ein gutes Vorbild sind und Projekte nicht aufgeben, sondern selbst bei der Sache bleiben (»Zeig deinem Kind, wie du schwitzt.«)[79], 2. das Kind ermutigen, sich Herausforderungen zu stellen, die eine angemessene Ausdauer verlangen, 3. dem Kind erklären, dass Aufgeben nur bei wirklich guten Gründen eine Option ist. Beharrlichkeit um jeden Preis ist ebenso unsinnig wie zu frühes Aufgeben.

Im Erwachsenenalter können wir Beharrlichkeit trainieren, indem wir uns bewusst unangenehmen Situationen aussetzen und uns durchbeißen. Am Ende werden wir stolz sein und kommende Herausforderungen leichter und entspannter sehen. Eher unbewusst haben Robert und ich diesen Weg gewählt. Immer wieder wurden wir gefragt, warum wir angesichts der vielen Pannen auf unserer Reise nicht einfach abbrechen. Mit dem Gedanken haben wir oft gespielt. Aber das wäre zu einfach gewesen. Schließlich wollten wir unseren Traum leben. Heute wissen wir, warum wir uns für die Herausforderung Trinity entschieden haben: ein besseres Resilienztraining hätten wir nicht buchen können.

Selbstwertgefühl spielt eine wichtige Rolle für Resilienz, denn geringes Selbstwertgefühl beeinträchtigt die seelische Widerstandskraft. Die Ursache dafür liegt oft in der Kindheit, wenn Kinder den Erwartungen ihrer Eltern nicht gerecht werden konnten. Unbewusst stellen Eltern unrealistische Ansprüche an ihre Kinder: Sie sollen ungelebte Träume erfüllen, Ängste bekämpfen, Versagen kompensieren.

Unsere seelische Widerstandskraft wird auch durch die Fähigkeit zum Selbstmitgefühl gestärkt. Wer immer gegen sich selbst kämpft, der leidet gezwungenermaßen. Begegnen wir uns selbst hingegen mit Mitgefühl, kommen wir besser mit Widrigkeiten zurecht und verkraften Niederlagen besser.

Sozialarbeiter – die von Berufs wegen besonders vielen emotionalen Herausforderungen ausgesetzt sind – berichten von weiteren wichtigen Resilienzfaktoren[80]: Fokussierung auf die Gegenwart, realistischen Erwartungen sowie dem Bewusstsein, sich für ein höheres gesellschaftliches Ziel einzusetzen.

Resilienz wird auch durch die Denkhaltung des *Satisficing* gestärkt: Wir geben uns mit etwas Gutem zufrieden und treffen Entscheidungen, sobald unsere Kriterien erfüllt sind, statt permanent auf etwas noch Besseres zu warten.

Resilienz lässt sich zudem mit der Übung *Kraft des Positiven* stärken. Dabei werden fünf Gedanken aufgeschrieben, die uns gerade quälen. Dann versuchen wir, die negativen Gedanken durch positive zu ersetzen. Beispiel: »Es fällt mir sehr schwer, meine Finanzen im Griff zu behalten« wird zu »Ich werde finanziellen Rat von Freunden und Familie einholen«. Indem wir die Gedanken schriftlich ins Positive drehen, nehmen wir sie bereits anders wahr.

Mit der *ABC-Methode der irrationalen Überzeugungen*[81] können wir programmierte Denkmuster in stressigen Situationen erkunden. Dabei listen wir konkrete Stressfaktoren auf sowie jeweils A (Activating Event) = die objektive Situation, die den Stress ausgelöst hat, B (Beliefs) = unsere Reaktion darauf in Form von negativen Gedanken und C (Consequences) = dadurch entstandene negative Gefühle und irrationales Verhalten. Tägliche Übung führt zu mehr Transparenz in unseren Reaktionsmustern und ermöglicht besseres Gegensteuern.

Resilienz ist nicht Abhärtung. Es geht nicht darum, zum Beispiel im Job noch mehr zu leisten oder länger durchzuhalten. Dadurch würden wir nicht widerstandsfähiger, sondern auf die totale Überforderung zusteuern. 85 Prozent aller deutschen Arbeitnehmer fühlen sich gestresst.[82]

Resilienz wird vielmehr durch mehr Erholung gestärkt. Genau wie unsere Muskulatur braucht auch die seelische Widerstandskraft Ruhephasen, um wachsen zu können. Wenn wir die guten Phasen im Leben auskosten und uns seelisch gesund halten, können wir uns für schwere Zeiten wappnen. Unabdingbar dafür ist es, nachhaltig mit unseren psychischen Ressourcen umzugehen. Uns selbst mit mehr Achtsamkeit zu begegnen. Und das bedeutet: ein geringeres Arbeitspensum, weniger Erfolgsdruck, mehr Pausen. »Nein« sagen zu zusätzlichen Aufgaben. Sich Zeit für Freunde nehmen. Gutes Essen. Zeit in der Natur. Sonnenuntergänge betrachten. *»Man muss seine Routine gelegentlich durchbrechen, anstatt wie eine Maschine immer weiterzumachen. Das bringt frischen Wind in den*

Geist.«[83] Früher haben Robert und ich das komplett ignoriert. Wie oft haben wir Tage, Nächte und Wochenenden durchgearbeitet. Kein Wunder, dass die Batterien irgendwann leer waren.

Es ist sinnvoll, sich in ruhigen Gewässern darüber klar zu werden, was Glück für uns persönlich bedeutet. Je genauer wir das wissen, desto besser können wir mit einem Unwetter umgehen. Dann haben wir klar vor Augen, was uns wieder glücklich machen kann. Wir können den Sturm abwettern und weiter darauf zuhalten. Vielleicht ändert sich der Kurs, aber das Ziel ist klar.

Robert und ich haben uns immer wieder gefragt, warum uns manche Ereignisse während der Reise so umgehauen haben. Und mussten uns eingestehen, dass wir vor allem in Sachen Dankbarkeit und Achtsamkeit klare Defizite hatten. Oft haben wir uns auf das Schlechte konzentriert, statt das Gute zu sehen. Die Zukunft durchgeplant, statt im Jetzt zu leben. Energie damit verschwendet, uns gegen Tatsachen zu wehren. Auf Ozeanpassagen haben wir uns akribisch vorbereitet – den emotionalen Stürmen des Lebens waren wir weniger gewachsen.

Inzwischen kennen wir das Rüstzeug, das uns hilft, besser mit Unvorhergesehenem klarzukommen. Wenn eine Situation nicht zu ändern ist, gewinnen wir durch Reframing die Kontrolle über unser Denken zurück. Ganz nach Karl Valentin: »Wenn es regnet, freue ich mich, denn wenn ich mich nicht freue, regnet es auch.«

Denkanstöße
zur siebten Erkenntnis

Negative Gedanken und Erinnerungen
machen auf Dauer krank.

Verdrängen bringt nichts: Wenn wir uns
Verletzungen, Ängsten, Sorgen nicht stellen,
treiben sie im Unterbewusstsein weiter ihr
Unwesen.

Das Leben ist wie ein Ozean: ein ständiges Auf
und Ab. Wir müssen das akzeptieren, können aber
lernen, mit Widrigkeiten besser umzugehen.

Negative Emotionen verlieren ihre Macht,
wenn wir sie annehmen und uns gezielt mit
ihnen auseinandersetzen.

Wir haben nicht immer unter Kontrolle, was uns
geschieht. Aber wir haben in der Hand, wie wir
darauf reagieren.

Die Fähigkeit, Dinge aus einer positiven Perspektive zu betrachten, können wir trainieren.

Egal, wie resilient wir heute sind:
Unsere seelische Widerstandskraft können wir gezielt stärken und uns besser gegen Stürme im Leben wappnen.

Betrachte Hindernisse als Gelegenheiten zum Wachsen.

Resilienz bedeutet nicht Abhärtung für noch mehr Leistung, sondern wird durch Erholung und Aufladen unserer seelischen Batterien gestärkt.

Wem genug zu wenig ist, dem ist nichts genug.

EPIKUR

Weniger ist mehr

Nehmen wir Dankbarkeit und Achtsamkeit ernst und leben danach, so folgt daraus fast zwangsläufig, dass wir mit weniger zufrieden sind. Weil sich unsere Werte verschieben. Weil uns viele Dinge – vor allem materieller Art – nicht mehr wichtig sind. Wer dankbar ist für das, was er hat, braucht nicht mehr, um glücklich zu sein. Wer bewusster im Augenblick lebt, konzentriert sich auf das, was wirklich wichtig ist im Leben. Beides führt nahezu automatisch zu der Erkenntnis, dass weniger mehr ist. Automatisch werden wir den in unserer westlichen Welt allgegenwärtigen Materialismus hinterfragen.

Bei Robert und mir begann mit dem Umzug aufs Boot ein tiefgreifender Bewusstseinswandel. Schon immer sind wir bewusst mit Geld umgegangen. Doch die neuen Lebensumstände zwangen uns zum gezielten Downsizing. Wir mussten unser Hab und Gut auf wesentlich weniger Fläche unterbringen und kritisch hinterfragen, was wir überhaupt zum Leben brauchen. Uns wurde klar, dass wir viel zu viel Unnötiges angesammelt hatten. Dass wir sinnlos Platz vollgestopft, Müll produziert und Geld zum Fenster rausgeschmissen hatten. Von nun an wurde Neues nur angeschafft, wenn es wirklich unverzichtbar war. Wir schraubten unsere Ansprüche herunter und gingen sparsamer mit unserem Budget um. Wir stellten fest, dass Downsizing Spaß macht.

Die Philosophie »Weniger ist mehr« erfasste unser ganzes Leben. Auf dem Boot war das einfach durchzuhalten. Wir befanden uns in unserem Mikrokosmos, weit weg von allen Konsummöglichkeiten. Anders war es zum Beispiel in New York, das für uns bislang untrennbar mit Shopping verbunden war. Zu unserem Erstaunen waren wir nicht anfällig für die vielen Verlockungen. Im Gegenteil, wir genossen es, durch die Läden zu streifen – immer im Bewusstsein, nichts zu brauchen, sondern bereits alles zu haben. Jeder »Zero-Spending-Day« wurde zelebriert: Tage, an denen wir nichts ausgaben. Und davon gab es reichlich. Zurück in der Zivilisation ist es zugegebenermaßen nicht einfach, die Minimalismus-Philosophie konsequent durchzuhalten. Oft haben wir mit uns selbst zu kämpfen. Doch Dinge haben heute eine andere Bedeutung. Im Vergleich zu früher leben wir bewusster. Und sind mit deutlich weniger mindestens genauso glücklich.

Seit Jahrtausenden versuchen Weltreligionen und Philosophen, uns Menschen zu überzeugen, auf die Anhäufung materieller Dinge zu verzichten. »Nicht der ist arm, der wenig hat, sondern der, der nach mehr verlangt.« (Seneca)

Doch nach wie vor zählt der Einkaufsbummel zu den beliebtesten Freizeitaktivitäten. Konsumieren gilt vielen als ein Weg zu mehr Erfüllung und Zufriedenheit. Dass es sich hierbei meist um kurze Glückskicks handelt, übersehen wir gerne. Der Rausch des Kaufens verschafft Befriedigung und Glücksgefühle, wirkt gegen Einsamkeit, innere Leere und Lebensunzufriedenheit. Er unterdrückt schlechte Laune, Ängste und Depressionen und steigert das Selbstwertgefühl. Aber nur für kurze Zeit. Dann muss der nächste Kick her.

Keine Frage, Anfälle von Begehren kennt wohl jeder: »Das gefällt mir, das will ich haben. Sofort!« Viele Objekte unserer Impulskäufe nutzen wir dann gar nicht. Einer Greenpeace-Studie[84] zufolge liegen zwei Milliarden Kleidungsstücke nahezu ungenutzt in unseren Schränken herum – 40 Prozent der Kleidung. Textilien werden immer mehr zur Wegwerfware. T-Shirts werden kaum länger getragen als Plastiktüten. Das Gleiche gilt für Elektrogeräte, Spielzeug,

Schmuck, DVDs etc. Die Devise lautet: »Billig und viel kaufen –
wenn überhaupt, kurz nutzen – schnell wegwerfen. Und
parallel das Nächste bitte.« Trotz eines ständig wachsenden
Müllbergs. Und obwohl in Deutschland heute jeder zehnte
Erwachsene als überschuldet gilt.[85] Studien zufolge geht
Materialismus mit einem dauerhaft niedrigeren Niveau an
Lebenszufriedenheit einher.[86] Materialisten empfinden weni-
ger Dankbarkeit.

Minimalismus ist zu einem Trend geworden. Immer mehr
Blogs, Bücher und Filme versuchen, ein breiteres Bewusstsein
für »Weniger ist mehr« zu schaffen. Minimalismus beschreibt
einen Lebensstil des *bewussten Verzichts*. Es geht um die selbst-
bestimmte Entscheidung, mit weniger zu leben, als wir uns
eigentlich leisten könnten. Eine wachsende Zahl vor allem
jüngerer Menschen entsagt dem materiellen Überfluss.

Soziologen sehen darin zum einen eine Gegenbewegung
zum »Höher, Schneller, Weiter« der modernen Gesellschaft.
Zum anderen eine Antwort auf die zunehmende Komplexität
unserer Welt. Für immer mehr Menschen wächst der Gap
zwischen der explodierenden Zahl der Optionen und den eigenen Handlungsmöglichkeiten. Immer mehr Menschen fühlen
sich von Entscheidungen überfordert – kein Wunder angesichts von 35 000 Entscheidungen, die jeder Erwachsene täglich treffen muss[87]. Eine *Decision Fatigue* greift um sich: Je mehr
wir entscheiden müssen, desto schlechter werden die getroffe-
nen Entscheidungen, denn unser Gehirn ermüdet. Die Fähigkeit, Dinge zu entscheiden, ist eine knappe Ressource. Um
sparsamer mit ihr umzugehen, reduzieren viele Menschen
bewusst die Anzahl der zu treffenden Entscheidungen in ihrem
Leben. Steve Jobs trug immer einen schwarzen Rolli. Barack
Obama reduzierte während seiner Präsidentschaft die Garderobe. Alles mit dem Ziel, Entscheidungen zu minimieren.[88]

Komplexitätsreduktion hilft dabei, Stress zu bewältigen,
und erhöht die Selbstbestimmtheit. Mehr äußere Ordnung
sorgt für mehr innere Ruhe.

Minimalismus hat unterschiedliche Facetten: eine *materielle*, die im Verzicht auf Konsumüberfluss und Beschränkung auf wenige, ausgesuchte Dinge besteht. Eine *monetäre*, bei der es nicht nur um Einsparpotenziale geht, sondern um die Umlenkung von Ausgaben auf das, was wirklich wichtig ist. Und eine *mentale*: Besinnung auf das Wesentliche im Leben sowie mehr persönliche Freiheit und Flexibilität. Entsprechend verschieden sind die Treiber für ein minimalistisches Leben. Mit dem Ziel, einen Zugewinn an Glück zu verbuchen.

Der Kern des Minimalismus, die Besinnung und Beschränkung auf das Wesentliche, wird für jeden etwas anderes bedeuten. Das »Wesentliche« ist höchst subjektiv, denn es hängt von unserem persönlichen Wertesystem ab.
Eine minimalistische Denkhaltung erfordert *Loslassen*. Wir hinterfragen die Werte, die unser Konsumverhalten lenken, und ordnen sie neu. Wir überprüfen unsere materiellen Ansprüche. Trennen uns von Ballast. Stellen unsere Ausgaben auf den Prüfstand. Treffen bewusst Konsumentscheidungen. Minimalismus ist nicht zu verwechseln mit Pfennigfuchserei oder der ständigen Jagd nach dem günstigsten Angebot à la »Geiz ist geil«. Vielmehr entscheiden wir anhand unserer neu geordneten Werte, was wir wirklich zum Leben brauchen. Investieren unser Geld in das, was wirklich zählt.
Viele machen sich zum Sklaven der Fixkosten. Ohne es zu merken, bauen sie sich einen komfortablen goldenen Käfig, den sie dann Monat für Monat und Jahr für Jahr bedienen müssen. Das macht unfrei. Unser Leben wird dann nicht länger von unseren Bedürfnissen und Träumen gesteuert. Sondern von finanziellen Erwägungen. Bei näherer Betrachtung sind viele Ausgaben nicht lebenswichtig. Eine bestimmte Menge Geld ist ein wichtiger Rahmen, der uns Sicherheit gibt. Doch sobald das Grundeinkommen geregelt ist, werden andere Motive wichtiger. Es lohnt sich, die monatliche »Burn Rate« möglichst niedrig zu halten. Geldsorgen zwingen uns

im übertragenen Sinne zur »Prostitution«. Die »Fähigkeit zur Konsumdistanz«[89] lässt uns Freiheit und Flexibilität gewinnen. Wahre Unabhängigkeit erreichen wir dann, wenn wir uns bewusst sind, dass ökonomische Sicherheit nicht in einem bestimmten Job oder Vermögen, sondern in unserer eigenen Schaffenskraft liegt. Zu denken, zu lernen, zu schaffen, zu adaptieren – die intrinsische Kraft zu haben, Einkommen zu produzieren.[90] Und darauf zu vertrauen, dass uns das immer gelingen wird.

Fällt uns etwas Begehrenswertes ins Auge, sollten wir hinterfragen, ob wir es brauchen. Oder ob es sich um einen situativen Wunsch handelt, der so schnell gehen wird, wie er gekommen ist. Wie viele Jacken, T-Shirts, Mützen, Schuhe können wir tragen? Wie viele verschiedene Tassen brauchen wir?

Robert und ich wenden die Regel »One In, One Out« an: Für jeden neu gekauften Gegenstand (Kleidungsstück, Wohnaccessoire etc.) trennen wir uns automatisch von einem anderen. Ausmisten fällt den meisten von uns allerdings alles andere als leicht. Aufräumexpertin Marie Kondo[91] empfiehlt die Frage: »Was spüre ich, wenn ich das Objekt in die Hand nehme und betrachte?« Löst es Glücksgefühle aus, darf es bleiben. Empfinden wir nichts, wird es entsorgt. Laut Kondo macht dieses Prinzip zwei Drittel aller Dinge im Haushalt überflüssig. Ausmisten wird zudem erheblich einfacher, wenn wir eine Vorstellung haben, wer davon profitieren könnte. Zum Beispiel Hilfsprojekte für Bedürftige in unserer eigenen Stadt.

Eine praktische Übung in Minimalismus ist das Projekt »33 3«, das in einem Dokumentarfilm vorgestellt wurde.[92] Dahinter steht die Idee, die eigene Garderobe für drei Monate auf 33 Teile zu beschränken. Unterwäsche und Sportkleidung zählen nicht dazu, jedoch sämtliche sonstige Kleidung (Hosen, T-Shirts etc.) und Accessoires (Gürtel, Sonnenbrille, Portemonnaie etc.). Die bewusste Selbstbeschränkung hilft zu erkennen, dass weniger die äußere Erscheinung zählt als unser innerer Frieden. Und echtes Glück.

Glücksexperten raten zu Perioden des Entzugs, um das Bewusstsein für Freuden zu schärfen. Dinge, die rar sind, schätzen wir mehr. Dann werden selbst die kleinsten Freuden zum Luxus. Was wir im Überfluss haben, nehmen wir nicht mehr wahr. Das gilt auch für Alltagskomfort wie fließend Wasser, Sicherheit, gut gedämmte Häuser, ein stabiles Stromnetz, Müllabfuhr, saubere Straßen und vieles mehr. Erst durch den Verzicht haben Robert und ich richtig schätzen gelernt, wie gut wir es in Deutschland haben.

Bewussterer Konsum mündet automatisch auch in einer nachhaltigeren Lebensweise. Eine nachhaltigere, selbstlose Lebensweise macht glücklicher. Wir nutzen Ressourcen so, dass die persönliche Bedürfnisbefriedigung mit der Bewahrung der natürlichen Regenerationsfähigkeit von Natur, Tieren und Menschen in Einklang gebracht wird. Das gibt uns ein Gefühl von Sinnhaftigkeit und verdeutlicht uns, dass wir Teil eines größeren Ganzen sind.

Ein nachhaltigeres Leben ist ein sinnerfüllteres Leben. Es führt weg vom Konsum. Zu mehr Kooperation, Austausch von Ressourcen und gemeinsamer Nutzung von Gebrauchsgegenständen (Beispiel Carsharing). Zu mehr Selbermachen, mehr Handwerken. Dinge reparieren statt wegwerfen und neu kaufen. Kochen mit regionalen Zutaten aus nachhaltiger Landwirtschaft. Strom aus erneuerbaren Energien von einem unabhängigen Ökostromanbieter. Gegenstände für mehrere Anwendungsbereiche gleichzeitig nutzen (Trinkglas als Gießkanne, Drinnen-Stühle auch für den Balkon etc.). Der Bewusstseinswandel hin zu einem nachhaltigeren Leben kann bis hin zu einem »Ausstieg« in eine alternative Lebensform führen. Oder zu einem Jobwechsel.

Bei Robert und mir hat die Zeit auf dem Boot die Sinne geschärft. Auch wenn wir immer wieder Verlockungen erliegen – dieser Erkenntnismuskel will weiter trainiert werden. Die Umwelt liegt uns am Herzen – weit mehr noch als vor der Reise. Vielleicht, weil uns der Ozean Demut gelehrt hat. Weil wir inmitten der Natur gelebt und immer wieder mitbekommen haben, wie sie sinnlos verschmutzt wird. Wir möchten unseren Teil dazu beitragen, dass unser Planet für zukünftige Generationen erhalten und lebenswert bleibt. Mit unseren Fähigkeiten und Erfahrungen.

Wir Menschen müssen auf breiter Ebene umdenken. Wenn sich die Gesellschaft verändern soll, müssen wir Individuen uns verändern. Es würde Robert und mich mit großer Dankbarkeit erfüllen, würde es uns gelingen, ein paar Leserinnen und Leser zu inspirieren, noch bewusster durchs Leben zu gehen.

Niemand kann alleine die Welt retten. Niemand kann alles tun. Aber jeder von uns kann *etwas* tun. Eine minimalistische Denkhaltung, die zu bewussterem und nachhaltigerem Konsum führt, ist ein Schritt in die richtige Richtung.

Denkanstöße
zur achten Erkenntnis

Minimalismus bedeutet Besinnung und
Beschränkung auf das Wesentliche. Wir befreien
unser Leben von Ballast und entrümpeln es.

Verzicht auf Überflüssiges vereinfacht das Leben,
führt zu mehr Selbstbestimmung und schafft
Raum für das, was wirklich wichtig ist.

Das persönliche Wertesystem bestimmt den Kurs,
nicht gesellschaftliche Normen oder das,
was andere für wichtig und wesentlich halten.

Fixkosten und Ausgaben so niedrig wie möglich zu halten, sorgt für mehr Freiheit, mehr innere Ruhe und mehr Flexibilität im Leben.

Mehr Dankbarkeit führt automatisch zu einer minimalistischen Lebensweise – und umgekehrt.

Bewussterer Konsum führt zu mehr Nachhaltigkeit. Ein nachhaltigeres Leben ist ein sinnerfüllteres Leben.

Nur wenn jeder Einzelne von uns umdenkt, wird die Gesellschaft umdenken.

Glück ist kein Geschenk der Götter, sondern die Frucht innerer Einstellung.

ERICH FROMM

Viele Routen
führen zum Glück

Glück zieht sich als roter Faden durch den Erkenntnisteil dieses Buches. Noch ist offen, was Glück überhaupt ist. Laut Wikipedia besteht Glück in der »Erfüllung menschlichen Wünschens und Strebens«. Eine sehr weit gefasste Definition. Aus Sicht von Psychologen beschreibt Glück ein »optimales Wohlbefinden, das das Herz wärmt«[93]. Einen Zustand, in dem Denken, Fühlen und Handeln eins sind. In dem wir das Gefühl haben, angekommen und »richtig« zu sein. Robert und ich finden die folgende Definition treffend: Glück ist das Erleben von Freude, Zufriedenheit und Wohlbefinden, kombiniert mit dem Gefühl, dass das Leben gut, sinnvoll und lebenswert ist.[94] Glück beinhaltet neben temporären positiven Emotionen ein tieferes Gefühl von Bedeutung und Sinn im Leben. Demzufolge reicht es nicht aus, nach kurzfristigen »Glückskicks« zu streben. Erst das gleichzeitige Erleben von Spaß und Bedeutung erzeugt wahres Glück.[95] Ökonom Richard Layard betont die Bedeutung einer Lebensphilosophie, die das Gemeinwohl über Eigeninteresse und Leistungsdruck stellt. Weil wir Teil eines größeren Ganzen sind, ist individuelles Glück auch mit Gemeinwohl verbunden.

Für die amerikanische Verfassung ist das Streben nach Glück ein unverzichtbares Menschenrecht. Es ist in der Unabhängigkeitserklärung von 1776 verankert. Machen wir uns allerdings krampfhaft auf die Suche nach Glück, so werden wir nicht glücklicher, sondern unglücklich. Philosoph Alan Watts spricht hier vom *Backwards Law:* Je mehr wir versuchen, uns besser zu fühlen, desto unzufriedener werden wir. Wir werden ständig daran erinnert, dass uns etwas fehlt. Je mehr wir etwas möchten – Geld, Schönheit, Talent und eben auch Glück –, desto stärker haben wir das Gefühl, es nicht zu haben. Unabhängig davon, wie die Realität aussieht. »Es gibt keinen Weg zum Glück. Glücklichsein ist der Weg.« (Buddha)

In der Regel verbauen wir uns selbst den Weg zum Glück. Nicht zuletzt durch »toxische« Denkmuster wie Perfektionismus, Materialismus und sozialen Vergleich. Oder wenn wir Entscheidungen auf Basis der Maximierung von Freude und Belohnungsgefühlen treffen, die nur von kurzer Dauer sind.

Die Fähigkeit zum Glücklichsein ist zum großen Teil angeboren. Zu 50 Prozent wird Glück von unseren *genetischen Dispositionen* bestimmt.[96] Kinder haben von Geburt an ein individuelles emotionales Temperament.

Anders als häufig angenommen machen die *spezifischen Lebensumstände* lediglich zehn Prozent unseres Glücks aus. Viele sind überzeugt, dass sie glücklicher wären, würden sie nur woanders leben, mehr Geld haben, einen anderen Partner, einen anderen Beruf, mehr Gesundheit und so weiter. Der Glücksforscher Tal Ben-Shahar nennt das den *Trugschluss des Ankommens:* der irrige Glaube, dass wir nach Ankunft an einem bestimmten Ziel endlich glücklich sein werden. So tragen Geld und Gesundheit meist negativ zu Glück bei. Das Haben macht uns weniger glücklich als uns das Fehlen von beidem unglücklich macht. Oft realisieren und wertschätzen wir weder unsere Gesundheit noch unser Geld.

Auch ich saß dem Trugschluss des Ankommens auf. Der Ausstieg und das Leben auf dem Segelboot erschienen mir als das ultimative Glück. Wenn wir unseren Traum verwirklichen würden, dann endlich würden wir rundherum glücklich sein. Doch selbst im Paradies können Menschen glücklich oder unglücklich sein. Nicht selten trafen Robert und ich Aussteiger, die dachten, an ihrer Sehnsuchtsdestination sei alles besser als zu Hause. Weit gefehlt. Auch im Paradies kehrt irgendwann der Alltag ein. Die Probleme des Alltags ähneln sich überall auf der Welt. Vor einem Ausstieg sollte sich jeder gut überlegen, ob dieser wirklich die Lösung für unsere Probleme ist oder ob wir nur vor ihnen fliehen. Oder vor uns selbst. Ungelöste innere Konflikte werden uns immer wieder einholen, auch im vermeintlichen Paradies. Egal, wo wir hingehen – wir nehmen uns selbst mit. Irgendwann müssen wir mit uns ins Reine kommen, uns selbst können wir nicht entfliehen.

Ein Ortswechsel oder der Wechsel eingefahrener Routinen kann allerdings helfen, herauszufinden, was uns glücklich macht. »Gehe einmal im Jahr dorthin, wo du noch niemals warst.« (Dalai Lama)

Zu 40 Prozent hängt unser Glück von *bewussten Handlungen* ab.[97] Wir haben unser Glück also zu einem beachtlichen Teil selbst in der Hand. Ein altes Sprichwort sagt: »Glück ist Geschick.« Es geht darum, das Steuer des eigenen Lebens fest in die Hand zu nehmen. Wir selbst haben die Kontrolle über unser Glück, selbst wenn es manchmal so scheinen mag, als würden andere unser Leben lenken.

Weil sich unser Gehirn dank der Neuroplastizität lebenslang verändert, wird das gestärkt, was wir praktizieren und denken. Entscheidend ist also unsere Grundeinstellung zum Leben. Psychologen nehmen an, dass jeder Mensch eine typische »Signature Emotion« hat, die sich über unser Leben hinweg entwickelt.[98] Wir können darauf hinarbeiten, dass Zufriedenheit unsere Signature Emotion wird – nicht Furcht oder Ärger.

Glückliche Menschen verstärken ihr Glück, indem sie »Happy Habits« pflegen.[99] Sie reagieren positiver auf das Leben und bleiben selbst im Angesicht von Stress, seelischen Schocks oder Elend gelassen und fröhlich. Bei unglücklichen Menschen verhält es sich genau andersherum – ihr Tun lässt sie unglücklicher werden.

Manche Menschen haben sogar Angst vor dem Glücklichsein.[100] Sie verbieten sich Freude oder Genuss. Positive Erlebnisse schüren Befürchtungen und Zweifel: Habe ich das Glück verdient? Wird es mich bald verlassen? Neiden es mir andere? Oft hat der gezielte Versuch, Glücksgefühle zu unterdrücken, mit einem geringen Selbstwertgefühl zu tun. Betroffene neigen dazu, sich auf Gefahren zu konzentrieren. Statt über das Gute nachzudenken, das ihnen widerfahren könnte, versuchen sie, Schlechtes zu vermeiden. Die Angst vor dem Glücklichsein lässt sich wie eine Phobie behandeln: durch stufenweise Exposition mit dem angstauslösenden Reiz. Dabei lernen die Betroffenen, allmählich kleinere positive Emotionen zuzulassen und sich in diesen behaglich zu fühlen.

Glück benötigt *emotionale Vielfalt*. Wir können nicht immer gut gelaunt sein. Für unser Wohlbefinden ist es wichtig, nicht nur Glückszustände, sondern auch negative Emotionen zu erleben. Vielfalt ist die Würze unseres emotionalen Erlebens. Dieses Phänomen wird unter dem Begriff *Emodiversität* diskutiert. Ziel ist ein ausgewogenes Verhältnis von positiven und negativen Emotionen. Um glücklich zu sein, sollten wir zulassen, uns mal gut, mal schlecht zu fühlen. Die Bandbreite unserer emotionalen Erlebnisse anzuerkennen ist wertvoller für unser Wohlbefinden und die Stärkung unserer Resilienz, als wenn wir versuchen, uns nur gut zu fühlen. Menschen mit hoher Emodiversität sind weniger anfällig für Depressionen als Menschen mit ausschließlich hoher positiver Emotionalität.[101] Zudem geht eine höhere Emodiversität mit weniger Entzündungen im Körper und dementsprechend besserer Gesundheit einher.[102]

Eine weitere wichtige Voraussetzung für Glück ist eine *Atmosphäre des Wachstums*[103]. Die meisten Menschen sind glücklicher, wenn sie sich weiterentwickeln und Fähigkeiten verbessern können, Fortschritt erfahren und Neues lernen. So geht es auch mir. Um glücklich zu sein, brauche ich neue Ziele, neue Aufgaben, neue Herausforderungen. Ich könnte nicht ewig das Gleiche tun. Zu sehr hungere ich nach Input und Inspiration. Unsere Reise hat mir das bewusst gemacht.

Herausforderungen sind essenziell für unser Glück. Überraschung stimuliert das Gehirn. Der erfolgreiche Umgang mit unerwarteten Situationen gibt uns ein tiefes Befriedigungsgefühl. Wir verspüren immer dann Glück, wenn wir uns überwunden und etwas Besonderes erreicht haben. Glück ist eine »Überwindungsprämie«[104]: Jede Hürde kann ein kleines Abenteuer und damit das Ticket zu persönlichen Glücksmomenten sein. Je höher die überwundene Hürde, desto größer das Glück. Je besser wir in etwas werden, desto mehr verändert sich das Wesen der Herausforderung.[105] Deshalb sollten wir uns immer wieder gezielt Aufgaben suchen, die neu für uns sind.

Fehlendes Wachstum kann zum Bore-out-Syndrom führen, einem Zustand ausgesprochener Unterforderung. Mit ähnlichen Symptomen wie das Gegenstück Burn-out – Niedergeschlagenheit, Depressionen, Schlaf- und Antriebslosigkeit. Betroffen sind vor allem Menschen mit hohem Pioniergeist, Ehrgeiz und Mut, die diese Eigenschaften in einer falschen Umgebung nicht ausleben können.

Jeder kann gezielt dafür sorgen, mehr Glücksmomente zu erfahren. Dazu müssen wir unser Leben nicht fundamental verändern. Gretchen Rubin zeigt in ihrem Buch »Das Happiness-Projekt«[106], wie wir unser Leben verändern können, ohne es von Grund auf umzukrempeln. Indem wir uns *erstens* bewusst machen, was uns glücklich macht und wie wir unser Leben entsprechend anpassen können. Indem wir *zweitens* Vorsätze formulieren und diese durch konkrete Schritte greifbar machen. Und *drittens* diese Versprechen an uns selbst einhalten. Selbst, wenn wir das nicht immer schaffen: Allein der Umstand, dass wir uns unsere Vorsätze und die Schritte dahin wiederholt ins Bewusstsein rufen, sorgt dafür, dass wir ihnen näher kommen.

Darüber hinaus gibt es eine Fülle von Glücksritualen, die sich in unseren Alltag einbauen lassen. Hier nur eine kleine Auswahl:

Fesselnde, motivierende Aktivitäten suchen, in denen wir uns verlieren – Flow erleben – können. Dazu zählen zum Beispiel sportliche Betätigung, Yoga, Tanzen, Kampfkunst, Wandern, Fotografieren, Schreiben, Gartenarbeit, Arbeit mit Tieren, Kochen und so weiter. Vielleicht sogar der eigene Beruf.

Mikroabenteuer im Alltag suchen: Wir brauchen nicht jeden Tag die große Abenteuerreise, um glücklich zu sein. Mikroabenteuer sind klitzekleine Veränderungen im Leben: ein anderer Weg zur Arbeit, mit dem Fahrrad statt mit dem Auto fahren. Mit Kollegen sprechen, mit denen wir sonst nicht sprechen. Kleine Veränderungen machen unser Leben bunter und damit glücklicher.

Jeden Tag ein Spaß-Bonbon: Jeden Tag gezielt zumindest eine Sache machen, die uns Freude bereitet – egal, wie klein sie ist.

Die kleinen Freuden des Lebens genießen. Wichtig dabei: ihnen Beachtung schenken und sie zelebrieren, indem wir an sie denken, sie aufschreiben, zeichnen oder mit anderen teilen.

Kleine Gesten der Freundlichkeit: Wir tun anderen bewusst etwas Gutes, egal, ob es sich um Freunde oder komplett Fremde handelt. Denn Geben macht glücklicher als Nehmen. Beispiele könnten sein:[107] im Fahrkartenautomat das Rückgeld liegen lassen, jemanden an der Kasse vorlassen, selbst gebackene Kekse in ein Altersheim bringen oder Abfall im Wald sammeln. Glücksforscher empfehlen fünf unterschiedliche Gesten an einem einzigen Tag. Das führt zum höchsten Anstieg des Glücksempfindens, denn über einen längeren Zeitraum schwindet die Wirkungskraft einzelner Gesten.

Den eigenen Körper wie einen guten Freund behandeln, indem wir Sport treiben, meditieren, uns bewusst ernähren, viel lachen, Zeit in der Natur verbringen.

Sich mit schönen Worten beschäftigen: Positiv formulierte Texte und schöne Worte beeinflussen die Stimmung. Davon können wir profitieren, indem wir Prosa lesen, Karten schreiben, ein Dankbarkeitslogbuch führen und so weiter.

Vorfreude als schönste Freude genießen: Das Antizipieren von Glück ist oft größer als das eigentliche Glücksgefühl selbst.

Vernachlässigte Beziehungen pflegen: Soziale Bindungen sind einer der wichtigsten Glücksfaktoren. Wir überlegen, welche Freundschaft oder familiäre Bindung wir vernachlässigt haben. Investieren bewusst Zeit und Energie, um die Beziehung wieder zum Laufen zu bringen, sie zu stärken und zu genießen.

Gesellschaft suchen: Fast alle Tätigkeiten machen mit anderen zusammen mehr Spaß – Sport treiben, zur Arbeit fahren, Hausarbeit erledigen.

Weniger grübeln und soziale Vergleiche vermeiden: Wir können Strategien entwickeln, um uns gezielt abzulenken, wenn wir bemerken, dass wir in Grübeln oder Selbstvergleiche mit anderen verfallen.

Auf Ziele konzentrieren: Wir schreiben uns ein bis drei Ziele auf, die für uns Bedeutung haben, und widmen ihnen gezielt Energie und Zeit.

Sich Zeit für eine Leidenschaft nehmen und diese in den Alltag einbauen. Doch wenn wir gar nicht wissen, wofür unser Herz wirklich schlägt? Dazu können wir uns ins Gedächtnis rufen, was wir im Alter von zehn Jahren gerne getan haben. Ein starker Indikator für Leidenschaft. Ich habe mit zehn leidenschaftlich gerne geschrieben!

Biofeedback nutzen: Über Reize wie Mimik und Haltung können wir gezielt unsere Stimmung verändern. Unser Verhalten wirkt sich auf unsere Gefühle aus (*»Fake it till you feel it«*) [108]. Wir fühlen uns souveräner, wenn wir vor einem harten Meeting (heimlich) die Superman-Haltung einnehmen. Selbst künstlich erzeugtes Lächeln macht fröhlicher. Das können wir ausprobieren, indem wir einen Stift quer in den Mund nehmen – was uns zum Lächeln zwingt – und eine Minute in dieser Position verharren.

Für jeden ist der Weg zum Glück ein anderer. Nicht jedes Glücksritual ist bei jedem gleichermaßen wirksam. Der *Person-Activity-Fit* bildet ein eigenes Forschungsfeld innerhalb der Positiven Psychologie. Nach wie vor fehlt eine Formel, mit der sich herausfinden ließe, welche Aktivität für wen die besten Resultate bringt. Letztlich muss jeder selbst herausfinden, was sie oder ihn glücklich macht.

Ein Weg dahin ist das Kultivieren unseres *emotionalen Selbst-Bewusstseins*. Um die eigenen Emotionen besser verstehen zu können, müssen wir sie erst einmal wahrnehmen und zuordnen können. Das gelingt, indem wir uns jeden Tag etwas Zeit nehmen, unsere zuletzt gefühlten positiven Emotionen zu benennen und zu kategorisieren. Die Benennung von Emotionen führt dazu, dass wir uns ihrer bewusst werden. Zudem sind Gefühle körperlich erlebbar. Wenn wir zum Beispiel bei einer Entscheidung keine körperlichen Empfindungen haben, befinden wir uns mit hoher Wahrscheinlichkeit in unserer Gedanken-, nicht in unserer Gefühlswelt. Das hilft zu unterscheiden, bei was unser Herz wirklich höher schlägt.

An der positiven Wirkung der Natur auf mentale und physische Gesundheit bestehen keine Zweifel. Der Aufenthalt in natürlicher Umgebung – in Bergen und Wäldern, auf blühenden Wiesen – hat einen positiven Einfluss auf unser körperliches und seelisches Wohlbefinden. Deshalb genesen Krankenhauspatienten, die von ihrem Zimmer aus in die Natur blicken, schneller als solche, die nur auf Beton schauen. Bei Krebspatienten mit starken Schmerzen senkt der Anblick von Natur das Stresslevel. Weltweit gewinnt das in Japan populäre *Waldbaden* an Aufmerksamkeit. Der Aufenthalt im Wald wirkt wie eine gesundheitsfördernde Aromatherapie.

Wichtig ist, das Glück nicht nur in bestimmten Zeiten (in der Freizeit oder im Urlaub) zu suchen. Sonst sitzen wir schnell dem Trugschluss des Ankommens auf. Im Idealfall werden Glücksrituale zu einem festen Bestandteil unseres Alltags. Auch im Berufsleben – Arbeit nimmt in der Regel die Hälfte unseres täglichen Lebens ein, den Schlaf ausgenommen. Arbeit kann eine wichtige Quelle für Glück sein, sie bietet viel Potenzial dafür: Wachstumschancen, soziale Kontakte, Spaß, das Gefühl von Sinn sowie die Stärkung des Selbstwertgefühls durch Anerkennung und Bestätigung. Die Herausforderung besteht darin, das Arbeitsleben tagtäglich so zu gestalten, dass wir die Potenziale nutzen und Arbeit als Teil eines erfüllten, glücklichen Lebens betrachten. Wir selbst entscheiden jeden Tag aufs Neue, ob wir die Weichen auf Glück stellen.

Denkanstöße
zur neunten Erkenntnis

Glück beinhaltet das Erleben von Freude, Zufriedenheit und Wohlbefinden, kombiniert mit dem Gefühl, dass das Leben gut, sinnvoll und lebenswert ist.

Glück wird nur zu zehn Prozent durch die Lebensumstände bestimmt. Falle nicht auf den Trugschluss des Ankommens herein, wonach du dann glücklich sein wirst, wenn du erst im Süden lebst, den Traumjob oder -partner gefunden hast etc.

Glück benötigt Diversität. Strebe nach einer hohen Emodiversität – einer guten Mischung von Emotionen.

Woran du denkst, davon bekommst du mehr. Denn im Gehirn wird das gestärkt, worauf du deine Aufmerksamkeit richtest.

Glück liegt in den kleinen Dingen. Schaffe dir
Glücksrituale im Alltag, die dich jeden Tag
glücklich machen. Suche dir »Happy Habits«.

Schaffe dir eine Atmosphäre des Wachstums:
Suche dir Möglichkeiten, dich weiterzuentwickeln,
Herausforderungen, neue Impulse. Stelle dich
Ungewohntem. Tue gezielt Dinge, die du noch nie
getan hast.

Betrachte Hürden als Abenteuer und als Ticket
zu persönlichen Glücksmomenten.

Glücklichsein lässt sich trainieren. Den Königsweg
zum Glück gibt es nicht. Finde heraus, was dich
glücklich macht.

Wege entstehen dadurch, dass man sie geht.

FRANZ KAFKA

Erkenntnis 10
Neue Ziele finden

Viele Boote, die auf den Weltmeeren unterwegs sind, tragen den Namen »Panta rhei« – »Alles ist im Fluss«, wie der griechische Philosoph Heraklit erkannte. Stillstand macht die meisten Menschen unglücklich. Doch viele sehnen sich danach, irgendwo und irgendwann im Leben »anzukommen«. Ist das überhaupt erstrebenswert? Oder gar möglich?

Unsere Reise war mit dem Verkauf von Trinity natürlich nicht beendet. Nach der Entscheidung, unserem Leben mit dem Ausstieg eine neue Wende zu geben, kam die Erkenntnis, dass die Reise keine Endstation, sondern eine Phase im Leben ist. Wir haderten lange mit der Entscheidung zum Schlussstrich. Doch intuitiv wussten wir, dass sie richtig war. Nicht nur wegen der Pannen. Auch, weil Alltag eingekehrt war. Wer jeden Tag sein Lieblingsgericht isst, wird dessen irgendwann überdrüssig. Wenn wir etwas im Überfluss haben, nehmen wir dessen Schönheit und Besonderheit nicht mehr wahr. Zu Beginn bedeutete die Verwirklichung des Traumes vom Blauwasserleben für uns beide das ultimative Lebensglück. Als klar wurde, dass es uns weder die Erfüllung brachte noch ein endlos andauernder Zustand sein könnte, fielen wir in ein tiefes Loch. Wir wussten nicht, was danach noch kommen könnte, und hatten Angst vor dem Ungewissen. Der Wiedereinstieg nach dem Ausstieg fiel schwer. So wie vielen anderen Aussteigern auf Zeit, die ihre Erfahrungen geprägt haben und die mit ihren veränderten Werten erst wieder einen Platz im Zivilisationsalltag finden müssen.

Wir hatten alle Zelte abgebrochen. Wir wollten unserem Leben eine neue Wendung geben. Wir wussten nicht, was nach der Reise kommt. Wir wussten nur, dass wir nicht in unser altes Leben zurückkehren wollten.

Manchen wird es so gehen wie Robert und mir. Wir wissen, dass wir etwas anderes wollen. Aber schwerer ist herauszufinden, was das eigentlich ist. Der Philosoph und Schriftsteller Peter Bieri beschreibt diesen Zustand so: Wir möchten den Schleudersitz betätigen, wissen aber nicht, wo wir landen wollen. Zwar erkennen wir schnell, was stört und was uns hindert, aber nur langsam, was an dessen Stelle treten soll. Damit fehlt dem Neustart die Richtung. »Wer den Hafen nicht kennt, in den er segeln will, für den ist kein Wind ein richtiger.« (Seneca)

Ein Neustart braucht *Ziele*. Die Zielfindung – insbesondere, wenn es um die existenzielle Lebenszielfindung geht – ist eine der größten Herausforderungen überhaupt.

Genau wie jeder andere Planungsprozess erfordert auch ein Neustart, sich den Status quo bewusst zu machen. Wir starten niemals bei Null, sondern bauen auf unseren bisherigen Erfahrungen auf. Womöglich hadern wir damit, wo wir stehen. Doch das setzt nur negative Energien frei und führt nicht zu neuem Denken. Entkommen können wir dem, indem wir uns bewusst vor Augen führen: »Meine Geschichte, meine bisherigen Erfahrungen haben mich zu dem Menschen gemacht, der ich heute bin. Ich habe Entscheidungen getroffen, die mich hierhergeführt haben. Ich habe jede Menge Fähigkeiten gesammelt. Jetzt kann ich darauf vertrauen, dass ich meinen Weg finden werde.«

Wie können wir herausfinden, wohin die Reise unseres Lebens geht? Wie bestimmen wir unsere Destination?

Zum Beispiel mittels einer *fiktiven Reise in die Zukunft*, bei der wir uns unsere Zukunft in den schillerndsten Farben ausmalen. Das gefällt unserem Gehirn – mehr als ein Zehntel unserer wachen Zeit gehen wir unbewusst auf Zukunftsreisen.

Mit einem positiven Zukunftsbild vor Augen wagen wir mehr und trauen uns eher zu, den gewohnten Weg zu verlassen.

Ziele brauchen *Werte*. Werte sind Wegweiser für unsere Lebensreise. Dafür müssen wir herausfinden, welche Werte uns wichtig sind. Abenteuer, Eigenverantwortung, Kreativität? Anerkennung, Status? Aufrichtigkeit, Harmonie und soziale Verantwortung? Wir können uns aus der Toolbox der Werte- und Motivationsforschung bedienen. Wertelisten wie die der Enzyklopädie der Wertvorstellungen[109] führen uns das Spektrum der Möglichkeiten vor Augen. Nach dem *Reiss Motivation Profile* wird unser Denken, Handeln und Fühlen von 16 grundlegenden Lebensmotiven bestimmt. Dazu gehören Idealismus, Ordnung, Status, Familie oder soziale Kontakte. Je nach Ausprägung auf den verschiedenen Dimensionen entsteht ein spezifisches Motivationsprofil, das Aufschluss darüber gibt, was wir im Leben erstrebenswert finden oder vermeiden möchten (Verantwortung für andere Menschen, im Mittelpunkt stehen etc.).

Um herauszufinden, was unsere wichtigsten Werte sind, können wir uns fragen, welche Aktivitäten uns den meisten Spaß bringen. Ohne was könnte ich nicht leben? Was gibt meinem Leben einen Sinn? Was liegt mir wirklich am Herzen? Was möchte ich im Leben erreichen? Worauf könnte ich niemals verzichten? Wenn wir darauf Antworten formulieren können, werden wir ein Muster erkennen. Zum Beispiel, unsere Kreativität zu nutzen, um die Welt ein kleines Stückchen besser zu machen.

Haben wir unsere wichtigsten Werte ermittelt und wollen herausfinden, in welchem Verhältnis sie zueinander stehen, können wir folgende Methode anwenden: Wir schreiben sie in loser Reihenfolge auf ein Blatt Papier. Dann vergleichen wir die Werte paarweise miteinander und entscheiden, welcher Wert jeweils wichtiger ist.

Unser Wertesystem wird erst durch die Ableitung von Zielen operationalisiert. Wichtig ist, zwischen echten und falschen

Werten und Zielen zu unterscheiden. Formulieren wir echte
Endziele oder »Mittel zum Zweck«- oder Zwischenziele, die der
Erreichung von Endzielen dienen? Viele lassen sich von Zielen
leiten, die eher den Charakter von Zwischenzielen haben: [110]
gute Noten, Examen, guter Job, viel Geld, tolles Haus etc. Sie
dienen letztendlich der Erfüllung anderer, höherer Ziele: Anerkennung, Bestätigung, Zugehörigkeit etc. Werden solche
Zwischenziele erreicht, muss das nächste Ziel her – eben, weil
sie keine Endziele sind. Sie sind hilfreich für schnelle, kurz-
fristige Glückskicks, aber nicht als Leitlinie für das Leben.
Denn nichts kann richtig sein, wenn unsere Motive falsch
sind.[111] Den wahren Charakter von Zielen können wir ermitteln,
wenn wir uns bewusst machen, *warum* wir sie eigentlich erreichen wollen.

Ähnlich unterscheidet die fernöstliche Yogalehre zwischen *kurzfristigem Glück*, das durch die Befriedigung von Bedürfnissen entsteht, und *langfristigem, andauerndem Glück*, das uns
von innen erfüllt. Je genauer wir wissen, was unser tiefstes
Bedürfnis ist, desto erfolgreicher können wir unser Leben
danach ausrichten.

Echte Endziele sind intrinsisch – sie sind selbstgewählt
und kommen aus unserem tiefsten Inneren. Extrinsische Ziele
hingegen hängen von den Urteilen anderer ab, von ihrer
Zustimmung und Bestätigung, von gesellschaftlichen Konventionen. Beispiele sind Reichtum, Ruhm, Popularität. Wir
sollten unsere Ziele dahingehend hinterfragen, ob sie wirklich
selbstgewählt oder eher fremdbestimmt sind. Ob es unsere
eigenen oder die von anderen sind. Wir alle machen Kompromisse – aus Sehnsucht nach Sicherheit, Verständnis, emotio-
naler Geborgenheit.

Im Hintergrund werden unsere Entscheidungen oft von
heimlichen »Autopiloten« gesteuert. Doch wir sind nicht auf
der Welt, um die Erwartungen anderer zu erfüllen. Unsere
eigene Definition von *Erfolg* zählt. Viel zu oft machen wir ihn
an gesellschaftlichen Normen fest. Erfolg nach externen
Maßstäben und persönliches Glück sind weder dasselbe noch

miteinander vereinbar. Was bedeutet er für uns ganz persönlich: Messen wir ihn in Geld, Karriere, Ruhm, Besitz? Oder in Erfüllung, Zufriedenheit, »Eins mit uns selbst«-Sein, Zeit?

Wir sollten den Mut haben, bequeme Sicherheiten und überholte Vorstellungen loszulassen und Neues anzupacken. Je mehr Sicherheit wir haben, desto unfreier und unkreativer werden wir. Wirkliches, lebendiges Leben gibt es vielleicht nur auf »Messers Schneide«. Diese Erkenntnis stammt aus einem Buch, das ich durch Zufall entdeckt habe.[112] Es handelt von einem Neustart nach dem Ausstieg. Jörg Andrees Elten gab seine Karriere als Journalist und das damit einhergehende Jetset-Leben auf, um Sannyasin zu werden. Nach dem Ende der Osho-Kommune war Elten gezwungen, neu zu beginnen. Ganz ohne Sicherheit und mit dem festen Vorsatz, sich und seinen Idealen treu zu bleiben. Er lebte zunächst in Santa Barbara, Kalifornien, hielt sich mit vielen kleinen Jobs über Wasser und war sich für nichts zu schade. Er wurde Autor und gründete nach seiner Rückkehr nach Deutschland ein Zentrum für Meditation. Im Alter von 80 Jahren wurde Elten gefragt, ob er Angst vor dem Tod habe. Er verneinte mit dem Hinweis, dass er ein pralles, erfülltes Leben gelebt habe. Danach lebte er noch weitere zwölf Jahre voller Tatendrang.

Grundvoraussetzung für den Mut, Neues zu wagen, ist Vertrauen in sich selbst und die eigene Kreativität. Unsere Kreativität, unsere eigene Kraft, produktiv zu sein, ist letztlich die einzige Sicherheit, die wir haben. Alle anderen Sicherheiten sind trügerisch. Sich dies bewusst zu machen, schafft wahre Unabhängigkeit.[113]

Unsere persönliche Definition von Erfolg sollte auf unsere Berufung abzielen.[114] Eine Berufung ist ein Ziel, das größer ist als wir selbst. Das uns magisch anzieht. Eine Sache, der wir uns verschreiben wollen. Ein Unternehmen, das wir aufbauen, ein Missstand, den wir beheben wollen.

»Derjenige, der ein Warum hat, für das er lebt, kann irgendwie mit allem klarkommen.« (Friedrich W. Nietzsche)

Arthur Gordon empfiehlt folgenden Weg zur Sinnfindung:
Wir verbringen den Tag dort, wo wir als Kind am glücklichsten waren (bei ihm der Strand). Dort sprechen wir mit niemandem, lesen nicht, hören keine Musik, beschäftigen uns nicht mit dem Smartphone. Stattdessen hören wir genau hin – und finden inneren Frieden. Rekapitulieren Momente der Freude im Leben – und erleben innere Wärme. Und schließlich reflektieren wir unsere Motive, um den Sinn im Leben zu entdecken.[115]

Nach der *Selbstdeterminationstheorie* streben Menschen nach der Befriedigung von drei grundlegenden psychologischen Bedürfnissen: Beziehungen, Selbstwirksamkeit und Autonomie. Wenn wir uns Aufgaben widmen, die eines oder mehrere dieser Bedürfnisse ansprechen, erleben wir dies als intrinsisch motivierend. Wir erleben ein Flow-Gefühl und sind hochzufrieden. Wählen wir einen Beruf, der zwar ein hohes Einkommen verspricht, aber nicht auf die Befriedigung unserer Grundbedürfnisse einzahlt, dann opfern wir dem finanziellen Erfolg aller Wahrscheinlichkeit nach ein Stück Lebensglück.

Echte Endziele sind Erlebnis, Wachstum und einen Beitrag zur Gesellschaft leisten.[116] Viele Glücksforscher sind überzeugt, dass wir ohne ein Ziel, das außerhalb unseres Selbst liegt, nicht glücklich sein können. Und nicht erfolgreich – erfolgreiche Menschen richten den Fokus nach außen, nicht nur nach innen in sich selbst.[117] Sie fokussieren auf die Menschen, denen sie mit etwas dienen.

Ziele mit Sinn sind prozessorientiert und werden nie vollständig erreicht. Ein Beispiel: »anderen gegenüber immer ehrlich sein« als Maßstab für Aufrichtigkeit. Kaum einer wird das in jeder Lebenssituation einhalten können.

Unsere persönlichen Endziele können wir mit der »*Finde-deinen-Hafen-Übung*« definieren.[118] In jeweils 90 Sekunden bearbeiten wir folgende drei Aufgaben – das Zeitlimit ist wichtig, um die Ratio auszuschalten und nur die Kreativität zu nutzen:

- Alle *Erfahrungen* aufschreiben, die wir im Leben machen wollen. Wir blicken aus der Perspektive unseres Todestages. Zeit und Geld spielen keine Rolle. Wir denken in verschiedenen Kategorien (Reisen, Beziehung, Körper etc.)
- Alle Wege aufschreiben, wie wir im Leben *wachsen* und lernen wollen (intellektuelle Fähigkeiten, Reisen, Sprachen, Charaktereigenschaften, emotionale Intelligenz etc.)
- Alles aufschreiben, was wir der *Welt geben* wollen – was wollen wir auf der Welt hinterlassen, um die Welt ein Stückchen besser zu machen (Charity, Familie, Beruf, Lehren, Kunst, Schreiben etc.)?

Damit unser Wertesystem unsere Entscheidungen leiten kann, muss es durch Ziele und konkrete Handlungen operationalisiert werden. Ist uns soziale Verantwortung wichtig, so wären mögliche Ziele bei einem Jobwechsel »Inhalt wichtiger als Gehalt« und »gutes Arbeitsklima«. Sie könnten wiederum konkretisiert werden durch Handlungen wie »Unternehmen screenen, die Nachhaltigkeit großschreiben«, »Fixkosten durchforsten und senken, um finanziell unabhängiger zu werden«.

Jeder Neuanfang ist eine Reise ins Ungewisse. Das Aufbrechen zu neuen Ufern ist immer mit Unsicherheit, Risiko, Zweifeln behaftet. Meist machen wir uns diesen Weg selbst noch schwerer.

Bei jedem Neustart werden wir früher oder später mit Hindernissen konfrontiert. Wir sollten uns dadurch nicht aus der Bahn werfen lassen. Wichtig ist, nicht nur optimistisch, sondern auch realistisch an den Neustart heranzugehen und sich gegen Schwierigkeiten zu wappnen. Die *WOOP-Methode* (Wish-Outcome-Obstacle-Plan) hilft dabei, Ziele zu erreichen und auftauchende Widerstände zu überwinden.[119] Sie kombiniert mentales Kontrastieren, in dem Träume visualisierten

Hindernissen gegenübergestellt werden, mit Wenn-Dann-Plänen (»Wenn Situation x auftaucht, werde ich mit Verhalten y reagieren.«).

Ein Neustart verändert auch immer unser Umfeld. Früher oder später tauchen Bedenkenträger auf und konfrontieren uns mit ihren Befürchtungen und Bedenken. Wenn wir uns klar für einen Neuanfang entschieden haben, sollten wir ihnen kein Gehör mehr schenken. Sie säen nur Zweifel und Verunsicherung.

Oft sitzt der größte Bedenkenträger allerdings im eigenen Kopf. Unsere innere Stimme bombardiert uns mit Sorgen, was alles schiefgehen kann. Wir können dem nur entkommen, wenn wir loslassen.

Manche sabotieren ihren Neustart durch Nichtstun oder Aufschieberitis. Wichtig ist, ein Bewusstsein dafür zu entwickeln, dass und wann wir stecken bleiben, aufschieben, langsamer vorankommen, als wir eigentlich könnten. Und dann aktiv zu werden. Am besten, indem wir uns kleine – konkrete und erreichbare – Ziele setzen. Und Fristen, die wir einhalten. Wenn wir anderen davon erzählen, bekommen sie mehr Gewicht.

Ein weiteres Hindernis könnte darin liegen, dass wir nur mit unserem Verstand agieren. Dann schlagen wir womöglich eine falsche Richtung ein. Idealerweise stimmen Kopf und Bauch zu: Wir schalten den Kopf ein, hören auf unseren Bauch (»Fühlt sich das passend an?«) und entscheiden dann. Allerdings sollten wir lernen, wann wir uns auf unser Gefühl verlassen können und wann wir besser nachdenken. Intuitive Entscheidungen sind am besten, wenn sie auf Basis von großem Wissen und Erfahrung getroffen werden.[120] Deshalb sollten wir zunächst eine Informationsbasis schaffen. Uns klarmachen, was wir für unseren Neustart noch alles wissen müssen. Den möglichen Ablauf im Kopf durchspielen, herausfinden, was wir noch klären müssen, recherchieren und mit Menschen sprechen, die mehr Erfahrung haben.

Ein Neuanfang beginnt immer mit dem ersten Schritt. Wir lassen bewusst die Vergangenheit los. Das bedeutet allerdings nicht, sie zu vergessen – unsere Erfahrungen sind ein wichtiges Kapital.

Geraten wir in die Grübelfalle, sollten wir die kreisenden Gedanken zum Stoppen bringen, die nicht zu Lösungen führen und uns nicht weiterbringen. Dazu eignet sich die *Grübelraum-Methode*.[121] Das Gedankenkarussell wird auf einen bestimmten Raum und Zeitpunkt beschränkt. Zunächst erklären wir einen Ort zum Grübelraum (Küche, Parkbank etc.). Alles andere ist »grübelfreie Zone«. Dann legen wir eine Zeit fest, zu der wir uns dort mit unseren Sorgen verabreden. Ansonsten herrscht Ruhe.

Häufig treten die Motive für den Neustart in den Hintergrund, sobald die ersten Schwierigkeiten auftauchen. Um das Wofür nicht aus den Augen zu verlieren, könnten wir den Neustart in einem Bild festhalten – vor unserem inneren Auge, einer Collage, einem Foto. Führen wir uns dieses Bild so oft wie möglich vor Augen, verbinden wir uns emotional damit. Es wirkt als Motor, um auch in rauen Gewässern dranzubleiben.

Ein Plan B im Hinterkopf kann vom eigentlichen Ziel ablenken.[122] Wer auf einen solchen verzichtet und alles auf eine Karte setzt, konzentriert sich mit aller Kraft auf Plan A.

Ein Neustart bietet die Chance für eine umfassende *Selbsterneuerung*. Dadurch erhalten und mehren wir unser wichtigstes Kapital: uns selbst – das einzige Instrument, das wir haben, um mit dem Leben umzugehen und etwas beizutragen.[123] Wir sollten uns regelmäßig Zeit nehmen, um alle vier Dimensionen des menschlichen Seins zu trainieren: die spirituelle Sinn- und Wertedimension, die sozial-emotionale Dimension – die wir in unseren tagtäglichen Interaktionen mit anderen Menschen schärfen können –, die mentale sowie die körperliche Dimension.

Viele vernachlässigen die mentale Dimension, sobald die äußere Disziplin der formalen Ausbildung von Schule oder Hochschule wegfällt: ihren Geist. Kontinuierliche Weiterent-

wicklung ist nicht nur ein wichtiger Glücksfaktor. Die kontinuierliche Schärfung und Erweiterung unseres Verstandes dient
der lebenswichtigen mentalen Erneuerung. Es gibt unzählige
Wege, sich weiterzubilden. Zum Beispiel durch Literatur. Sie
gibt uns die Möglichkeit, von den klügsten Köpfen zu lernen.
Ebenso durch Schreiben – es schult unsere Fähigkeit, klar zu
denken, Dinge vernünftig erörtern zu können und von anderen
verstanden zu werden.

Last, but not least, die körperliche Dimension: Obwohl
wir wissen, dass unser Körper wichtiger Teil unseres Kapitals
ist, vernachlässigen wir ihn oft. Ohne bewusste und gesunde
Ernährung, ausreichend Ruhe und Entspannung sowie regelmäßige Bewegung steuern wir früher oder später auf gesundheitliche Probleme zu. Es geht gar nicht darum, möglichst viel Zeit
zu investieren. Besser regelmäßig und kurz als selten und lang.
20 Minuten Spazieren gehen vor dem Frühstück reichen aus –
wenn wir das konsequent jeden Tag durchziehen. Das verbessert
nicht nur unser körperliches Wohlbefinden, sondern stärkt
auch Willenskraft, Selbstwertgefühl und Selbstvertrauen.

Willenskraft ist die Fähigkeit zur *Selbstkontrolle*. Sie wird
immer dann herausgefordert, wenn wir die Wahl haben zwischen »Belohnung sofort« oder »Gewinn in der Zukunft«. Zum
Beispiel bei Diäten (»Kuchen jetzt oder irgendwann die Strand-
figur«) oder Sport (»jetzt noch eine Stunde länger schlafen oder
fit werden, wenn ich dauerhaft am Ball bleibe«). Kultivieren
wir Dankbarkeit und Mitgefühl, so wird unsere Selbstkontrolle
quasi von selbst gestärkt.[124]

Nur konkrete Vorhaben helfen, durchzuhalten. Uns Menschen fällt es deutlich leichter, Vorsätze einzuhalten, die konkret,
nicht abstrakt formuliert sind. Zum Beispiel bringt der diffuse
Plan wenig, »in der Freizeit möglichst oft zu laufen«. Sinnvoll
wäre hingegen das konkretisierte Vorhaben, »immer montags,
mittwochs und freitags zum Haus von Freund XY und zurück
zu laufen«.[125]

Beim Durchhalten hilft ein *Bewertungssystem*, anhand
dessen wir uns möglichst oft selbst zur Rechenschaft ziehen.

Grundlage kann unser persönliches Werteleitbild sein. So verfuhr schon Benjamin Franklin, der 1726 im Alter von nur 20 Jahren ein System entwarf, das ihm helfen sollte, seinen Charakter zu entwickeln. Er widmete jeder angestrebten Tugend – darunter Mäßigung, Ruhe, Ordnung, Sparsamkeit – eine Tabelle. Jede Tugend wurde durch konkrete Ziele operationalisiert (Beispiel »Mäßigung: Esse und trinke nicht bis zum Umfallen«). Jeden Abend hielt Franklin fest, ob er sich »tugendhaft« verhalten habe. Sein Selbstentwicklungssystem dient auch heute noch zahlreichen Motivations-Coaches und Glücksexperten als Inspiration.[126]

Es hilft, sich durch kleine *Reminder* an die eigenen Vorsätze zu erinnern. Zum Beispiel durch symbolische Gegenstände wie kleine Klebezettel. Oder ein emotional aufgeladenes Erinnerungsstück. Ich trage eine geflochtene Kette mit einem Haizahn um den Hals, der mich immer wieder an meinen Vorsatz erinnert, öfter loszulassen.

Der Schlüssel zu einem glücklicheren, erfüllteren Leben liegt nirgendwo anders als in uns selbst. Keine der hier beschriebenen Erkenntnisse lässt sich verwirklichen, ohne das Prinzip der *Selbstverantwortung* verinnerlicht zu haben. Unser Verhalten leitet sich nicht von äußeren Bedingungen, sondern von unseren eigenen Entscheidungen ab. Von unseren Reaktionen auf äußere Reize. Wir verfügen über die Fähigkeit, über die eigenen Gedankenvorgänge nachzudenken. Wir können unsere eigenen Erfahrungen und die Erfahrungen anderer Menschen auswerten und aus ihnen lernen. Selbstwahrnehmung und Selbstbewusstwerdung versetzen uns in die Lage, Gewohnheiten zu verändern.

Reaktive Menschen werden von Gefühlen, Umständen oder ihrer Umwelt getrieben. Je nach Wetter fühlen sie sich gut oder schlecht. Proaktive Menschen hingegen tragen ihr eigenes Wetter in sich.[127] Sie nehmen das Steuer ihres Lebens fest in die Hand und machen sich nicht zum Spielball der Umstände. »We run things, things no run me.« (Sprichwort in Trinidad)

Denkanstöße
zur zehnten Erkenntnis

Jeder Neustart braucht eine klare Richtung.
Mache dich auf die Suche nach deinen wahren
Werten und Zielen.

Sei dir bewusst, dass du nicht auf der Welt bist,
um die Erwartungen anderer zu erfüllen.
Dein Weg zählt. Und deine Definition von Erfolg.

Nichts kann richtig sein, wenn die Motive falsch
sind. Unterscheide zwischen echten und falschen
Werten. Zwischen Endzielen und »Mittel zum
Zweck«-Zielen, die nur der Erreichung von Endzielen dienen.

Die einzige Sicherheit, die wir haben, ist unsere
Kreativität. Vertraue auf deine Kraft zu produzieren –
zu denken, zu lernen, zu schaffen, zu adaptieren.
Das schafft Sicherheit und Unabhängigkeit.

Werde dir deiner selbst bewusst.
Nimm das Steuer deines Lebens fest in beide Hände.
Trage dein eigenes Wetter in dir.

Epilog Kerstin

Die beiden schönsten Tage im Leben eines Bootseigners sind der Tag des Bootskaufs und der des Verkaufs. Wie oft haben wir diesen Spruch gehört. Zu Beginn konnten wir uns nicht vorstellen, dass er jemals für uns zutreffen könnte. Wir würden unser Boot doch bestimmt schmerzlich vermissen. Irgendwann sehnten wir den Tag des Verkaufs flehentlich herbei. Als er endlich kam, atmeten wir erleichtert auf. Endlich Schluss mit Ärger und Reparaturen am laufenden Band. Ein neues Kapitel konnte beginnen.

Während der Reise haben uns viele Fragen beschäftigt. Hinterher reflektierten wir das Erlebte intensiv – gerade während der Arbeit an diesem Buch. Die Frage, warum wir uns ausgerechnet für Trinity entschieden haben, ist einem entschlossenen »Deshalb« gewichen. Nicht nur wegen des Gefühls, dass dieses Boot sicher ist und ihm auch ein Eisberg nichts anhaben könnte. Wir haben uns jede Menge Erinnerungen geschaffen. Hätte uns Trinity nicht immer wieder zu längeren Landaufenthalten gezwungen, wären wir durch die Welt gejagt. Hätten eine Menge verpasst. Viele bereichernde Freundschaften wären nie entstanden. Inzwischen sehe ich die vielen Prüfungen auf dieser Reise als großes Geschenk. Sie haben mich wachsen lassen. »Man lernt das Matrosenleben nicht durch Übungen in einer Pfütze.« (Franz Kafka)

Immer wieder wurde ich gezwungen, endlich loszulassen. Ich habe begriffen, dass die sonnigen Seiten des Lebens ohne Schattenseiten nicht so hell strahlen würden. Ich lebe heute sehr viel mehr im Hier und Jetzt, grübele deutlich weniger. Ich plane nicht mehr so viel, lasse Dinge auf mich zukommen. Ich bin sehr viel dankbarer als früher. Ich versuche, mehr auf meine Intuition zu vertrauen, tief in mich hineinzuhören: Was tut mir gut, was möchte ich wirklich? Ich begreife das Leben als Entwicklungsprozess. Stelle mich Herausforderungen. Versuche, aus Rückschlägen zu lernen und Niederlagen als Chancen zu begreifen. Jeden Tag arbeite ich daran, bewusster, dankbarer, liebevoller, aufmerksamer, empathischer, wacher und gelassener zu werden. Wenn etwas kaputtgeht, schmeiße ich es nicht sofort weg oder wende mich an Fachleute, sondern google nach der Lösung und mache selber. Die Trinity School of Life hat mich dazu befähigt.

Ich weiß mehr denn je, was ich an Robert habe. Wie unendlich wichtig unsere Beziehung für mich ist. Dass sie sehr stark ist, wir jedoch nie aufhören dürfen, an ihr zu arbeiten. Dass wir zusammen alles meistern können.

Nach der Ankunft in Europa brauchten wir einen Puffer zwischen dem Leben auf dem Wasser in Freiheit und der Rückkehr in die Zivilisation. Wir legten einen Zwischenstopp auf einer Insel im Mittelmeer ein. Inzwischen haben wir unsere Zelte wieder in Deutschland aufgeschlagen. Unser neuer Heimathafen heißt Hamburg. Nicht zuletzt wegen Alster, Elbe, Hafen und der Nähe zu Nord- und Ostsee.

Immer wieder werden wir gefragt, ob wir jetzt bleiben. Wieder richtig sesshaft werden. Keine Ahnung. Ist das überhaupt möglich, wenn du einmal alles hinter dir gelassen und den Schritt raus gewagt hast? Wir haben noch viel vor. Stillstand ist nicht unser Ding. Die Welt ist voller Möglichkeiten. Mal sehen, wohin uns die Winde des Lebens noch so tragen.

Wir haben gelernt, uns selbst und unseren Fähigkeiten zu vertrauen. Die Dinge werden sich finden. Wichtig ist, dass das nach unseren eigenen Maßstäben geschieht. Robert und ich leben sparsam und immer mit dem Blick darauf, was wir wirklich brauchen und was uns wirklich glücklich macht. Zugegebenermaßen ist es alles andere als leicht, sich im geregelten Deutschland nicht wieder von den gesellschaftlichen Normen und Bräuchen anstecken zu lassen, die viel mit Status, Geld, Besitz und Konsum zu tun haben. Wir wollen nicht in die Falle tappen, uns mit den Erfolgsmaßstäben der anderen zu messen, die weiter ihren Karriereweg gegangen sind. Widerstehen dem Drang, uns zu vergleichen. Was wir erlebt haben, ist einzigartig. Das Leben hat uns reich beschenkt.

Wir möchten uns den Spirit von »da draußen« bewahren. Bewusst leben, dankbar sein. Nicht zurück ins Hamsterrad. Nicht wieder rund um die Uhr arbeiten. Jeden Tag bewusst nutzen und dafür sorgen, dass die Lebensqualität nicht dem Alltag zum Opfer fällt. Nachhaltig leben und konsumieren. Glücksrituale leben. Viel Zeit in der Natur verbringen.

Während der Reise sind viele neue Freundschaften entstanden. Wir bemühen uns, sie über die langen Distanzen hinweg zu hegen und zu pflegen. Zu Hause haben sich Freundschaften verändert. Kein Wunder, wir sind verändert zurückgekommen.

Habe ich Antworten auf meine Fragen nach beruflicher Erfüllung und Sinn gefunden? Zu Beginn dachte ich, dass meine Berufung darin bestehen würde, als Abenteuerin und Entdeckerin durch die Welt zu segeln. Nur um festzustellen, dass ich ein »Mittel zum Zweck«-Ziel als Endziel und Lebenssinn missinterpretiert hatte. Durch die Reise und die intensive Reflexion habe ich mich selbst besser kennengelernt. Gelernt, stärker auf meine Intuition zu vertrauen als nur auf meinen Kopf. Immer mehr hat sich herauskristallisiert, dass ich mich stärker mit Menschen als mit Märkten beschäftigen möchte. Ich möchte ihnen dabei helfen, ihre Potenziale zu entdecken und zu entfalten. Zusammen mit Robert. Auch diese herausfordernde und faszinierende Reise meistern wir als Team. Die zehn Erkenntnisse sind unsere Leuchtfeuer. Wir möchten Menschen daran teilhaben lassen, ohne dass sie selbst eine Auszeit nehmen müssen. Nicht nur im privaten Umfeld, sondern auch im Berufsleben. Gerade weil wir wissen, wie sehr man sich im Hamsterrad verlaufen kann. Und dass unsere Erkenntnisse auch im Job für mehr Erfüllung und Erfolg sorgen, nicht nur für den Einzelnen, auch für Organisationen.

Wir hoffen, dass es uns gelungen ist, dich zu inspirieren. Genieße das Leben. Lebe deine Träume. Du hast das Steuer in der Hand!

Epilog Robert

»Vor dem wahren Leben kommt das Ausleben aller Sinne.« Es gab eine Zeit, da habe ich dieses Zitat auf mein Leben bezogen. Mein Leben am Limit. Es damit gerechtfertigt. Verteidigt. Idealisiert und beschönigt. Die Konsequenzen konsequent verdrängt. Das nannte ich Loslassen. Individualität. Und persönliche Freiheit.

Dann kam der Weckruf. Das böse Erwachen. Die pure Angst. Und damit der Wille, mein Leben von Grund auf umzukrempeln. Von der äußeren Welt, die ich mit viel Energie über die Jahre kultiviert habe, in die innere Welt, die mich ausmacht und mich beflügelt. Ab sofort wollte ich das pure Leben. Die pure Energie. Das pure Ich. Die pure Essenz des Lebens. Klar, echt, unverfälscht, minimalistisch und mit Haut und Haaren. Ich habe den Sprung gewagt. Ohne Netz und doppelten Boden. Ohne zu wissen, was mich auf der anderen Seite erwartet.

Es war gut so. Es war richtig. Es hat mich verändert. Und reifen lassen. Ich habe vieles begriffen, von dem ich früher nur aus der Theorie heraus meinte, verstanden zu haben. Ich habe mich immer mit Menschen beschäftigt. Der eindeutige Fokus in meinem Leben. Vieles dazu gelesen und erlernt. Training und Ausbildung zu Motivation und Inspiration. Zu Führung und Kommunikation. Zu Kultur und Verantwortung. Doch es ist ein großer Unterschied, sich etwas anzulesen, die Theorie zu kennen. Oder sich etwas zu erkämpfen und praktisch zu leben. Von Herzen und mit voller Hingabe.

Das Neue ist oft nur möglich, wenn man das Alte hinter sich lässt. Wenn man sein Leben nicht komplett durchplant und nicht stur an seinen Zielen hängt. Sondern auch mal neue Wege oder gar Umwege in Kauf nimmt. Im Flow bleibt. Und mit Freude und Energie das vermeintliche Risiko aus dem Weg räumt.

279

Wir würden es genau so wieder machen. Mit all den Hochs und Tiefs. Mit den Tränen der Freude und denen der Verzweiflung. Denn wir sind heute deutlich mehr bei uns, als wir es je waren. Wir sind glücklicher und zufriedener. Wir haben uns von Äußerlichkeiten weitestgehend befreit und den Materialismus hinter uns gelassen. Damit sind wir reicher denn je. Und genießen eine ungekannte, grenzenlose Freiheit.

Vieles von dem, was wir in den Jahren erlebt und gelernt haben, wollen wir teilen. Weitergeben. Inspirieren. Motivieren, die Veränderung zuerst an uns selbst zu vollziehen. Hin zu einem authentischeren, ganzheitlicheren, glücklicheren Leben. Klar. Wahrhaftig. Nachhaltig. Und PUR!

Die zehn Erkenntnisse im Überblick

1. **Mut zu Veränderung:** Sei mutig und lebe deine Träume. Trenne dich von Beziehungen, die nicht mehr lebendig sind, und von Arbeitsverhältnissen, die dich herunterziehen. Habe den Mut, bequeme Sicherheiten und überholte Vorstellungen loszulassen und Neues anzupacken. Das Leben ist zu kurz, um zu warten. Wenn nicht jetzt, wann dann?

2. **Furcht und Ängste überwinden:** Lass dich nicht von Ängsten blockieren und davon abhalten, dein Leben zu leben. Mache sie dir bewusst, stelle dich ihnen und gehe sie aktiv an.

3. **Mehr Selbstvertrauen:** Das nötige Selbstvertrauen kommt durch Machen – du kannst nicht verlieren, nur lernen.

4. **Loslassen:** Du kannst nicht alles im Leben jederzeit unter Kontrolle haben, aber dein Leben deutlich mehr genießen, wenn du loszulassen lernst. Wehre dich nicht gegen Unvermeidliches. Loslassen eröffnet viele neue Möglichkeiten!

5. **Dankbarkeit leben:** Sei dankbar für das Gute, das dir widerfährt. Fokussiere nicht auf Negatives. Lebe intensiv, indem du bewusst den Moment wahrnimmst und genießt.

6. **Zusammen geht mehr:** Leben geht nicht allein und macht erst mit anderen glücklich – soziale Bindungen sind einer der wichtigsten Glücksfaktoren. Freundschaft, Hilfsbereitschaft, Großzügigkeit sind unersetzbar. Arbeite aktiv an deinen sozialen Beziehungen, an dir selbst und deinen Erwartungen an andere. Sei dir bewusst, dass Liebe nichts mit Nehmen zu tun hat, sondern mit Geben.

7. Sich für die Unwetter des Lebens wappnen: Das Leben ist wie ein Ozean – ein ständiges Auf und Ab. Du hast es in der Hand, bei allem, was du im Leben erlebst, zu entscheiden, ob du es als Problem oder Möglichkeit betrachtest. Ob es dich verletzt oder dich weiterbringt. Deine Einstellung zu den Dingen ist entscheidend. Freue dich nicht nur über deine Erfolge, sondern auch über deine Niederlagen, denn sie sind dein bester Lehrmeister und lassen dich wachsen. Wappne dich für Unwetter, indem du an deiner seelischen Widerstandsfähigkeit arbeitest.

8. Weniger ist mehr: Sich auf das Wesentliche zu besinnen und mit weniger zu leben bedeutet mehr Freiheit, weniger Ballast, Konzentration auf das Wesentliche. Bewusster leben heißt automatisch nachhaltiger leben.

9. Viele Routen führen zum Glück: Glück kann gelernt werden. Jenseits der genannten Erkenntnisse gibt es noch weitere Einsichten und Rituale, mit denen wir jeden Tag dafür sorgen können, ein Stückchen glücklicher zu werden.

10. Neue Ziele finden: Akzeptiere und genieße, dass das Leben ein Ozean und eine immerwährende Reise ist. Leben heißt Veränderung, erfordert Weiterentwicklung. Finde deine Werte, deinen Sinn, deine Destination. Sei dir bewusst, dass du nicht auf der Welt bist, um die Erwartungen anderer zu erfüllen. Du bist am Steuer.

Literatur

FRANK BERZBACH (2013) »Die Kunst, ein kreatives Leben zu führen. Anregung zu Achtsamkeit«

JENS CORSSEN (2004) »Der Selbstentwickler: Das Corssen Seminar«

JENS CORSSEN, CHRISTIANE TRAMITZ (2016) »Ich und die anderen: Als Selbstentwickler zu gelingenden Beziehungen«

STEPHEN COVEY (2018) »Die 7 Wege zur Effektivität« (1989, 1. Auflage der überarbeiteten Neufassung 2004)

DAVID DESTENO (2018) »Emotional Success: The Power of Gratitude, Compassion, and Pride«

JÖRG ANDREES ELTEN (2009) »Alles ganz easy in Santa Barbara: Leben ohne Sicherheit« (1. Auflage 1990)

VIKTOR E. FRANKL (1946) »Man's Search For Meaning«

BENJAMIN FRANKLIN (2015) »The Autobiography of Benjamin Franklin«

LAURA GASSNER OTTING (2019) »Limitless: How to Ignore Everybody, Carve Your Own Path, and Live Your Best Life«

JOHN IZZO (2010) »Die fünf Geheimnisse, die Sie entdecken sollten, bevor Sie sterben«

ALEXANDRE JARDIN (1993) »Der kleine Wilde«

JANICE KAPLAN (2016) »Das große Glück der kleinen Dinge: Wie Dankbarkeit mein Leben veränderte«

VISHEN LAKHIANI (2016) »The Code of the Extraordinary Mind«

MARK MANSON (2017) »Die subtile Kunst des darauf Scheissens«

ANDREAS MICHALSEN, PETRA THORBRIETZ (2017) »Heilen mit der Kraft der Natur: Meine Erfahrungen aus Praxis und Forschung. Was wirklich hilft«

TALANE MIEDANER (2017) »Coach dich selbst, sonst liebt dich keiner: Der ultimative Beziehungsguide«

GABRIELE OETTINGEN (2015) »Die Psychologie des Gelingens«

DOROTHEE RÖHRIG (2016) »Die fünf magischen Momente des Lebens«

GRETCHEN RUBIN (2011) »Das Happiness-Projekt: Oder: Wie ich ein Jahr damit verbrachte, mich um meine Freunde zu kümmern, den Kleiderschrank auszumisten, Philosophen zu lesen und überhaupt mehr Freude am Leben zu haben«

HERMANN SCHERER (2019) »Glücksgeschenke: Inspirationen für ein Leben voller motivierender Momente«

KATE SWOBODA (2018) »The Courage Habit: How to Accept Your Fears, Release the Past, and Live Your Courageous Life«

Anmerkungen

Erkenntnis 1:

Mut zu Veränderung

1 Verhaltenstherapeut Jens Corssen in Corssen/Tramitz 2016

Erkenntnis 2:

Furcht und Ängste überwinden

2 Beispiel in Röhrig 2016
3 Zu Strategien zum konstruktiven Umgang mit Furcht, die auf Erkenntnissen zur Gewohnheitsausbildung und Stressreduktion basieren, siehe Kate Swoboda 2018
4 Thomas Fydrich, Psychologie-Professor an der Humboldt-Universität in Berlin, in https://www.welt.de/reportage/article137261639/Frau-42-erfolgreich-Und-trotzdem-Panikstoerung.html
5 Siehe zum Beispiel die Studien von Matthew Killingsworth und Daniel Gilbert zu Mind-Wandering
6 https://de.statista.com/statistik/daten/studie/258499/umfrage/die-haeufigsten-aengste-der-menschen/
7 https://www.yacht.de/yachten_jollen/neue_boote/sicher-in-den-mast/a8207.html

Erkenntnis 3:

Mehr Selbstvertrauen

8 Zum Beispiel Rubin 2011, Corssen 2004
9 Corssen 2004
10 Prinzip aus der Kognitiven Verhaltenstherapie (KVT), um eine Verhaltensänderung herbeizuführen

11 Corssen/Tramitz 2016
12 Rubin 2011
13 https://www.psychologytoday.com/intl/blog/constructive-wallowing/201405/fear-failure
14 Nach Leon Festinger. Der Vergleich kann 3 Richtungen haben: horizontal, abwärts und aufwärts.
15 https://www.mindtools.com/pages/article/fear-of-failure.htm
16 Nach einem Zitat von Jon Kabat-Zinn, dem Erfinder des Meditationstrainings MBSR (Mindfulness-Based Stress Reduction)
17 Rubin 2011

Erkenntnis 4:

Loslassen

18 Ellen J. Langer (1975) »The illusion of control«, in Journal of Personality and Social Psychology.
19 Amy Johnson, Autor und Coach, in https://tinybuddha.com/blog/let-go-of-control-how-to-learn-the-art-of-surrender/
20 ebenda
21 US-Therapeutin Sandra Sanger in https://psychcentral.com/blog/the-illusion-of-control/
22 John Brubaker, in den USA erfolgreicher Unternehmensberater, Redner und Autor, wird zitiert in https://www.entrepreneur.com/article/247641
23 Corssen/Tramitz 2016

283

24 Siehe Psychologie Heute, 12/2018. Auch die Präkrastination ist mit massiven Nachteilen verbunden.

25 Zu Maximizern und Satisficern siehe US-Psychologe Barry Schwartz

Erkenntnis 5:
Dankbarkeit leben

26 Zu den renommiertesten Dankbarkeitsforschern zählt Robert E. Emmons, Psychologie-Professor an der University of California Davis

27 Martin Seligman, Leiter des Positive Psychology Center, University of Pennsylvania

28 Forschung von Robert E. Emmons, siehe oben

29 Nachgewiesen von DeSteno & Bartlett, McCullough, Emmons & Tsang

30 US-Forscher der Universitäten von Utah und Kentucky

31 Robert E. Emmons, siehe oben

32 ebenda

33 Rubin 2011

34 Sie hat darüber ein inspirierendes Buch mit vielen Beispielen und Tipps geschrieben:»Das große Glück der kleinen Dinge: Wie Dankbarkeit mein Leben veränderte« (2016).

35 Siehe unter anderem die Forschung von Glücksforscherin Sonja Lyubomirsky

36 Dazu gibt es ein aktuelles Buch: Jan Kalbitzer (2018):»Das Geschenk der Sterblichkeit: Wie die Angst vor dem Tod zum Sinn des Lebens führen kann«; des Weiteren der Klassiker »Das tibetische Buch vom Leben und Sterben« von Sogyal Rinpoche (1994).

37 Rubin 2011

38 Smartphone-App Headspace

39 https://ggia.berkeley.edu/practice/awe_walk

Erkenntnis 6:
Zusammen geht mehr

40 https://www.deutschlandfunkkultur.de/zahl-der-scheidungen-geht-zurueck-deutsche-paare-auf-der.1008.de.html?dram:article_id=422590

41 Corssen/Tramitz 2016

42 Neurowissenschaftler Carl Marci

43 Studie von Gottman und Levenson, die Ehepaare in zehnminütigen Gesprächssituationen beobachteten und zehn Jahre später erneut befragten

44 Corssen/Tramitz 2016

45 ebenda

46 ebenda

47 Studie von Parship und Innofact, Januar 2019

48 Corssen/Tramitz 2016

49 Schnall, S. et al. (2010):»Elevation Leads To Altruistic Behaviour«, in Psychological Science

50 Wissenschaftsmagazin New Science

51 Corssen/Tramitz 2016

52 Gemäß der Theorie der Aufrechterhaltung der Selbstbewertung

53 Greater Good Science Center, UC Berkeley

54 Corssen/Tramitz 2016

55 Konzept des Selbstmitgefühls von Psychologin Kristin Neff

56 Corssen/Tramitz 2016

57 Neurologe Vilayanur Ramachandran

58 Vorschläge für ein gezieltes Empathietraining zum Beispiel bei Corssen 2016

59 Studien von David C. Kidd/Emanuele Castano 2013 sowie Raymond Mar 2014

60 Das Aktive Zuhören geht auf den US-Psychologen Carl Rogers zurück.

Erkenntnis 7:
Sich für die Unwetter des Lebens wappnen

61 US-Mediziner Mark Liponis in Kaplan 2016

62 Michalsen/Thorbrietz 2017

63 Corssen/Tramitz 2016

64 Unter anderem die Forschungen von US-Psychologin Laura Glynn

65 Siehe zum Beispiel die Flooding-Methode nach Harry Barry oder https://greatergood.berkeley.edu/article/item/what_happens_when_you_embrace_dark_emotions

66 Lieberman, J. et al. (2010): »Putting feelings into words: affect labeling disrupts amygdala activity in response of affective stimuli«, in Psychological Science

67 Corssen/Tramitz 2016

68 Frankl 1946

69 ebenda

70 Gunther Schmidt, Arzt und Psychotherapeut; Begründer des hypnotherapeutischen Integrationsmodells, das Systemische Therapie und Hypnotherapie verbindet

71 Nach Psychologe Mihaly Csikszentmihalyi

72 Das zeigen Forschungen der Harvard-Psychologin Susan Davis.

73 Mediziner Liponis in Kaplan 2015

74 Berzbach 2013

75 Entwickelt von einem der Pioniere der Positiven Psychologie, Martin Seligman

76 Laut Studien des britischen Kinderpsychiaters Michael Rutter

77 Eine Auswahl findet sich auf https://positivepsychologyprogram.com/resiliency-questionnaire/

78 https://resilienz-akademie.com/frustrationstoleranz/

79 Studie von Julia Leonard und Kollegen vom MIT in Cambridge, veröffentlicht in Science, September 2017 (https://science.sciencemag.org/content/357/6357/1290)

80 Grant L., Kinman, G. (2007): »Emotional Resilience in the Helping Professions and how it can be Enhanced«

81 Entwickelt von Psychologe Albert Ellis. Es basiert auf der Annahme, dass wir Reize unbewusst bewerten und sich diese Bewertung auf unser Verhalten auswirkt.

82 Siehe https://www.wellnow.de/ratgeber/studie-stress-am-arbeitsplatz-erholungsangebote. Die Kreativ- und Kulturwirtschaft schneidet im Branchenvergleich am schlechtesten ab.

83 Zitat des indischen Philosophen Krishnamurti

Erkenntnis 8:
Weniger ist mehr

84 Studie »Wegwerfware Kleidung«, repräsentative Umfrage, Greenpeace, November 2015

85 Schuldneratlas 2018, Creditreform, November 2018

86 Siehe unter anderem die Forschung der Baylor University in Texas

87 https://www.telegraph.co.uk/women/life/are-women-better-decision-makers-than-men/

88 https://www.businessinsider.com/ successful-people-like-barack-obama-wear-the-same-thing-every-day-2018-2?IR=T

89 Berzbach 2013

90 Covey 2018

91 Siehe den internationalen Buch-Bestseller »Magic Cleaning« und die Netflix-Sendung »Aufräumen mit Marie Kondo«

92 »Minimalism: A Documentary about the Important Things in Life«, Netflix, 2016

Erkenntnis 9:
Viele Routen führen zum Glück

93 https://www.welt.de/gesundheit/ psychologie/article145867997/Manche-Menschen-wollen-gar-nicht-gluecklich-sein.html

94 Psychologie-Professorin Sonja Lyubomirsky

95 Glücksforscher Tal Ben-Shahar. Als Dozent an der Harvard University schuf er den beliebtesten Kurs in der Geschichte der Hochschule.

96 Sonja Lyubomirsky

97 dieselbe

98 Dacher Keltner, Professor an der UC Berkeley und Direktor des Greater Good Science Center

99 Sonja Lyubomirsky

100 Siehe zum Beispiel https://www. spektrum.de/news/die-angst-vor-dem-gluecklichsein/1348921

101 https://greatergood.berkeley.edu/ article/item/variety_is_the_spice_of_ emotional_life

102 Ong et al. 2018; https://www.apa. org/pubs/journals/releases/emo-emo0000343.pdf

103 Rubin 2011

104 Scherer 2019

105 Covey 2018

106 Rubin 2011

107 https://www.randomactsofkindness. org/kindness-ideas

108 Rubin 2011

Erkenntnis 10:
Neue Ziele finden

109 Siehe zum Beispiel https://www. wertesysteme.de/alle-werte-definitionen/

110 Manson 2016

111 Covey 2018

112 Elten 2009

113 Covey 2018

114 Gassner Otting 2019

115 Covey 2018 nach Arthur Gordon »The Turn of the Tide«

116 Lakhiani 2016

117 Filmproduzent Adam Leipzig, TEDx Talk Malibu 2013

118 Inspiriert durch die »7-Minuten-Übung« von Lakhiani 2016

119 Oettingen 2015, siehe auch ihre Website http://woopmylife.org/ home-de

120 Gerd Gigerenzer

121 https://www.zeitzuleben.de/ den-sorgen-einen-platz-geben/

122 Scherer 2019

123 Covey 2018

124 DeSteno 2018

125 Jochen Ziegelmann, Psychologe FU Berlin

126 Siehe zum Beispiel Gretchen Rubin mit ihren »Resolution Charts«

127 Covey 2018

Wir danken ...

... unseren Verlegern KARIN UND BERTRAM SCHMIDT-FRIDERICHS für den Mut und die Weitsicht, dieses Buch mit uns umzusetzen und uns immer wieder zu fordern.

... ALICE UND MARSHALL LARNER für das Zuhause in der Ferne, die liebevolle Aufnahme in ihre Familie und dass Marshall uns unermüdlich mit sehr viel Rat und noch mehr Tat zur Seite stand. Thanxx!

... RAGGA für seine Hilfe, Großzügigkeit, Crashkurse in Malern und Fischen und dass wir mit ihm den karibischen Way of Life zelebrieren durften. Rarr!

... MICHAEL RATELBECK, unserer Landstation auf Fehmarn, für Wetter- und sonstige News und die Stärkung unseres handwerklichen Selbstvertrauens.

... Kerstins Mutter BEATE, die unser Backoffice in Berlin übernommen und uns an Land den Rücken freigehalten hat.

... unseren vielen SEGLER-FREUNDEN für Vertrautheit und Wärme, Hilfsbereitschaft, Humor, jede Menge Segel-Knowhow und unvergessliche gemeinsame Stunden.

... ALEXANDRA UND LUISE FARREN-STEINER für ihre Freundschaft und viele kleine Fluchten.

... Kerstins Bruder JENS, der in Robert die Leidenschaft fürs Kochen entfacht hat. Yummy!

... FREUNDEN UND FAMILIE, die uns an Bord besucht und uns die Möglichkeit gegeben haben, das einzigartige Leben auf dem Wasser zu teilen.

...Kerstins Oma SOPHIE RUHR für die Inspiration, unsere Träume zu leben.

... UNSEREN ELTERN, die uns Energie, Mut und Durchhaltevermögen mit auf den Weg gegeben haben.

... für die Treue unserer ZAHLREICHEN BLOGLESER UND SOCIAL-MEDIA-FREUNDE in aller Welt, die uns begleitet und immer wieder zum Weitermachen ermutigt haben.

... für die Unterstützung von vielen weiteren TOLLEN MENSCHEN, die wir hier nicht namentlich erwähnt haben.

... TOBIAS PHLEPS für die geniale Eingebung in Sachen Verlag.

... ULI BÖRGER für die pure Inspiration.

... dem SCHICKSAL, dass wir zwei uns gefunden und unterwegs nicht verloren haben. Dass wir uns lieben und gemeinsam durchs Leben gehen dürfen. Wir wissen, dass das nicht selbstverständlich ist.

Impressum

© 2019
Verlag Hermann Schmidt und bei
den Autoren

FOTOS: Kerstin Foell / Robert Stolle
AUTORENFOTO: Alexandra Farrensteiner
GESTALTUNG / SATZ: Sandra Mulitze, Verlag
Hermann Schmidt
LEKTORAT: Karin Schmidt-Friderichs
KORREKTORAT: Julia Gilcher
VERWENDETE SCHRIFTEN: Quadraat,
GT Sectra Fine, Brandon Text
PAPIER: 115g/m² Fly 05
GESAMTHERSTELLUNG: Kösel, Altusried

verlag hermann schmidt

Gonsenheimer Straße 56
55126 Mainz
Tel. 06131/50 60 0 | Fax 06131/50 60 80

Stay tuned!

Alle zwei bis vier Wochen versenden wir
Newsletter, in denen wir über aktuelle
Neuerscheinungen, Veranstaltungen und
Aktionen informieren.
Abonnieren auf www.verlag-hermann-
schmidt.de

ISBN 978-3-87439-931-9
Printed in Germany with Love.

Wir übernehmen Verantwortung.
Nicht nur für Inhalt und Gestaltung,
sondern auch für die Herstellung.

Das Papier für dieses Buch stammt aus
sozial, wirtschaftlich und ökologisch
nachhaltig bewirtschafteten Wäldern
und entspricht deshalb den Standards
der Kategorie »FSC«.

Die Druckerei ist FSC- und PEFC-zertifi-
ziert. FSC (Forest Stewardship Council)
und PEFC (Programme for the Endorse-
ment of Forest Certification Schemes)
sind Organisationen, die sich weltweit für
eine umweltgerechte, sozialverträgliche
und ökonomisch tragfähige Nutzung der
Wälder einsetzen, Standards für nachhal-
tige Waldwirtschaft sichern und regelmäßig deren Einhaltung überprüfen. Durch
die Zertifizierung ist sichergestellt, dass
kein illegal geschlagenes Holz aus dem
Regenwald verwendet wird, Wäldern nur
so viel Holz entnommen wird, wie natürlich nachwächst, und hierbei klare ökolo-
gische und soziale Grundanforderungen
eingehalten werden.

*»Die Zukunft sollte man nicht vorhersehen
wollen, sondern möglich machen.«*
ANTOINE DE SAINT-EXUPÉRY

Bücher haben feste Preise!

In Deutschland hat der Gesetzgeber zum
Schutz der kulturellen Vielfalt und eines
flächendeckenden Buchhandelsangebotes
ein Gesetz zur Buchpreisbindung erlassen.
Damit haben Sie die Garantie, dass Sie
dieses und andere Bücher überall zum
selben Preis bekommen: Bei Ihrem enga-
gierten Buchhändler vor Ort, im Internet,
beim Verlag. Sie haben die Wahl. Und die
Sicherheit. Und ein Buchhandelsangebot,
um das uns viele Länder beneiden.